艺术体育
高校学术研究论著丛刊

竞技体育后备人才的体能训练理论与方法探索

刘卫国　鲍　亮　黄海滨　著

中国书籍出版社
China Book Press

图书在版编目（CIP）数据

竞技体育后备人才的体能训练理论与方法探索 / 刘卫国, 鲍亮, 黄海滨著. -- 北京：中国书籍出版社, 2022.10

ISBN 978-7-5068-9001-4

Ⅰ.①竞… Ⅱ.①刘…②鲍…③黄… Ⅲ.①竞技体育—人才培养—研究—中国②竞技体育—体能—运动训练—研究 Ⅳ.①G812

中国版本图书馆CIP数据核字（2022）第183638号

竞技体育后备人才的体能训练理论与方法探索

刘卫国　鲍　亮　黄海滨　著

丛书策划	谭　鹏　武　斌
责任编辑	尹　浩
责任印制	孙马飞　马　芝
封面设计	东方美迪
出版发行	中国书籍出版社
地　　址	北京市丰台区三路居路97号（邮编：100073）
电　　话	（010）52257143（总编室）　（010）52257140（发行部）
电子邮箱	eo@chinabp.com.cn
经　　销	全国新华书店
印　　厂	三河市德贤弘印务有限公司
开　　本	710毫米×1000毫米　1/16
字　　数	340千字
印　　张	19
版　　次	2023年3月第1版
印　　次	2023年5月第2次印刷
书　　号	ISBN 978-7-5068-9001-4
定　　价	98.00元

版权所有　翻印必究

目 录

第一章　体能训练基础理论 …………………………………………… 1
　　第一节　体能训练的概念 ……………………………………… 2
　　第二节　体能训练的内容与价值 ……………………………… 12
　　第三节　体能训练的测量与评价 ……………………………… 22

第二章　体能训练的科学理论与方法指导 …………………………… 35
　　第一节　体能训练的学科理论基础 …………………………… 36
　　第二节　体能训练的科学原理 ………………………………… 52
　　第三节　体能训练的原则与方法 ……………………………… 55

第三章　竞技体育后备人才的力量素质训练与方法 ………………… 65
　　第一节　力量素质训练概述 …………………………………… 66
　　第二节　基础力量素质训练 …………………………………… 70
　　第三节　核心力量素质训练 …………………………………… 84
　　第四节　爆发力素质训练 ……………………………………… 89
　　第五节　竞技体育后备人才力量素质训练一点通 …………… 93

第四章　竞技体育后备人才的速度素质训练与方法 ………………… 99
　　第一节　速度素质训练概述 …………………………………… 100
　　第二节　速度素质训练方法与手段 …………………………… 105
　　第三节　竞技体育后备人才速度素质训练一点通 …………… 127

第五章　竞技体育后备人才的耐力素质训练与方法　**133**
第一节　耐力素质训练概述　134
第二节　耐力素质训练手段与方法　144
第三节　竞技体育后备人才耐力素质训练一点通　156

第六章　竞技体育后备人才的柔韧素质训练与方法　**159**
第一节　柔韧素质训练概述　160
第二节　柔韧素质训练手段与方法　166
第三节　竞技体育后备人才柔韧素质训练一点通　179

第七章　竞技体育后备人才的灵敏与协调素质训练与方法　**183**
第一节　灵敏与协调素质训练概述　184
第二节　灵敏与协调素质训练手段与方法　193
第三节　竞技体育后备人才灵敏与协调素质训练一点通　208

第八章　竞技体育后备人才专项体能训练探索　**211**
第一节　田径后备人才专项体能训练　212
第二节　游泳后备人才专项体能训练　228
第三节　球类项目后备人才体能训练　246
第四节　其他专项后备人才体能训练　261

第九章　竞技体育后备人才体能训练的科学保障　**269**
第一节　合理的营养补充　270
第二节　运动疲劳的消除　274
第三节　运动伤病的处理　283
第四节　运动损伤的康复训练　288

参考文献　**297**

第一章

体能训练基础理论

对于竞技体育而言,体能训练就像是金字塔的基础,是提高运动成绩的根本。运动员的体能水平决定了运动员机体的基本运动能力,是其竞技能力的重要构成部分,因此,对于竞技体育后备人才的培养,首先要从体能训练抓起。本章将从体能训练的概念、体能训练的内容与价值以及体能训练的测量与评价着手,对体能训练基础理论进行简单的分析。

第一节　体能训练的概念

一、体能训练概述

体能训练是竞技体育的重要组成部分，除了运动天赋之外，体能决定了一个优秀运动员的核心因素，甚至只有在一定体能训练的基础之上，竞技人才的潜能和天赋才能够被真正地呈现出来。因此，如何通过系统、科学的体能训练，充分挖掘竞技体育后备人才的运动潜能，延长他们的高水平运动状态，提高他们的运动表现，或者有效防止一些伤病的发生，都是当代竞技体育的重要研究内容。

（一）体能训练的发展

体能训练概念的出现，要追溯到20世纪的30年代至60年代。当时是欧洲运动训练理论的萌芽期，其中德国、苏联等国家的学者开始对运动训练理论展开研究，但还处于初级阶段，尚未形成系统。直至20世纪60年代，当时的绝大多数运动员还处于点状的、存在较多人为因素的随机训练方式，系统的体能训练概念还没有形成。有资料显示，即使是参加奥运会这种级别的赛事，运动员大多采取赛前突击式的训练方法。这一阶段的体能训练有了模糊的一般训练和专项训练的区别意识，但还不够明确，而且体能训练主要体现为身体训练，训练内容主要是力量、速度、耐力、灵敏、柔韧等。

当时十分重视对力量的训练，并且主要手段是增加负荷和训练强度。尽管这种训练方式在一定程度上也具有一定的效果，并对运动员的成绩提高产生了积极作用，然而，这种没有项目分类也没有体能素质分类的训练方式，大多体现为手段相近、负荷较大，没有太大的异质性差异，带来的结果就是，运动员普遍具有较强的力量素质，但是速度、耐力素质等较为低下，而且非常容易造成疲劳积累，并引起运动损伤。

当代体能训练的快速发展与物理治疗和力量训练两个领域的演进密切相关。第二次世界大战后，物理治疗的关注点先后经历了骨骼肌肉、中枢神经系统、关节和动作四个时期。生物力学学者Panjabi于1985年首次提出了脊柱稳定性的概念。此后，核心稳定性训练开始受到关注并融入运动员的训练之中。随着动作灵活性和稳定性在伤病预防和康复训练中的重要体现，核心稳定性的概念由解剖学上的"小核心"扩展为"大核心"，即由"腰椎—骨盆髋关节"区域扩展为连接上下肢之间的区域。这对提高运动员的竞技能力、延长其运动生涯以及预防和避免运动损伤带来一个重大的突破点。于是，当时的竞技体育领域出现了"功能动作的训练"的概念。

20世纪70年代末，美国在体能训练领域表现突出，并逐渐走到了世界的前列，超过德国和苏联。美国国家体能协会（National Strength & Conditioning and Assoaiation，NSCA）成立，体能教练的概念逐步出现。20世纪80年代末，有氧代谢、力量训练及其他素质逐渐受到重视，并成为最有吸引力的研究课题。在这一时期，美国许多运动队从以力量训练为主发展为突出专项竞技能力训练，同时发展出开展专项化、系统化的体能训练思想。当时NSCA对这一训练思路的命名为Strength & Conditioning，即"以力量为核心的人体器官功能与机能系统活动再平衡"，当时，我国及时地学习了这一思想，并给出一个简单明确的名字"体能训练"。同时，人们也发现力量训练在使运动员变得更强壮的同时，其灵活性和技能水平却有所下降，而且还更容易受到运动伤病的困扰。

20世纪末，美国国家运动医学学会（NASM）、英国体能训练体系、澳大利亚体能训练体系等学术组织，对体能训练的研究纷纷取得新的进展，并开始建立新的体能训练理论系统。在体能训练方法上，逐渐发展出竞技体能和大众健身两个方向，二者各自有各自的目标和侧重，但是二者在核心力量和核心稳定性方面又出现了交叉的情况，由此可见，核心力量及其稳定性对人体具有举足轻重的意义。

我国接触体能训练的概念较晚，1994年，我国足球联赛引入体能测试，但是足球运动员的体能并没有因此得到根本的改善，不过让体能及体能训练在中国竞技体育领域备受关注。初期，体能训练在中国的发展仍然显得缓慢和踟蹰不前。2008年奥运会前后，我国大量引进体育先进国家有关核心力量训练、功能性训练等体能训练理念，以及先进的训练仪器和训练方法。然而，尽管采用了科学的体能训练之后，我国各运动队的体能表现有所提升，但并没有出现突破性进步。这其实反映出两方面问题：一方面说明体能训练是一个系统工程，非一日之功可以完成，而且影响体能训练效果的因素是错综复杂的；另一方面，实际上也反映出我国在体能训练理念和训练方法上还有许多不足，还有非常多的领域需要探索，要从中国运动员的身体特点出发，找到真正适合自身情况的体能训练发展之路。

（二）现代体能训练的概念

随着竞技体育的不断发展，以及相关学科不断取得的学术进步，可以将现代体能训练的概念界定为：体能训练是运动训练的重要组成部分，在结合专项需要的前提下，通过合理负荷的练习来改善运动员的身体形态，提高有机体各器官系统机能的活动能力，是充分发展运动素质、提高运动成绩的训练过程。体能训练和技战术的训练息息相关，并且是后者的基础和前提条件，决定着运动员整体的运动素质和运动水平的高低，只有具备强大的体能基础，运动员才能更好地掌握和运用专项技战术，才能挑战更大训练负荷和比赛强度，并有效避免和预防训练中的伤病发生，促进运动生涯的有效延长。

现在，体能训练学作为一门新学科还在不断地成长中。体能训练学具有开拓性与创造性，热衷于对新对象的研究以及对新规律的探索，旨在为运动员及健身爱好者更好地参与体能训练提供理论依据和指导。因为体能训练学还处于初步发展阶段，所以有自身的不成熟之处和局限性，还需在实践中进一步充实和完善。

在未来的发展中，体能训练学应从系统化和理论化两方面着手，整合已有的体能训练知识，且对实践性予以更高的重视，如此这门新学科才能更好的发展，现代体能训练实践才能更好地满足人们的需求。

二、体能训练的过程

在体能训练中,运动员需要经历自身体能从现实状态转化为目标状态的过程。依据运动训练的周期变化及一般规律,一般认为,运动员完整的体能训练过程,指的是从其开始训练到退役的整个体能训练过程,这个完整的过程是由许多阶段串联起来组成的。

根据训练时间的长短,可以将体能训练的过程划分为多年训练过程、年度训练过程、阶段训练过程以及周训练过程等几种类型。不管哪种类型,从某种意义上来说,都是完整的,和时间长短无关。图1-1形象地反映了体能训练的完整过程。

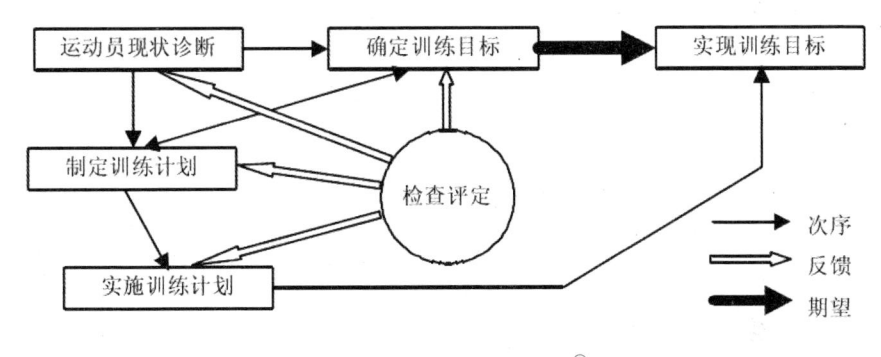

图1-1 体能训练的过程图[①]

---

① 胡亦海.竞技运动训练理论与方法[M].武汉:湖北人民出版社,2005.

三、体能训练的分类

一般来说,体能训练可以分为一般体能训练和专项体能训练。其中,一般体能训练是综合地发展和提高机体的力量、速度、耐力、柔韧、灵敏、协调以及平衡等素质水平的训练,是提高机体的综合能力、促进人的身体健康、提高免疫力的重要手段;专项体能训练是指以专项运动的需要为重要指导,通过科学手段进行练习,从而不断改善身体形态,提高各器官、组织和系统的机能,充分发展人体的运动潜质,是提高运动技能的重要基础和途径。对于竞技体育而言,体能训练的根本目的就是充分发展与专项运动成绩密切相关的力量、速度、耐力、柔韧、灵敏等运动素质,从而为专项运动成绩和技术水平的发展做好准备,专项体能训练是竞技体育人才日常训练的重要内容。

(一)一般体能训练

一般体能训练是指为提高运动员的身体素质而全面进行的各项练习,通过系统地提高各器官系统的机能,改善身体形态和提高运动水平,提高综合身体素质和体能水平。

(二)专项体能训练

专项体能训练是指针对性较高的、以提高专项素质为目的的练习,与专项运动有紧密的联系,是最大限度地发展专项成绩的专项运动练习。专项体能训练有明确和具体的目标,是以保证专项技术和专项战术高水平发挥为最高原则,是为最终获得优异成绩而服务的。

（三）一般体能训练和专项体能训练的关系

一般体能训练和专项体能训练的区别可以如表1-1体现。

表1-1 一般体能训练与专项体能训练的区别

分类	一般体能训练	专项体能训练
任务	1.提高各器官系统的机能，提升身体的健康水平 2.全面发展运动素质 3.改善身体形态 4.掌握一般的运动技能和知识 5.为提高运动技术水平创造一定条件	1.提高专项运动要求的相应机能 2.不断发展专项运动素质 3.塑造对专项运动有利的体形 4.精确掌握与专项运动技术、战术有关的知识和技能 5.促进专项运动技术水平的提高，为提高运动成绩做好准备
内容	以全面发展运动素质、身体机能的练习手段为主	以发展专项运动素质的练习为主，以及那些在动作特点上与专项动作结构相似或有紧密联系的专门性练习
作用	为专项运动素质的全面提高打好基础	直接指向提高运动员的专项运动成绩

一般体能训练与专项体能训练并非是相互割裂的，实际上它们之间存在着深层的依存关系。对于竞技体育后备人才来讲，一般体能训练和专项体能训练同等重要，但是一般体能训练是体能的基础，是为专项体能训练、专项运动素质的提高创造必要的条件。可以说，一般体能和专项体能都是运动员取得优异成绩的必要准备。无论什么项目的运动员，都要经过严格的一般体能训练阶段，因此，一般体能训练对所有运动项目都适用，是基础中的基础。而专项体能训练是完全针对专项运动而设计的特殊训练，直接为运动成绩负责，但是对其他运动项目非相关甚至有制约作用。

然而，一般体能训练和专项体能训练都是处于变化中的，不是一成不变的，它们会随着专项运动水平的不断提高而进行调整和变化，始终处于动态的发展变化中。但无论如何变化，体能训练都是为提高运动员的运动水平而服务的。竞技体育后备人才的日常训练既包含一般体能训练，也包含专项体能训练，一般体能训和专项体能训练的比例，要根据训练的进展以及运动员的身体发展情况而定，是一个时刻变化的、在此消彼长中寻找最佳平衡点的训练关系。

总之，一般体能训练和专项体能训练的计划、强度以及内容，要因人而异、因时而异、因境而异，只有保证这种动态的关系，才能保证训练的效果。通常来说，对于运动员而言，一般体能训练和专项体能训练往往是你中有我、我中有你，很难完全分开。它们的分工不同，起到的作用不同，但共同目标都是提高竞技人才的身体素质和运动水平，为获得优异运动表现而做准备。

四、体能训练的要素

运动员的体能发展水平是由其身体形态、身体机能及运动素质的发展状况所决定的。其中，身体形态是指机体内外部的形状；身体机能是指机体各器官系统的功能；运动素质是指机体在活动时表现出来的各种基本运动能力，通常包括力量、耐力、速度、柔韧和灵敏等。

也就是说，身体形态、身体机能和运动素质三要素共同构成了体能，它们之间的关系是各自独立同时又密切联系、彼此制约、相互影响的，每一个因素的水平都影响着运动员身体的整体水平。在以上三个构成要素中，运动素质是体能的外在表现，也是决定运动水平的最重要因素。因此，在体能训练中多以发展各种运动素质为主要内容。每个要素又可进一步细分为二级要素和三级要素，如表1-2所示。

表1-2 体能训练的基本构成要素

第一级要素	第二级要素	第三级要素
身体形态	高度	身高
		坐高
		足弓高等
	长度	手长
		臂长
		腿长等

第一章 体能训练基础理论

续表

第一级要素	第二级要素	第三级要素
身体形态	围度	臂围
		胸围
		臀围等
	宽度	髋宽
		肩宽等
	充实度	体重
		皮质厚度等
身体机能	运动机能	肌肉
		骨骼
		关节等
	神经机能	传入神经
		传出神经
		神经突出等
	呼吸机能	肺通气
		气体运输
		气体交换等
	消化机能	物质消化吸收
		能量代谢
	循环机能	体循环
		微循环
		肺循环
	内分泌机能	激素
		内分泌腺
		激素调节

续表

第一级要素	第二级要素	第三级要素
身体机能	感觉机能	视觉
		听觉
		味觉
		本体感觉
	泌尿机能	肾小球滤过
		肾小管和集合管的重吸收等
	生殖机能	/
运动素质	力量	快速力量
		最大力量
		力量耐力
	速度	位移速度
		动作速度
		反应速度
	耐力	有氧耐力
		无氧耐力
	柔韧	关节
		肌肉韧带伸展性等
	灵敏	反应时
		神经协调功能等

体能训练是运动训练的重要内容。体能训练与技术训练、战术训练、心理训练和智能训练有着密切的联系，它们之间具有层次性的特征，如图1-2所示：

图1-2 训练要素金字塔

体能处于人体各系统机能状态的基础地位，因此，开展体能训练是一切的基础，具有决定性的意义。神经肌肉功能及支配能力处于核心层次，在神经肌肉系统的控制下，进行功能性的稳定、平衡、核心力量、柔韧、灵敏、协调等能力储备，进而根据需要再突出力量、速度、耐力的训练，才能保证最佳的体能表现。

体能是人体的基本运动素质。人体是由九大系统组成的具有功能性活动的统一体，系统之间的相互影响、相互促进、相互制约，决定了人体功能性活动的整体水平，也在很大程度上决定了体能水平。因此，认识、研究体能，进行体能训练必须有系统的生物学观点，必须有过硬的理论基础，需要从竞技人才的生理、心理以及运动项目特性等全方面进行分析，通盘考虑，训练才能获得较为理想的效果。在实践中，有一些教练员、体能训练人员还抱持着过时的训练理念，只狭隘地关注力量、速度、耐力等体能指标，或者将技术、战术、负荷等割裂开来，或者过于迷信功能性训练，这在很大程度上会制约训练的效能，甚至带来负效应。

总之，要想获得理想的体能训练效果，需要具有系统观念，综合考虑各个系统之间的相互影响和关系，然后制定科学、合理的体能训练计划。

五、体能训练与身体训练的区别

要想进一步理解体能训练的含义和作用，还需要与传统的身体训练的概念相区别。身体训练主要侧重于对某一运动素质的提高，比如速度、力量、耐力和柔韧等。一般情况下，身体训练的目标较为具体，训练形式也相对简单，它往往更强调某一单项素质而忽略整体机能能力的提高。体能训练与身体训练的区别，我们具体可以从以下三点进行理解：

（1）身体训练更加侧重对某项运动素质的提高，对运动员的整体运动能力、对抗能力、适应大负荷与高强度的抗疲劳能力，以及顽强拼搏的心理品质没有一定的针对性，且没有给以应有的重视。

（2）体能训练是在一定的运动能力基础之上，对机体某一方面素质能力的具体要求，如力量素质、速度素质等，是对体能的要素之一运动素质的进一步细化，是针对体能的二级要素的训练。简而言之，体能训练是在身体训练的基础上的专业化的提升，是对运动素质内在因素的进一步干预，从而更深入地改善机体的体能水平。

（3）体能训练的目标是把运动素质训练纳入运动员整体运动能力中。它把运动素质训练作为人体生物学机能发展和机能适应训练的一部分。体能训练是人体器官和机能系统在结构和机能能力上的适应性再塑造工作，是运动员心理意志品质的再塑造工作。

第二节　体能训练的内容与价值

体能训练是所有运动训练的核心和基础，是进行各项运动技战术训练的前提保障，可以说，如果竞技体育后备人才在体能训练方面没有花足够的功夫，那么其专项能力甚至运动生命都会受到明显的负面影响，而且这种影响是不可逆的，有时候是非常令人惋惜的。研究体能训练的内容与价值，就是为了更好地培养竞技体育人才，促进我国竞技体育的可持续发展，因此具有非常重要的意义。

一、体能训练的内容

（一）身体形态训练

1.身体形态训练的意义

（1）运动员的运动能力会受到身体形态的直接影响，有利的身体形态能够让运动员获得优势，而不利的身体形态会从根本上制约运动员的技能发展。众所周知，不同的运动项目对运动员的身体形态有不同的要求，而身体形态又在很大程度上受遗传和环境等因素的影响。在实践中，遗传是选材的主要参考因素，身体形态条件优越的儿童在选材中会被优先考虑。

（2）某种程度上，身体形态是运动员生长发育水平、身体机能水平和竞技水平的主要反映，因此身体形态也是竞技体育后备人才选材的重要标准。

（3）体能训练最基本的内容就是要对运动员的身体形态进行训练，使其更加有利于专项运动的需求。所以，在运动员身体形态训练中，训练方法必须系统科学，以提高运动员的运动成绩为主要目标。

2.身体形态训练途径

身体形态训练途径主要有以下几种：

（1）身体训练

科学的身体训练方法可以有效地改善运动员的身体形态。通过科学、系统的身体训练，可以对运动员的身体形态产生积极的影响，从而促进运动员的运动水平的提高。

（2）专项训练

对竞技体育后备人才的身体形态训练，是以专项运动为目标的，因此，专项运动的特点和需要，是身体形态训练的重要指导。并且，专项训练会直接影响运动员的专项运动水平和成绩。只有科学、合理的专项训练手段才能改善运动员专项运动所需的身体形态，而不当的方法则有可能给运动员的身体带来损害。

（3）形体训练

除身体训练与专项训练外，芭蕾、持轻器械体操、健身操等特定的形体训练也有利于运动员良好运动姿态和身体姿势的形成，促进其协调能力、节奏感的提高。

（二）身体机能训练

身体机能也是体能训练的主要内容之一，在身体机能训练中，主要涉及各个系统的训练，如心肺系统、肌肉系统、免疫系统、神经系统等，这些系统又各自包含不同的要素。身体机能训练是一个非常复杂的过程，主要涉及的内容可从图1-3进行了解。

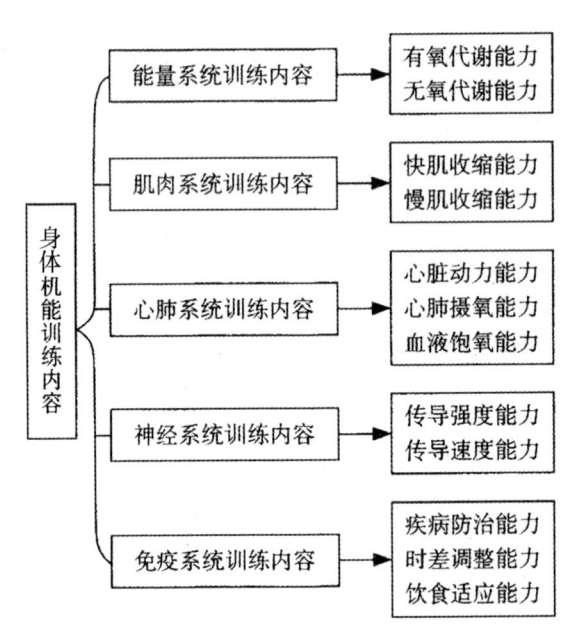

```
                    ┌── 能量系统训练内容 ──→ 有氧代谢能力
                    │                        无氧代谢能力
                    │
                    ├── 肌肉系统训练内容 ──→ 快肌收缩能力
                    │                        慢肌收缩能力
                    │
身体机能训练内容 ────┼── 心肺系统训练内容 ──→ 心脏动力能力
                    │                        心肺摄氧能力
                    │                        血液饱氧能力
                    │
                    ├── 神经系统训练内容 ──→ 传导强度能力
                    │                        传导速度能力
                    │
                    └── 免疫系统训练内容 ──→ 疾病防治能力
                                             时差调整能力
                                             饮食适应能力
```

图1-3 身体机能训练内容体系

（三）运动素质训练

运动素质包括力量、耐力、速度、柔韧等内容，这是运动素质训练的主要内容。需要注意的是，各个运动素质并非是独立存在的，它们彼此之间具有相互促进或制约的关系，即一个要素的变化会影响其他素质的发展。因此，在现代运动素质训练中，十分注重复合运动素质的训练，以及运动能力素质的整体表现，它们之间的关系如图1-4所示。

第一章　体能训练基础理论

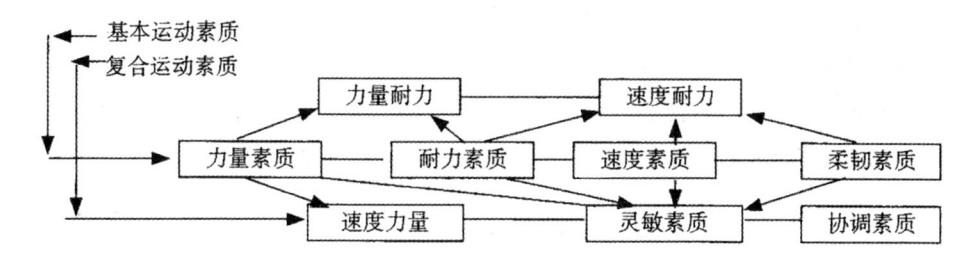

图1-4　运动素质要素及相互关系

在力量、速度、耐力、柔韧等基本运动素质训练和灵敏等复合运动素质训练中，这些训练内容又有自己的结构体系（图1-5）。体能训练的整体性要求运动员在训练中根据训练需要和目标，尽可能地全面开展训练，从而实现运动素质的正迁移。

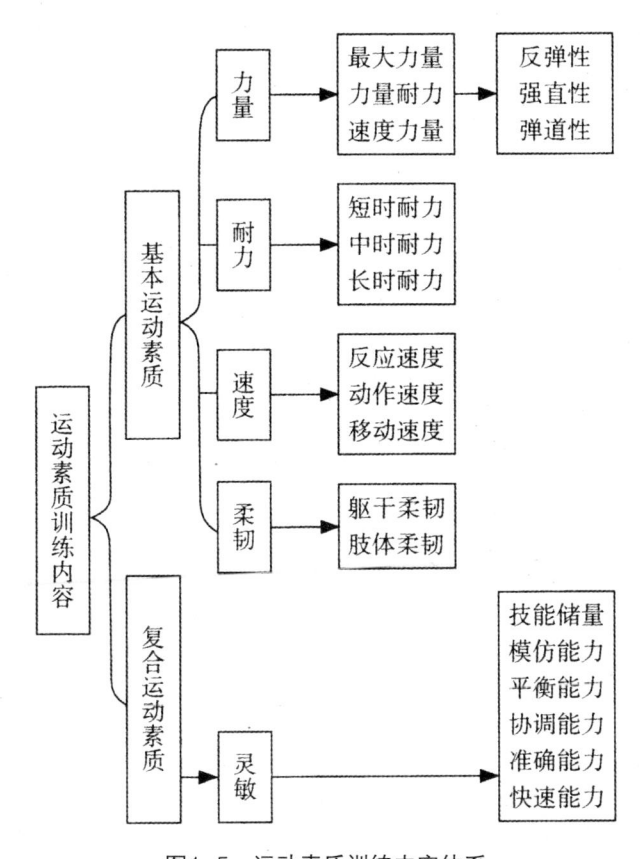

图1-5　运动素质训练内容体系

在这些运动素质中，力量素质是训练的基础。大量的数据表明，运动员力量素质的提高能够积极影响其他运动素质的改善。

运动员想要更好地提高力量素质训练的效果，就需先了解力量素质的内容与分类，从而保证训练的科学性与系统性。力量素质的具体内容与分类如图1-6所示。

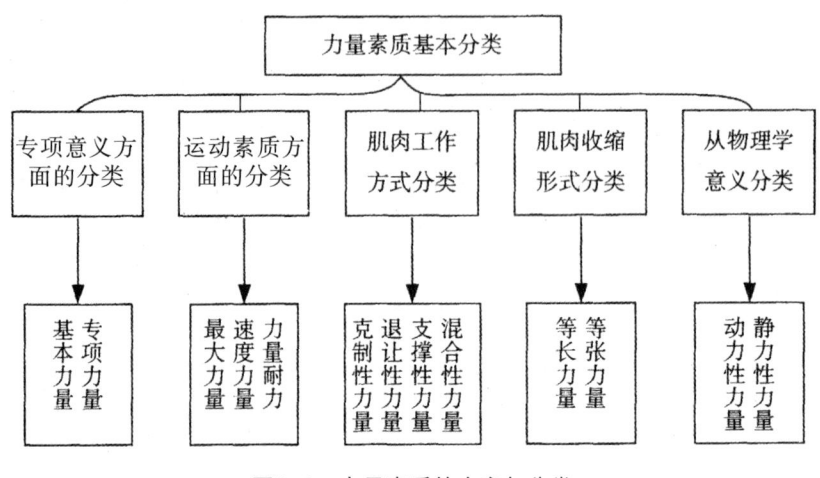

图1-6 力量素质的内容与分类

同一分类中力量素质的各项内容之间相互影响（图1-7）。运动员在了解了不同类型力量素质之间的关系后，能够科学选择力量训练方法与手段。

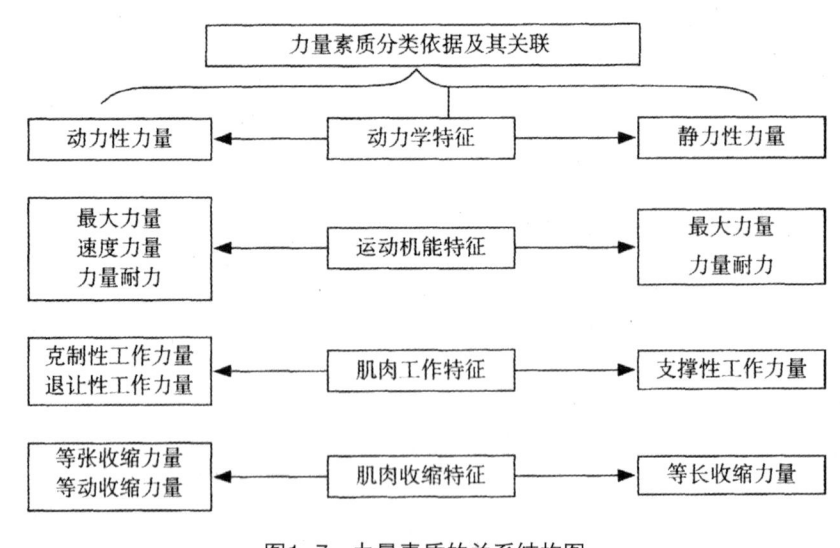

图1-7 力量素质的关系结构图

第一章 体能训练基础理论

对于很多项目的运动员而言，耐力素质都非常重要，耐力素质的好坏直接决定了运动员坚持运动的时间和抵御疲劳的能力。耐力素质有多种不同的类型（表1-3），不同项目对运动员耐力素质的要求主要侧重于某一类耐力素质，具体因项目特点和需要而不同。

表1-3 耐力素质的分类

分类依据	类型
运动机能	力量耐力
	速度耐力
运动状态	动力性耐力
	静力性耐力
负荷时间、强度分类	短时耐力
	中时耐力
	长时耐力
能量供应形式分类	无氧耐力
	有氧耐力
组织器官系统分类	肌肉耐力
	心血管耐力
运动专项分类	一般耐力
	专项耐力

从表1-3可知，耐力素质的分类方法有很多，耐力素质不同种类之间形成了密切的关系。例如，以负荷时间、负荷强度为依据划分的耐力素质类型在能量供应中具有相应的特点（图1-8）。

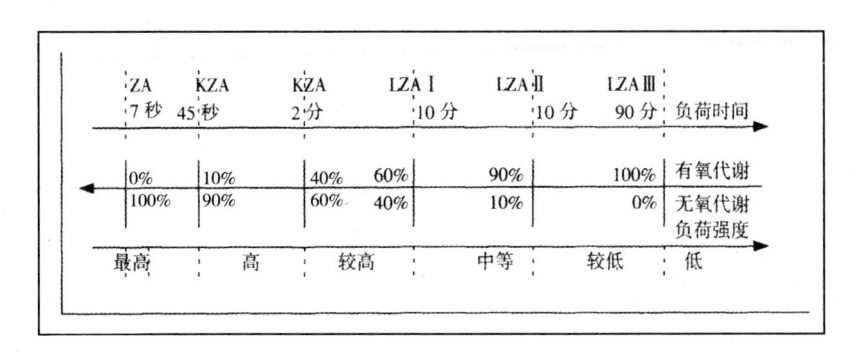

	ZA	KZA	KZA	LZA I	LZA II	LZA III	
	7秒	45秒	2分	10分	10分	90分	负荷时间
	0%	10%	40% 60%		90%	100%	有氧代谢
	100%	90%	60% 40%		10%	0%	无氧代谢
							负荷强度
	最高	高	较高	中等	较低	低	

图1-8 耐力素质的能量供应

对耐力素质的能量供应特点进行分析与研究，有助于为耐力素质训练方法的设计与实践提供参考。

二、体能训练的价值

（一）促进身体健康

健康是运动员从事运动训练的必要条件，良好的健康状况是系统训练的根本保证。体能训练能够有效地提高运动员器官、组织、系统特别是心血管系统、呼吸系统的机能，增强骨骼、肌肉、肌腱和韧带等运动器官功能，并使中枢神经系统机能得到明显提高；同时，体能训练对于克服人体生物惰性、促进新陈代谢，都具有极为重要的作用。体能训练还能够有效地提高机体对外界环境的适应能力和对疾病的抵抗能力，从而促进运动员的身体健康。

（二）充分发展机体的运动素质

现代竞技运动发展迅速，各国的优秀运动员不断地刷新各个项目的运动记录，将人类竞技水平推至更高的位置。与此同时，这也意味着运动员之间的竞争更加激烈，对运动员的要求越来越高，比如对运动员运动素质的要求。对于运动员来说，要想充分发展人体的运动潜力，在高手如云的赛场上创造优异的成绩，就要从发展力量、速度、耐力、柔韧、灵敏和协调能力等运动素质开始，而体能训练是获得优异运动素质的必经途径。通过体能训练，运动员能够系统地发展其力量、速度和耐力素质，同时，在柔韧素质、灵敏素质、平衡素质方面也得到协调发展。

（三）是适应高负荷训练的保障

现代竞技运动，竞赛频繁且比赛强度高，需要运动员在艰苦训练和高压比赛之间不停地切换。运动员既要能应对日常高强度的训练，又要在重大比赛中奋力拼搏，这些都需要具备超强的体能基础。也就是说，运动员只有经过长期、大负荷的运动训练，对有机体进行生物学改造，才能接受挑战，娴熟掌握专项技术及战术。现代竞技体育已经进入科学训练阶段，这是一个以广泛运用现代科技成果为特征的运动训练方式，通过先进的科学手段，可以系统地监测运动员的训练过程，同时结合大负荷的运动训练，可以明显地提高训练效果。

然而，大负荷训练本身对运动员就有较高的要求，它要求运动员必须具有强健的体魄和优秀的身体机能能力。而只有通过体能训练才能打下这样坚实的基础，在不断加大负荷的情况下，满足训练和比赛的需要。

生理学研究表明，在合理范围内给机体的负荷越大、刺激越深，相应的体能提高得就越快。在一定的时期内，当负荷量达到一定高度时，机体已经适应这个强度的负荷，就需要提高负荷强度来进一步发展专项水平。人体的各项体能素质是以螺旋状上升的。有大量的研究数据表明，运动负荷和体能训练是提升各项身体机能的根本动力。但是需要注意的是，负荷并不是可以无限增加下去的，当负荷强度超过了机能的最大承受能力，不仅不会增强机能，反而会带来裂变反应。

相对于训练总量，现代运动训练更重视训练的质量。有调查报告指出，在诸如耐力性运动和球类运动的项目中，年训练计划运动量有下降的趋势，但总体负荷量和比赛次数均有所提高（表1-4）。

表1-4 部分运动项目的年训练总量（埃苏林，2002）

项目	年训练量（小时）		年训练量（千米）	
	1985～1900年	1993～2001年	1985～1900年	1993～2001年
游泳	900～1 250	900～1 100	1 400～3 000	1 250～2 700
中长跑	800～1 200	800～1 100	3 300～5 000	3 000～4 700
划船	900～1 200	800～950	5 500～6 700	5 000～6 300
赛艇	900～1 200	800～950	4 500～6 200	4 000～5 500

续表

项目	年训练量（小时）		年训练量（千米）	
	1985～1900年	1993～2001年	1985～1900年	1993～2001年
艺术体操	1 100～1 400	1 100～1 250	/	/
排球	800～1 300	800～1 200	/	/
击剑	800～1 200	800～1 100	/	/
摔跤	800～1 200	800～1 100	/	/

（四）是掌握复杂技术的准备

体能训练也是为掌握复杂先进的运动技战术而做的必要准备。实际上，运动员的机体各器官、系统的功能只有在协调发展的基础上，才能发挥出更好的状态，才有能力去挑战更高、更难的技术动作。因此，体能训练是运动员发展专项水平的必经之路，是具有完备的专项竞技运动能力的必然过程。不同运动项目对机体的素质要求以及运动能力有着不同的要求。例如，短跑运动员和越野跑运动员、马拉松运动员虽然都属于跑步项目，但是每个项目对运动员的要求差别很大。其中，短跑运动员必须具备突出的爆发力、良好的反应速度、移动速度和专项柔韧性，以及高度的对快速运动的协调能力；马拉松运动员更多的是对有氧耐力和协调能力的要求；越野跑运动员既需要爆发力，也需要耐力以及强大的柔韧素质。而体操、武术、拳击和球类等运动，则对运动员各项运动素质都有很高要求，只有在充分、协调地发展每一种运动素质的前提下，才能真正地掌握复杂、先进的技术，而体能训练正是实现这一目的的基本保证。

（五）是创造优异成绩的前提

运动员的竞技能力是其取得优异成绩的前提和主导因素。他们的身体形态、

第一章 体能训练基础理论

身体机能、运动素质、技术、战术、心理和智力因素等共同构成了其运动水平的基点。一般来说，影响和决定运动员运动水平的几大因素可大体上概括为体能、技能和心理能力。体能是竞技能力的物质基础，它由运动员的身体形态、身体机能和运动素质所体现。没有体能，技战术都会成为无源之水，心理能力也无从谈起。在一些竞技体育发达国家，会为运动员配备专门的体能训练教练，可见体能训练对运动员的重要性，高水平的体能基础几乎是创造优异比赛成绩的基本条件。

竞技运动实践已经充分证明，出类拔萃的运动成绩，无一不是建立在雄厚的运动素质水平、身体形态条件、机能水平的高度发展基础上的。通过体能训练，能够有效地改变竞技体育后备人才的身体形态，从而提高其机能水平，抑制衰退的速度，让优异的运动水平能够保持更长的时间。

相关研究表明，大量优秀运动员通过科学的体能训练改进了技术动作，在专项成绩上有了重大突破（表1-5）。

表1-5 两名世界优秀运动员身体素质与专项成绩的关系

项目姓名	专项成绩	身体训练水平	创造优秀成绩年龄	备注
刘易斯（美国）	100米：9.86秒 200米：19.82秒 4×100米接力：37.50秒 跳远：8.91米	具有非凡的身体训练水平 身高1.91米 体重76千克	21～38岁	第23届奥运会4枚金牌，第24届奥运会2枚金牌 30岁时再创世界纪录（100米、4×100米接力）
张伯伦（美国）	100米：10.90秒 400米：47.00 跳高：2.02米	20世纪50年代末至70年代初世界著名篮球中锋，技艺非凡，运动水平出众 身高：2.16米	22～38岁	4次美国最佳篮球选手、连续7年美国最佳投篮手 1962年全年每场平均50.4分，其中单场得过100分。 1971年投篮命中率为72.7%

（六）是延长运动生涯的基础

竞技运动的魅力是高水平运动员的竞技能力的展现，同时这也意味着运动员只有常常承受着超载的训练量才能获得傲人的成绩。不可避免的，竞技体育对运动员的淘汰是相当残酷的，在英才辈出、高手如云的竞技领域，有许多优秀的运动员过早地被淘汰掉，他们甚至还没有来得及完全绽放，就匆匆地结束了自己的运动生涯，不禁令人扼腕叹息。有数据显示，强大的运动水平是建立在身体形态的改变、机能水平的高度发展的基础上的。体能训练对身体形态改变越深刻，机能发展水平越高，其衰退速度也就越慢，运动水平保持时间也就越长。换言之，体能训练对于运动员具有决定性的意义，只有具备了体能基础，运动员才能较长时间地保持高水平的竞技运动能力，延长运动寿命。

若竞技体育后备人才在初期训练中，他们的体能没有得到最大程度的发展，机体能力的保持时间就会明显缩短，相应的运动寿命的衰退也会加速，这无疑是对优秀后备人才的最大浪费。我国有很多运动员过早地结束了运动生涯，在很大程度上正是基于这一原因。

第三节 体能训练的测量与评价

一、体能训练测量与评价概述

体能训练要从运动员的实际情况出发。因此，体能训练之初，对运动员的体能测量和评价是一个重要的环节，它是每一位运动员的训练活动的起点。体能训练测量也就是对运动员当下体能情况的诊断。科学的测试、诊断和评价将决定运动员体能训练能否顺利进行，也是确立合理的训练目标、制订具有较强针对性训练计划的前提。

竞技体育在近百年迎来了巅峰发展时期，其中离不开运动生理学、医学以及科技在其中发挥的重要作用。科研人员对运动员生理机能指标、运动能力的测试一直是体育研究的重要内容之一。19世纪末，欧洲国家开始应用生理学和生物化学的测试方法对运动员的机体状况进行检测和评价。20世纪50年代，人们对运动时机体的有氧代谢和无氧代谢过程中的磷酸原系统、糖酵解系统和糖、脂肪的认识有了进一步的提高。科研人员用心率、血压、肺活量等测试指标，可以推断出运动员的基本健康水平和恢复程度。

为提高体能训练的科学水平，我国从20世纪五六十年代开始对运动员进行基本的生理生化监控，进行机能评定，分析训练效果，为运动员的大运动量训练提供科学参考。

在竞技运动员的体能训练中，力量、速度、耐力、灵敏、柔韧等身体素质成为运动员主要的身体训练内容，因此对力量、速度、耐力的测试与评价成为热点。一些有世界影响力的赛事协会开始重视本体系职业运动员的体能测试，如美国职业篮球联赛（NBA）有自己专门的测试体系指标（表1-6）。美国体能教练协会认为，测试和能力评价的方法对于全面评价球员至关重要，通过这些方法，可以客观地反映出运动员的各项素质能力，并能有效减少运动损伤。

表1-6 NBA球员体能测试内容

能力类别	测试方法
爆发力	纵跳
灵活性	20米计时跑
身体素质	300米折返跑（总距离）
肌肉力量与耐力	俯卧撑/引体向上/仰卧起坐
柔韧度	体前屈
身体组织	皮肤褶皱

随着核心力量训练、功能性训练在体能训练领域的出现，科研人员和体能教练开始用功能性动作测试对运动员的动作效率、平衡能力、潜在伤病因素及康复水平进行评价。截至目前，竞技体育领域已经形成了身体机能测试、体质或基本

运动能力测试、身体功能性测试、专项体能测试的完整测试和评价体系，如表1-7所示。人体的运动表现是复杂的，能够准确反映成绩水平的只能通过比赛本身，因此，要综合地运用多种方法进行测试、评价，减少训练的盲目性。

表1-7 体能的测试、评价体系

类别	亚类	内容
身体机能测试	心血管系统	心率、血压等
	呼吸系统	肺活量及指数等
	代谢机能	无氧、有氧代谢等
基本运动能力测试或体质测试	速度素质	反应、动作、位移速度等
	力量素质	最大力量、爆发力、力量耐力等
	耐力素质	无氧、有氧耐力等
	柔韧素质	体前屈、肩部俯卧、背伸等
	灵敏素质	10秒钟象限跳、立卧撑等
身体功能性测试	核心力量	八级腹桥、七级背桥、六级侧桥等
	功能性动作测试（FMS）	成体系的七个动作
专项体能测试	结合专项需要进行的体能测试	YOYO体能测试、专项折返跑、专项力量

二、速度素质的测量与评价

速度是指人体进行快速运动的能力，包括反应速度、动作速度和位移速度。其中，反应速度是指人体对各种信号刺激（声、光、触等）快速应答的能力；动作速度是指人体或人体某一部分快速完成某个动作的能力；位移速度是指人体在特定方向上快速移动的能力。影响速度的因素有很多，比如肌肉的力量、中枢神经系统的机能、肌纤维的类型、条件反射的巩固程度，以及年龄、性别、体形、柔韧性、协调性以及身体状态和精神状态等。

（一）反应速度的测量与评价

反应速度的测试通过测定反应时来进行，通过测量运动员对突然发出的信号的反应时能评定该运动员的反应速度。反应时是指从机体接受刺激到做出应答所需要的时间，也被称为反应的潜伏期。一个人的反应能体现出其视觉、听觉、神经中枢系统、肌肉力量，即速度的综合能力水平。反应时的测定方法主要分为对光的反应时和对声的反应时两种。实验内容上有复杂反应时和简单反应时两大类，其中，复杂反应时又包括选择反应时、辨别反应时等的测试，简单反应时主要有光反应时测试、手反应时测试、全身跳跃反应时测试等。以光反应时和全身跳跃反应时测试为例的介绍如下：

1.光反应时测试

（1）打开电源，待仪器所有灯熄灭且屏幕数字显示0.0000后，可开始测试。

（2）受试者按"启动"键，在0.5～3秒后（该时间任意变化）反应时键1～5号中任一键发光后，食指离开"启动"键。这段时间表示简单反应时。

（3）LED显示简单反应时，同时受试者食指以最快的速度按向给出信号的键，且食指按下键后，灯光信号及时停止，LED显示综合反应时（第二个反应时间）。

（4）上述（2）与（3）步骤连续操作5次后，按"功能"键，出现的第一组数据显示的是简单反应时的平均值，再按一次"功能"键，显示综合反应时的平均值，再按一次"功能"键，结束本次测试。平均值越小，反应速度越快。

2.全身跳跃反应时测试

全身跳跃反应时测试的步骤如下：

（1）受试者站在跳台上，膝关节微屈。

（2）以光或声音为信号，当接受指令后尽可能快地垂直跳离跳台。

（3）用表面电极法记录受试者的小腿肌电图，通过示波器记录从信号到肌电图发现的时间（反应开始时间）、从信号到脚离开跳台的时间（全身反应时）。

（4）连续测量3次，取其平均值，以毫秒为单位记录。全身反应时越短，反应速度越快。

一个完整的反应过程由以下五部分组成：

①感受器将物理或化学刺激转化为神经冲动；

②神经冲动由感受器传至大脑皮质；
③大脑皮质对信息进行加工；
④神经冲动由大脑皮质传至效应器；
⑤效应器做出反应。

总之，通过反应时的测试可以评定运动员反应速度的快慢。

（二）动作速度的测量与评价

动作速度是指人体或人体的某一部分完成单个动作或成套动作的快慢，以及单位时间内重复动作次数多少的能力。对动作速度的测量与评价如下：

1.坐姿快速踏足

坐姿快速踏足是指测量运动员两脚快速交替重复特定动作的能力。被测量的运动员坐在快速动作频率测试车的车鞍上，双手扶稳车把，大腿成水平状，膝关节弯曲成90°角，听到指示后，双脚快速上下交替做踏足动作，通常记录10秒钟内重复动作的次数。中间休息几分钟，然后再测量2次，取最好成绩。踏足次数越多，则受试者的动作速度越快。

2.双手快速敲击

双手快速敲击测量是指测量运动员双手快速交替重复特定动作的能力。首先，调节金属触板与髂嵴同高。受试者站在测试台前，两手各持一根金属棒，食指按住棒的前端。听到信号后，两手快速交替敲击金属触板，坚持做10秒钟的重复动作，并记录计时器的数值。中间可以短暂的休息，然后再测量2次，取最好成绩。敲击次数越多，则受试者的动作速度越快。

（三）位移速度的测量与评价

通常采用短距离的极限强度跑来测量运动员的位移速度。比如，可以用定距计时的30～60米跑的方式，或者用定时计距的4秒或6秒冲刺跑的方式等来进行。

1. 30米跑

30米跑主要测试受试者快速跑动的能力。受试者采用站立式起跑，听到发令声后快速跑向终点，记录成绩。测量2次，取最好成绩。时间越短，位移速度越快。

2. 6秒冲刺跑

受试者站立于起跑线后，听到发令声后全速起跑，测试者记录时间，到达6秒后，发布停跑口令，并测量受试者跑动的距离。测量2次，取最好成绩。距离越长，位移速度越快。

三、力量素质的测量与评价

力量素质是指人体神经肌肉系统在工作时克服或对抗阻力的能力。力量素质可分为最大力量、快速力量、爆发力、相对力量、力量耐力和核心力量等。

（一）最大力量的测量与评价

最大力量的测量可以在静态条件下，也可以在动态条件下测量。

1. 握力

握力是测量运动员臂部和手部肌肉力量的评定方式。

（1）将握力计指针调至零点。被测量的运动员手持握力计，转动握距调整螺丝，使中指第二关节屈成90°时为最佳握距。

（2）正式开始测量，被测试的运动员自然站立，双腿之间约一脚距离，两臂自然下垂，持握力计的手掌心向内，握力计的指针向外。然后用全力握握力计的内、外柄。每只手握2次，分别取最好成绩。最好成绩与自身体重之比为握力指数（握力/体重）。指数越高，说明握力越大。

2. 背肌力

受试者站在背力计的底盘上，调节拉杆高度与膝盖上缘平齐。然后受试者上体前倾，双手正握拉杆，身体用力上抬。注意不要猛然用力。测量2次，取最好成绩。数值越大，最大力量越强。

3. 卧推

对卧推的测量通常测量能够一次成功举推的最大重量，即1次重复重量（One Repetition Maximum，1RM）的大小表示。测试过程中，卧推的起始重量通常低于1RM重量，中间可以休息2~3分钟，然后再次推举新的重量直至1 RM重量。每次增加重量的幅度不要超过2.5千克，具体的测量步骤如下表（表1-8）。能够成功完成该测试，说明最大力量强。

表1-8 最大重量（1RM）测试方法及步骤

步骤	强度	重复次数	备注
1	60%左右	8~10	热身
2	75%左右	3~5	热身
3	90%	1	/
4	100%	1	/
5	100%+2.5千克	1	热身

注：举不起时可适当减重，组间休息2~3分钟。

（二）快速力量的测量与评价

快速力量的大小，通常可采用动力曲线描记图分析评定，如下肢蹬地力量或上肢击打力量的动力曲线描记图。通过计算快速力量指数也可评定快速力量。三维测力台和等速测力仪都可以用于快速力量和下肢爆发力的测试。

（三）爆发力的测量与评价

爆发力指肌肉快速收缩的力，常以立定跳远或原地纵跳来评定下肢的爆发力。

1. 立定跳远
（1）被测者站在起跳线后，两脚自然开立，准备测试。
（2）听到口令后，两脚原地同时起跳，不得有垫步或连跳动作。
（3）测量起跳线后缘至最近落地点后缘的垂直距离。
（4）跳3次，取最好成绩。距离越长，爆发力越强。

2. 原地纵跳
原地纵跳主要反映受试者垂直向上跳跃时下肢肌肉的爆发力。被测者原地用力向上跳起，达腾空最高点时做好标记，测量站立摸高与起跳摸高的垂直距离即为纵跳高度。测3次，取最好成绩。

跳得越远，或者纵跳的距离越大，说明爆发力越好。

（四）相对力量的测量与评价

相对力量是指每千克体重所具有的最大力量，所以，其评定可在对最大力量测定的基础上进行，最大力量与体重之比值为相对力量（每千克体重）。

（五）力量耐力的测量与评价

对力量耐力的测量与评价多采用多次重复完成动作的方法。

1. 一分钟仰卧起坐
受试者仰卧于垫子上，两腿屈膝成90°角，两手指交叉贴于脑后，需一人辅助压住被测者的双脚。起身时，要求双肘触及同侧膝关节，仰卧时两肩胛骨必须触垫，同时满足条件为成功完成动作，否则不计数。测试人员记录被测者1分钟所完成的次数，注意控制脊柱不宜过度弯曲。次数越高，代表力量耐力越强。

2. 1分钟俯卧撑

受试者身体成俯卧姿势，两手撑地，手指向前，两手间距与肩同宽，两腿向后伸直，用脚尖撑地。然后屈臂使身体下降，使肩与肘接近同一个平面，躯干、臀部和下肢要挺直，当胸离地2.5~5厘米时，撑起恢复到预备姿势为完成一次。记录1分钟之内连续完成的次数。要求不能塌腰和抬臀。次数越高，说明力量耐力越强。

（六）核心力量的测量与评价

核心力量一般以六级侧桥和七级背桥的方式进行测量。

1.六级侧桥

（1）第一级：侧卧，肘支撑，两脚前后开立，与支撑手臂成三点支撑，非支撑手臂侧平举（向上），髋部保持中立位置，不下沉。

（2）第二级：两脚相靠。

（3）第三级：非支撑腿外展。

（4）第四级：非支撑腿屈踝45°。

（5）第五级：非支撑腿伸髋45°。

（6）第六级：两脚相靠。

换另外一侧进行。能够成功完成两侧动作，说明核心力量较强。

2.七级背桥

（1）第一级：T型背桥。动作要领：两臂侧平举贴于地面，与身体成T型。向上顶起髋部，大腿与小腿约成90°，脚跟着地，勾脚尖。

（2）第二级：双手合十向前（上）。

（3）第三级：右腿髋屈膝伸勾脚尖。

（4）第四级：左腿髋屈膝伸勾脚尖。
（5）第五级：右腿外摆45°。
（6）第六级：左腿外摆45°。
（7）第七级：回到T型背桥（同第一级）。
能够成功完成以上动作，说明核心力量较强。

四、耐力素质的测量与评价

评定有氧耐力的方法有很多，经常采用的方法是定距计时的位移运动，如1 500～10 000米跑、400～3 000米游泳、100～200千米自行车骑行及5 000～10 000米划船等，还有定时计距的12分钟跑等。测量方法较为简单，需要注意的是，在测量耐力素质时，最大摄氧量（VO_{2max}）在耐力测试中较为常用，既可以判定耐力水平，也可以用来指导耐力的训练。我国成年男子的最大摄氧量为3.0～3.5升/分，相对值为50～55毫升/千克/分；女子绝对值为2.0～2.5升/分，相对值为40～45毫升/千克/分。可以对照表1-9的相关数据进行实践操作。

表1-9 普通人（12分钟跑）最大有氧耐力评定表（单位：米）

体能水平		年龄（岁）			
		30岁以下	30～39岁	40～49岁	50岁以上
很差	男	<1 600	<1 500	<1 400	<1 300
	女	<1 500	<1 400	<1 200	<1 000
差	男	1 600～1 999	1 500～1 799	1 400～1 699	1 300～1 599
	女	1 500～1 799	1 400～1 699	1 200～1 499	1 000～1 399
一般	男	2 000～2 399	1 800～2 199	1 700～2 099	1 600～1 999
	女	1 800～2 199	1 700～1 999	1 500～1 799	1 400～1 699

续表

体能水平		年龄（岁）			
		30岁以下	30～39岁	40～49岁	50岁以上
好	男	2 400～2 799	2 200～2 599	2 100～2 499	2 000～2 399
	女	2 200～2 599	2 000～2 399	1 800～2 299	1 700～2 199
很好	男	>2 800	>2 600	>2 500	>2 400
	女	>2 600	>2 400	>2 300	>2 200

五、柔韧素质的测量与评价

柔韧素质是指人体关节在不同方向上的运动能力，以及肌肉、韧带等软组织的伸展能力。柔韧素质分为一般柔韧素质和专门柔韧素质。

测量与评价柔韧素质必然带有局部性的特点，测量方法和手段均涉及身体有关部位完成动作时的活动幅度。由于柔韧素质受到基因及先天条件的决定程度较大，受后天的训练影响相对较小，而且年龄越小，柔韧性越好，随着年龄的增大，人体的柔韧性会越来越差。因此，一般测量柔韧素质针对儿童青少年才具有意义，并且，在儿童青少年期进行科学的训练，可以较为明显地提高人体的柔韧水平。测量柔韧素质的常用方法有：坐位体前屈、肩部柔韧性、双手体后重叠、立位体前屈、新坐位体前屈、俯卧背伸、转肩、转体、肩臂上抬等。

（一）双手体后重叠

肩关节的柔韧素质常常以测试肩关节的灵活性和活动范围为主。

测试时，要求运动员自然站立，举起右手，前臂向体后下方弯曲，并尽量向下伸展，同时，用左手在体后去触及右手，尽可能地使两手手指重叠。然后换另一侧测试。双手体后重叠越好,肩关节柔韧性越强。通常情况下,人体的双侧肩的柔韧性并不一致,总是一侧好于另一侧,但相差并不明显,如果差距大,可能肩关节存在隐患。

(二)立位体前屈

受试者两脚尖分开5～10厘米站在有一定高度的台面上,脚跟并拢,两腿伸直,上体尽量前屈,两臂伸直,两手并拢,用双手下伸至不能再下伸时为止。测2～3次,取最好成绩。双手伸展距离越长,柔韧性越好。

(三)俯卧背伸

俯卧背伸测量的是脊柱的伸展性。受试者俯卧于垫子上,双手背叠于臀上,腿伸直。由一同伴按压其双腿,受试者尽力向后仰体抬头。测量2～3次,取最好成绩。身体后仰抬头幅度越大,脊柱柔韧性越好。

六、灵敏素质的测量与评价

灵敏素质是指在各种条件突然变换的情况下,机体迅速、准确、协调地改变身体运动的空间位置和运动方向的能力,如急起急停、左右滑步。灵敏性在很大程度上依赖于神经肌肉的协调性、反应时间和爆发力。

（一）10秒钟反复横跨

选择一个较为平坦的地面，并画三条间距为120厘米的平行线。受试者双脚分开落于中线两侧。听到口令后，先向右跨，即右脚落于右边线外，左脚落于右边线内；然后回到预备时的位置，再继续向左跨，同上面右腿动作；再回到预备时的位置。完成上述1组练习为完成1次，每完成1次计4分。每次测试为20秒钟，记录其完成次数和相应得分。可测2次，取最好成绩。次数越多，表明受试者的灵敏素质越好。

（二）10秒钟象限跳

在一片平坦的场地上画出互相垂直的两条直线，分别在所呈现的四个象限写上1、2、3、4。受试者站在起点线后，听到信号即以双脚跳入第1象限，然后依次跳入第2、3、4象限。按此法反复跳10秒，每跳入一个象限计一次。要求跳跃时必须双脚同时起跳，同时着地。路线或跳错象限不计次数，测2~3次，取最好成绩。次数越多，说明被测试者的灵敏素质越好。

第二章

体能训练的科学理论与方法指导

　　体能训练是近20年来颇受关注的议题，无论是在大众健身领域，还是在竞技体育领域，都广泛地被人们研究、探索和学习。然而，如何通过系统、科学的体能训练，激发机体的运动潜能、保持较好的运动状态、提高运动表现以及防止伤病都是每一名竞技体育后备人才要认真学习的课题。因此，本章将从体能训练的学科理论基础、体能训练的科学原理以及体能训练的原则与方法展开研究，希望对竞技体育后备人才的体能培养起到积极的促进作用。

第一节　体能训练的学科理论基础

现代体能训练的快速发展，离不开各个基础学科的理论支持。体能训练是一个复杂的、系统的、长程的发展变化过程，其中涉及了人体生理学、心理学、运动学以及营养学的知识和理论。因此，在科学地开展体能训练之前，需要对相关学科的理论知识进行系统的认识和理解。

一、体能训练的生理学基础

人体的体能是各个系统与组织器官协同作用的结果，机能的强与弱，可以反映出人体各个器官和系统的功能情况。这些系统包括神经系统、运动系统、呼吸系统、消化系统、免疫系统、循环系统、泌尿系统、内分泌系统和生殖系统九大系统。九大系统的分工各不相同，但是彼此间也有着密切的合作。在神经系统和内分泌系统的调节配合下，各系统相互促进也相互制约，共同决定着人体功能性活动的整体水平。

（一）体能训练与新陈代谢

1.水代谢

水是生命之源，是所有生命体最基础的营养素。而且，人体中水分与体重的占比为70%~75%，可见水对人体的重要意义。因此，在体能训练活动中，重视水的平衡与代谢是基本前提，只有这样才能维持人体的正常活动。

人体从食物中获得水分，人体内水的排出有多种方式，比如以尿液的形式排出体外，以及以粪便、汗液等形式或呼吸过程将体内的水分排出体外。对于运动中的个体而言，汗液的排放比例会骤然增加，因此，此时的水分补充格外重要。在运动过程中，人体会不断产生热量，为了维持正常体温，机体需要通过排汗的方式将热量带出体外，这就是水代谢的基本原理。运动员在体能训练中，水的代谢活动异常活跃。此时，关注、理解水的代谢过程，将对运动员的体能训练具有重要的意义。

2.糖代谢

糖是人体非常重要的一种供能物质。人体主要通过饮食从植物或动物类食物中获得糖。糖进入体内不能直接被吸收，需要通过消化酶的作用转换为葡萄糖分子，才能被机体吸收。然而糖有多种分类，不同的糖有不同的分解过程。比如，人体吃水果的时候会摄入大量的果糖，人体对果糖的转化和吸收过程就相对复杂。

血糖是能源储藏的方式之一，血糖的功能主要在于合成糖原。糖原又可分为有肌糖原和肝糖原两种，两种糖原的分子结构不同，且存储位置也不同，这可以从名字中看出。需要注意的是，人体的肝脏也能合成葡萄糖或糖原，这就是糖的异生。糖的异生对于血糖功能的发展起着非常重要的作用。

竞技体育后备人才正处于青少年时期，他们的身体代谢旺盛，对营养物质的需求更为明显。尤其是在体能训练中，会消耗大量的能量，因此及时、科学地补充营养非常重要，而且对运动员的身体成长也具有决定性意义。一般来说，人体运动时所需的能量主要来自体内糖的分解和代谢，而糖的分解和代谢可分为有氧氧化、糖酵解等几种形式，不同的代谢形式具有不同的触发时机，也有着不同的供能特点。在培养竞技体育后备人才的过程中，让他们了解糖代谢的原理和机制，将对训练带来有益的指导作用。

人体在运动过程中，肌肉中的腺嘌呤核苷三磷酸（ATP）、磷酸肌酸（CP）被消耗，此时肌糖原开始进行无氧分解，从而调动体内的供能。与此同时，肌细胞中钙、生长激素、甲状腺激素、雄性激素、儿茶酚胺等也会随之增加，以上这些种种改变都促使肌细胞产生一系列的适应性变化，进而增强肌肉磷酸果糖激酶（PFK）、磷酸化酶等的活性。这些都与超量恢复理论息息相关，超量恢复对运动训练、体能训练具有非常重要的指导意义，这部分内容将在下一节详细讲解。

在长时间的运动过程中，如果体内的糖充分，且有足够的氧摄入，通过糖的有氧代谢方式给机体功能，这就是糖的有氧代谢。

3.脂代谢

脂肪也是一种重要的营养物质和能源物质，和糖代谢一样，脂肪代谢也是为人体供能的一种重要途径。在人们的日常生活中或者各种运动活动中，都离不开脂代谢这一生理活动。人体内的脂肪来源主要是食物，脂肪是人体对体内过剩能量的主要存储方式。由于脂肪具有一定的疏水性，要想在人体的水环境中分解脂肪就需要酶的参与，或是借助从外界摄入的各种乳化剂才能实现。总体而言，脂肪的吸收与转化更为复杂一些。在理解了糖代谢的生理过程之后，再了解脂代谢会相对容易。

脂肪的吸收与利用非常重要，人体对脂肪的吸收主要有两种方式：一种是通过小肠上皮细胞直接吞饮脂肪微粒，另一种方式为脂肪微粒的各种成分进入小肠上皮细胞接受再度分解后，形成乳糜微粒，该微粒和大分子脂肪酸一并被转移进淋巴管，而甘油和小分子脂肪酸则溶于水后被吸收。如此来看，淋巴和血液是脂肪吸收的两种途径。其中，淋巴是吸收脂肪最主要的途径。被吸收的脂肪多数会存储于皮下、大网膜或肌肉细胞中，少量脂肪还会以合成磷脂、合成糖脂和合成脂蛋白的形式存储在体内。

脂肪供能的过程相对缓慢和复杂，其触发机制也与糖代谢的过程不同。一般来说，人体在活动或者运动中，脂肪供能是在糖供能之后发生的，调动脂肪供能并没有那么容易，只有运动进行了一定的时长、运动强度处于中低等的时候才会调动脂肪供能。了解脂肪供能的基本原理和规律，能够指导运动员控制体能训练，并控制体重的发展。

4.蛋白质代谢

蛋白质是人体的重要营养物质之一，而且是构成人体的基本成分，人体细胞的主要成分就是蛋白质。人体中的蛋白质在消耗与补充的动态过程中保持着平衡状态。测量机体蛋白质的代谢主要通过测定氮的排出为主要方式。一般来说，人体的生理活动状况决定蛋白质的代谢状况。"氮总平衡"的状态多出现于正常成年人之中，此时人体体内的蛋白质的分解与合成基本持平。少年儿童则不同，因为他们正处于身体生长的快速期，他们体内的蛋白质合成量大于分解量，由此体内的氮就会呈现出一种正平衡的状态。了解这些，对于指导竞技体育后备人才的训练活动具有积极的意义。

运动员，特别是那些正处于青少年时期的竞技体育后备人才，他们在运动训练中需要大量的蛋白质，及时地补充优质蛋白质是发展肌肉形态和肌肉体积的重要环节。因此，了解蛋白质代谢是运动员必须具备的基本知识。运动员在体能训练过程中，会促进机体对蛋白质的利用，从而能增强肌肉力量和肌肉体积，以及坚固骨骼。由此可见，经常参加体能锻炼对于蛋白质的代谢也具有重要的影响，这一点需要引起重视。

5.无机盐代谢

在人们日常的膳食中，无机盐是非常常见的。人体主要以磷酸盐的形式将无机盐存储在骨骼中。除此之外，钙、镁等少量的无机盐会以离子的形式存在于体内。

无机盐对人体的主要作用在于调节体内的渗透压，以及维持体内的酸碱平衡。在体液中，无机盐会被解离为离子，这些离子有阴阳之分，在细胞代谢的过程中起到不同的作用。了解与掌握无机盐代谢的基本原理，对于指导运动员日常的饮食和营养摄入具有重要价值。科学的营养摄入，对运动员的身体健康以及体能和体育技能的提高具有不可替代的作用。

（二）体能训练与供能系统

1.磷酸原系统

磷酸原系统是人体重要的供能系统之一。当ATP被分解放能后，磷酸肌酸（CP）随即分解并促进ATP再生成，这就是磷酸原系统的工作机制，但是这一过程持续的时间非常短暂，不能支持人体长时间的运动功能。但是由于此过程中不需要氧气的参与，不会产生乳酸，因此也被称为"非乳酸能系统"。没有乳酸产生对于机体而言就避免了运动后肌肉酸痛等不适感，因此能相对地减少疲劳感。研究表明，人体全部肌肉中ATP-CP的供能储备，仅能维持8秒钟的运动时间。由此可见，磷酸原系统的供能特点是速度快、功率高、总量小、时效短，也就是说，它对爆发力有着天然的供能优势，然而却不能满足耐力的能量需求。

2.糖酵解系统

当机体持续运动超过8秒钟，且运动强度较大时，则需要其他的供能系统接过重任。此时，能够支持运动所需ATP再合成的能量来源就要依赖于糖酵解系统提供了。

作为糖酵解系统中的重要原料，肌糖原在分解葡萄糖为乳酸的过程中生成ATP。如果运动员此时进行的是有氧运动，那么所产生的乳酸中有一部分会在线粒体中被氧化生能，另一部分则会合成肝糖原。如果没有氧的参与，则在生成能量的同时还会生成乳酸。如果乳酸在体内堆积过多，容易破坏身体内环境的酸碱平衡，进而导致肌肉的工作能力下降，此时人体会有明显的疲劳感。

到目前为止，我们了解的两种供能系统（磷酸原系统、糖酵解系统）都可以在没有氧的条件下供能，因此，可以将这两种供能方式看作人体运动时的无氧代谢供能系统的重要组成部分。

3.有氧氧化系统

当人体在有氧的条件下运动时，体内所需的ATP是由糖、脂肪的有氧氧化提供的。这种方式的特点是持续时间长、供应量充足，因此有氧氧化系统是人体运动供能的主要方式。

比如，长跑项目这种运动时间长，运动强度不高的耐力运动项目，主要是由有氧氧化系统供能完成。就人体的耐力素质而言，其有氧代谢能力和心肺功能都是非常重要的，二者之间有着非常密切的联系。有氧氧化系统是最重要的运动供能系统，是每一个竞技体育后备人才要掌握的生理学知识。

二、体能训练的心理学基础

竞技体育后备人才由于年纪较小，他们的生理发育和心理发展都还不够完善，因此训练需要在教练密切地关注和指导下进行。而且，对他们心理方面和生理方面的指导同样重要。青少年运动员在接受体能训练时，往往要面对非常艰巨的挑战，在这一过程中，如果没有较强的目标感，没有强大的心理意志是很难坚持下去的。因此，在培养竞技体育后备人才的初期，要进行必要的心理学知识教育，这里主要指的是体育心理学和教育心理学的相关理论，使青少年运动员掌握一定的心理学知识，比如如何调整情绪，包括在训练遇到瓶颈、成绩迟迟不见提高的时候，懂得如何客观地总结原因，并适时地增加成长动机来平衡心理状态。总之，有心理学指导的体能训练有助于运动员以更为平和、积极的心态进行训练。

（一）教育心理学

教育心理学属于心理学的一个分支，主要研究的是教育者及受教育者在教育过程中的心理活动、心理现象以及心理变化规律。教育心理学的学科目标主要是提高教育者和受教育者的教学与学习效率，促进教育的良好发展。运动员长期参加运动训练，难免会出现一定的心理问题，而学习与掌握教育心理学的基本理论，可以帮助运动员运用心理学知识指导自己的训练过程，对保持良好的心理状态具有积极意义。

教育心理学是一门融合了教育学与心理学的综合学科，具有较强的实用性。教学心理学之所以能够发展成为一门独立的学科，与近代西方教育学家基于心理学研究成果而构建出的教学理论有关，这是一个非常重要的前提条件。比较知名的教学理论研究成果有《心理学教科书》《普通教育学》等，这是德国心理学家赫尔巴特的著名作品。赫尔巴特提出的教学可分为两种类型：一种是德育的教学，主要指培养受教育者的道德水平、意志品质以及性格；一种是智育的教学，主要侧重于培养学生的智商，提高他们的认知能力、知识水平和技术水平。不管哪种类型，凡是教育活动，必然会涉及心理学的内容，对竞技体育后备人才的体能训练也是一种教育活动，并且它对青少年运动员具有非常高的挑战，包括生理上和心理上两个方面，因此，让他们掌握和了解一定的教育心理学非常必要。

比如，"激发兴趣"是教育心理学的重要开端，体能训练大多数都是十分枯燥的内容，但要想取得理想的训练效果，运动员就必须投入大量的时间和精力，并且需要教练及时进行心理引导，将训练引入运动员最感兴趣的运动项目上。比如，采用一些有效的训练手段，可以让运动员直观地感受到体能训练对提高运动技能有直接的作用，这样有助于他们保持坚定的信念、饱满的热情，从而取得理想的训练效果。

（二）体育心理学

动机是心理学的重要研究课题。对于竞技体育后备人才来说，充分地发挥动机机制，能够有效地促进体能训练的开展。比如，每个人在进行某项活动时，都有一个或几个动机。以运动员为例，他们之所以能够忍受艰苦枯燥的体能训练，是因为怀着一个强烈的求强、求胜的动机。他们希望通过发展体能水平，不断地提高自己的技战术能力，并最终获得优异的运动表现，取得骄人的比赛成绩。这就是激励青少年运动员数年如一日地坚持体能训练的根本动机。一个运动员的动机水平的强烈程度，可以部分地从他们参加训练的积极性的高低来体现。有时候，当长期的训练并没有带来预期的提高时，运动员会不同程度地产生一些挫败感。这种情况在年纪较小、运动经验较少的青少年群体中尤其明显。此时，需要对运动员进行心理疏导，将他们从低落、沮丧的情绪中唤醒，通过重新燃起强烈的动机，从而振作精神，再度以饱满的激情参加训练。总之，在运动员的体能训练中，动机尤为重要，起着重要的作用。

一般来说，从兴趣的角度看，动机主要有两种：一种是直接动机，另一种是间接动机。

（1）直接动机与体育活动本身有着密切的联系。比如，热爱篮球运动的个体，会不厌其烦地练习篮球的技术动作，这就是直接动机的体现。直接动机一般都来自个体内在的一种追求，或者是兴趣，或者是自我实现的欲望，直接动机具有强烈、持久的特点，这往往是优秀的运动员的主要动力因素。

（2）间接动机带有一定的目的性，它的产生与个体的意志有着密切的关系，同时与社会需要也有着一定的关系。比如，学生参与舞蹈健身活动，可能是为了增强体质，可能是为了减脂塑形，可能是为了交友，这些动机的推动性都要比其单纯对舞蹈感兴趣这一动机要强一些。因此，在竞技体育后备人才的培养过程中，要善于将训练的直接动机转化为间接动机，帮助他们克服训练的枯燥和艰难，更多地看到训练背后的目的和价值，这样会得到较为理想的训练效果。

（三）体能训练与各心理要素的关系

1.体能训练与运动动机

根据心理学理论，动机是驱使个体进行活动的心理动因或内部动力。在动机的激励下，个体能够保持持续的热情从事某一活动，或开展某种行为，因此，动机常常是发起和支撑行为的重要因素。在竞技体育后备人才的体能训练过程中，建立健康、良好的动机十分重要。良好的动机能激励这些年轻的运动员向着正确的方向发展，这对目标的实现具有决定性的影响。因此，帮助后备人才树立正确的运动动机对取得理想的训练效果具有积极作用。

（1）影响动机的因素

一般来说，影响动机的因素有很多，主要包括内部条件与外部条件两个方面。对于青少年运动员来说，越早弄清这些关系，对自身的运动发展越有利。

①内部条件

内部条件是人们产生动机的一个重要方面，人的内部条件主要指的是人的内在"需求"，每个人都有需求，这些需求体现在不同的方面，常常是因为缺乏某种事物而引发的不同程度的不适感。在这种情况下，往往能激发人们采取一定的行为去争取这种事物来满足内在的渴望。就运动员而言，他们参加体能训练也受到不同程度的内部条件的激励。

②外部条件

外部条件主要指个人所接受的各种外部环境的刺激，这些刺激会对人的活动产生重要的影响。在外部环境的刺激下，人们产生不同的动机，进而激发出行动。因此，营造良好的训练环境，通过外部条件激发运动员保持体能训练的热情和动力具有一定的现实意义。

（2）动机的分类

依据不同的划分标准，可将动机分为以下几种类型：

①以需求性质为依据

以需求性质为依据可将动机分为生物性动机和社会性动机。

生物性动机是人类和动物所共同拥有的、基本的生存需要。比如，困了想睡觉、累了想休息、饿了想吃东西等，都属于生物性动机。社会性动机是人类所独有的一种需求。现代文明背景下，每个人都生活在特定的社会环境中，有着社会归属和社会认同的需要，这就是人的社会性动机，也是人区别于动物的重要一点。

②以兴趣特点为依据

以兴趣特点为依据可将动机分为直接动机和间接动机。

关于直接动机和间接动机上文已经做了分析，这里不再赘述。

③以情感体验为依据

以情感体验为依据可将动机可分为匮乏性动机和丰富性动机。

匮乏性动机源于某种危险、威胁，于是产生想要避免或者解除这些因素的某种强烈的动机。匮乏性动机有较为强烈的特点。丰富性动机是指以丰盛、享乐、满足为目的动机。在这一动机的驱使下，人们会不断追求心理上的满足感、成就感，从而能提高训练的积极性。比如，为了获得更强的运动能力、取得更多的奖牌，都属于丰富性动机。

④以动机来源为依据

以动机来源为依据可将动机分为内部动机和外部动机。

内部动机是指来自个体内在的某种需要，可能是丰富性动机，也可能是匮乏性动机。内部动机往往能够指导人们实现自己的目标，完成某种挑战，从而获得成就感和满足感。外部动机是指受到外部因素的刺激，促进人们逐渐发展出的某种动机。比如，为获得社会的认可、得到世界冠军的荣誉、得到球迷或者粉丝的追捧等，都属于外部动机。

（3）动机的作用

动机是指导个体进行某种行为的直接因素，对个体具有非常重要的作用，一般来说，主要体现在以下几个方面：

①始发作用

由于某种动机的影响，运动员积极地参加各种体能训练活动，并能主动克服生理和心理上的不适感，从而不断增强体质、提高运动水平，这就是动机的始发作用。

②指向作用

不同动机会有不同的影响，比如，运动员进行体能训练是为了战胜同项目的高水平的对手，并获得更好的比赛成绩，因此具有较强的紧迫感和危机感，而普通人进行体能训练是为了提高身体素质，其心理状态是轻松的、平和的和淡定的，并没有获得优异成绩的压力，相对的还具有一定的娱乐的性质。可见，不同的动机会指向不同的方向，带来不同的影响和作用。

③强化作用

动机的另一个重要作用是对行为的强化。动机是维持、增强或者遏制、减弱进行体育运动的某种力量。对于竞技体育后备人才来说,教练需要不断地帮助他们明确和完善自身的动机来强化其训练的行为,即需要将动机一直保持在较高水平。动机强度越高,运动员参加运动训练的意愿就越强烈。因此,激发与强化正确的训练动机是非常重要的。

2.体能训练与情绪

在心理学研究中,情绪没有好坏之分,但是具有不同的能量,会对个体产生不同的影响。一般情况下,人们在不同情绪状态下会有截然不同的表现。比如,运动员在充满希望、积极的状态下进行训练的时候,各方面的表现都会呈现出较好的一面。同样一名运动员,在同等运动水平时期,如果在他心情沮丧、低落的情况下训练,其表现大概率会不尽如人意。实际上,人的情绪往往会有较大的波动,有时在波峰,有时在波谷,有时又是十分平静的。可以说,人们每时每刻都与情绪相伴,那么如何控制情绪朝着有利于自身的方向发展就显得格外重要。运动员经常会面临比赛,要面对胜利和失败的考验,这需要他们具有强大的情绪控制能力,能够胜不骄败不馁,才有利于其运动水平的正常发挥。

3.体能训练与意志

运动员的体能训练与个人的意志水平密切相关。强大的意志品质,可以让运动员保持有效的训练,不断地挑战更大的强度和难度,提高其身体素质和运动水平,当然这些强度和难度都在身体可接受的合理范围内。对于拥有良好意志品质的运动员而言,他们参与运动训练的积极性一般都非常高,也能保持较多的自觉性和持久性,这就是意志的作用与意义所在。

如果运动员具备良好的心理和意志,在参与体能训练的过程中就会有着清晰的目标,能正确认识体能训练的目的,做出恰当的努力,促进运动水平的持续提高。

三、体能训练的运动学基础

(一)人体运动的基本形式

一般情况下,人体运动主要分为质点运动和刚体运动两种形式。其中,质点运动又分为直线运动和曲线运动两部分;刚体运动又分为平动、转动和复合运动三部分(图2-1)。

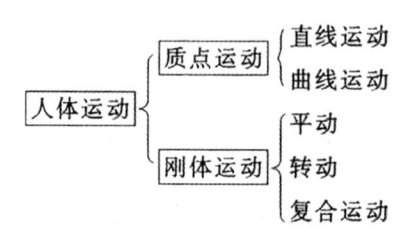

```
                    ┌─直线运动
         ┌─质点运动─┤
         │          └─曲线运动
人体运动─┤          ┌─平动
         │          │
         └─刚体运动─┤─转动
                    │
                    └─复合运动
```

图2-1 人体运动的基本形式

1.直线运动和曲线运动

(1)直线运动

直线运动就是人体或器械的运动始终处在一条直线上。就人体的结构特征而言,纯粹的直线运动在人体运动中是很少见的,有的只是近似直线运动。因此,研究纯粹的直线运动对人体运动意义不大,一般研究的是近似直线运动。人体在进行近似直线运动时,一般又可分为匀速直线运动和匀变速直线运动。前者是指运动的质点始终处在一条直线上,并且在相等时间内通过的路程相等,如步行、慢跑等,人体的重心可视为匀速直线运动;后者主要是指人体在相等时间内,其速度变化量相等,在时间速度坐标图上表现为一条斜线。运动员在参加体能训练时,短距离跑、冲刺跑等都存在一部分匀变速直线运动。

(2)曲线运动

人体在运动的过程中,如果运动的轨迹是一条曲线,则属于曲线运动。人体在进行曲线运动时,速度的大小、方向、加速度发生变化时,需要强调各物理量的矢量性。实际上，人体的大部分运动都属于曲线运动，如起跳腾空后人体在空中的轨迹就属于曲线运动。

2.平动、转动和复合运动

（1）平动

如果在运动过程中，刚体上任意两点的连线保持平行，而且长度不变，那么这种运动就叫平动。例如，轮滑运动中的姿势维持阶段就是平动过程。刚体平动时，可视为质点运动。质点运动又可分为曲线平动和直线平动。

（2）转动

转动是物体绕着一个固定点或固定转轴做旋转运动，如髋关节和肩关节的旋内、旋外等。运动员在参加体能训练时，各种的走步、跑动、跳跃等动作，都是人体相关部分绕关节轴转动而实现的。可以说，人体各关节的转动是人体运动的重要基础。

（3）复合运动

与平动与转动相比，复合运动这一形式较为复杂，一般情况下，复合运动主要包括身体重心的平动以及肢体其他部位绕重心的转动。

（二）人体运动的力

力是运动中最重要的因素之一，可以说排在其他因素之前，具有决定性的影响。因此，在对竞技体育后备人才进行培养时，需要让他们了解力。

1.力的三要素

力是物体间的相互作用。当力作用于物体时，会产生一定的效应。人体运动的力可以分为以下三个要素：

（1）力的大小

力量的大小是力量的最根本要素，决定着很多动作能否完成，如跳高、撑竿跳高等运动，力量的大小起着举足轻重的作用。

（2）力的方向

在研究与分析力的时候，不可避免地要研究力的方向问题。一般来说，人体的每一项运动都是多种力共同作用下的结果,其中每一个力的大小和方向,决定了运动的效果。对力的方向的掌握往往能代表运动员的技术水平情况。

(3)力的作用点

一般情况下,同样的力作用在不同作用点上,产生的效应也存在着较大的差异。如踢球时,力作用在球的不同位置,球体会发生不同的旋转,从而导致不同的效果。

2.人体运动的内力与外力

(1)内力

人体各部分之间的相互作用力就是内力。一般情况下,人体的内力主要包括肌力、韧带张力、骨应力等几个部分。在这些内力的作用下,人体各部位以不同形式参与各项运动,共同实现运动目标。

(2)外力

外界作用于人体的力就是外力。运动员在参加体能训练时,机体会受到各种外力的作用,在力量训练中尤为明显,比如,除了重力、摩擦力、空气阻力之外,人为设置的各种负重等,都属于外力。

人体在运动中,不论是内力还是外力都会参与其中,并分别产生着不同的影响。准确地把握各种内力与外力的作用,是提高运动员体能训练效果的重要因素。

四、体能训练的营养学基础

人体进行一切生命活动都离不开营养物质的参与。对于竞技体育后备人才而言,在进行体能训练时,需要大量的营养物质的补充,才能保证他们的健康水平和运动效果。因此,在进行体能训练的同时,需要让运动员掌握必要的营养学知识,以指导他们的运动生涯的健康发展,促进其体能训练更加有效。

运动员在参加体能训练时,一定要注意摄取营养的全面性,对于训练强度大、负荷重的体能训练而言,大量且均衡的补充营养也是训练的组成部分。竞技体育后备人才在体能训练过程中,摄入营养的及时性和全面性非常重要。通常来说,人体所需的营养物质主要包括水、糖类、脂肪等。

(一)水

水是生命之源,是维持人体生命活动的重要物质,在人体的各种元素中,水的含量大约占人体体重的2/3。大量的研究表明,水对人体健康,特别是对人体的运动起到非常重要的作用。运动员在体能训练时由于运动强度较大,会大量排汗,使人体在短时间内流失大量的水分,而水的缺乏会导致运动员各种生理功能受限,这样不仅影响运动水平,不及时补充水分还会影响人体的生命安全,因此,训练中水的补充,以及补充方式是非常重要的议题,对运动员的体能训练影响重大。

水对于人体的主要作用在于参与代谢过程、促进腺体分泌以及调节体温,当然水还有许多细微的生理作用,这里就不再赘述了。

除了直接饮用之外,在我们平时的膳食中也会摄入大量的水分。一般来说,一个健康的成年人每天摄入水的总量为2 000～2 500毫升。对于参加体能训练的运动员而言,其水分的摄入要明显增多,只有这样才能维持机体的正常需要。

(二)糖类

糖类也是人体所需的重要营养物质,一般有单糖、双糖和多糖之分。其中,单糖主要有葡萄糖和半乳糖,双糖有乳糖、蔗糖和麦芽糖,多糖有淀粉、糖原和果胶。糖类是人体的主要能源物质之一,对人体健康具有重要的意义,在体能训练期间,机体对糖类的需要达到峰值。因此,运动员在体能训练期间务必要注意糖类的补充。

人们主要是从食物中获取糖类,如米饭、馒头,以及水果、蔬菜和牛奶等。日常的饮食可以满足机体对糖的基本需求。不过,在体能训练期间,应适当地额外补充一些糖类,这将对提升体能训练的效果具有积极作用。

（三）脂肪

脂肪是人体另一个必需的营养物质，对人体健康扮演着多重角色。首先，必要的脂肪含量对人体的内脏起到一定的保护作用。其次，皮下脂肪还具有维持人体正常体温的重要功能。再次，脂肪是构成人体细胞的重要成分。最后，脂肪是人体开展各项生命活动的重要能源物质。

我们平时所食用的肉类和一些高脂的植物类都含有丰富的脂肪。一般情况下，从食物中摄取的脂肪足够满足人体的基本生理需求。不过，对于参加体能训练的运动员而言，还需要额外的补充。但是，除了个别的运动项目外，有相当部分的运动项目需要控制运动员的体重，因此，运动员在脂肪摄入方面，一定要按照营养师和教练的指导严格进行，不能因为一时的口腹之欲，而破坏了训练的整体效果。

（四）蛋白质

蛋白质对于人体的重要性不言而喻，它是人体细胞的重要成分，它主要由氧、碳、氢和氮等元素构成。蛋白质若摄入不足，将威胁人体的健康情况，因此应格外重视。其营养功能主要体现在以下几个方面：

（1）蛋白质是构成人体细胞的重要物质。
（2）蛋白质能在一定程度上修复人体受损的细胞。
（3）蛋白质能为人体提供必需的能量。
（4）蛋白质能产生抗体，使人体产生极大的抵抗力。

在日常的饮食中，人们可以从蛋、豆、肉等食物中获取足量的蛋白质。对于运动员而言，尤其需要大量补充优质蛋白，以发展身体机能、提高肌肉质量。

（五）矿物质

矿物质主要包括常量元素和微量元素两种。其中，常量元素主要有钙、钠、磷、镁、钾等，微量元素主要有铁、锌、碘、铜、硒等。虽然人体对矿物质的需求量很少，但矿物质却是人体不可或缺的营养物质，缺少了任一元素，都会影响人体的健康水平。矿物质具有以下几个重要的营养功能：

（1）矿物质是构成人体组织的重要成分。
（2）矿物质能在一定程度上维持人体的酸碱平衡。
（3）矿物质是一种重要的代谢辅助物质。

一般来说，人们日常饮食中的各类食物都含有不同的矿物质成分，如乳制品中含有大量的钙，动物内脏中含有大量的铁和锌。运动员需要根据自身的身体基本条件、运动情况以及吸收情况适当补充一些矿物质，以促进体能训练更加有效。

（六）维生素

和矿物质相似，维生素对人体也具有不可替代的作用，是保持人体健康发展的重要营养物质。维生素主要分为水溶性维生素和脂溶性维生素两大类。其中，水溶性维生素主要有维生素C族和维生素B族等，脂溶性维生素主要包括维生素A、维生素D、维生素E和维生素K等几类。这两种维生素是人体不可或缺的，为人体的生理活动提供必要的营养。主要维生素的营养功能如下所述：

（1）维生素A：健齿、健骨、促消化。
（2）维生素B_1：促进能量代谢及糖代谢，生成ATP等。
（3）维生素B_2：预防脚气病；缓解口腔溃疡等。
（4）维生素C：抗氧化、缓解机体疲劳等。

我们平时所食用的各类食物中，如蔬菜和水果等都含有大量的维生素，日常食用这些食物就能满足机体对维生素的需求。

第二节　体能训练的科学原理

一、应激与适应理论

（一）应激与适应的含义

在神经系统和内分泌系统的支配和精准调节之下，人体各项生理机能和生命活动会处于一个平衡的状态，身体的内环境相对稳定。而当运动员处于高强度和大负荷的体能训练时，会破坏身体内环境的稳定。此时，身体的各个系统随即会产生应激反应，并通过调节机制对各种机能活动进行调整，如心血管循环系统、能量系统、肌肉力量募集、呼吸、心率等会随之发生一系列的复杂变化，目的是使体内环境与外界刺激维持相对平衡，这就是适应。

（二）适应的特性

1.机体对负荷具有选择适应性

当运动负荷的强度和形式不同，身体应激的方式也不同，不同的系统发生适应的程度也不同，不同的负荷对主要发生适应的系统部位会带来很大的差异，主要有心血管系统、神经系统、肌肉与关节系统、物质与能量代谢系统、内分泌系统及酶的活性变化等。长期、持续的训练，会让运动员的机体发生持续性的适应变化，在合理的范围内，身体机能、系统、器官、组织甚至细胞都会发生相应的适应，甚至是结构性、功能性改变，目的是能够更好地适应运动的需要。这也是为运动员带来身体素质发展和运动水平增长的重要理论依据。

值得注意的是，运动适应是以特异性刺激为基础的，依照功能性负荷原理，

第二章 体能训练的科学理论与方法指导

蛋白质循环是主动适应的基础，细胞要维持自身的结构和稳定性，那么细胞质就会通过蛋白质合成与分解的过程来实现动态平衡。负荷的刺激使蛋白质循环发生变化，表现为酶的活性改变，利用氨基酸的能力增加，蛋白质结构和机能适应运动的需要，能量利用效率的提高以及免疫力改善等（图2-2）。

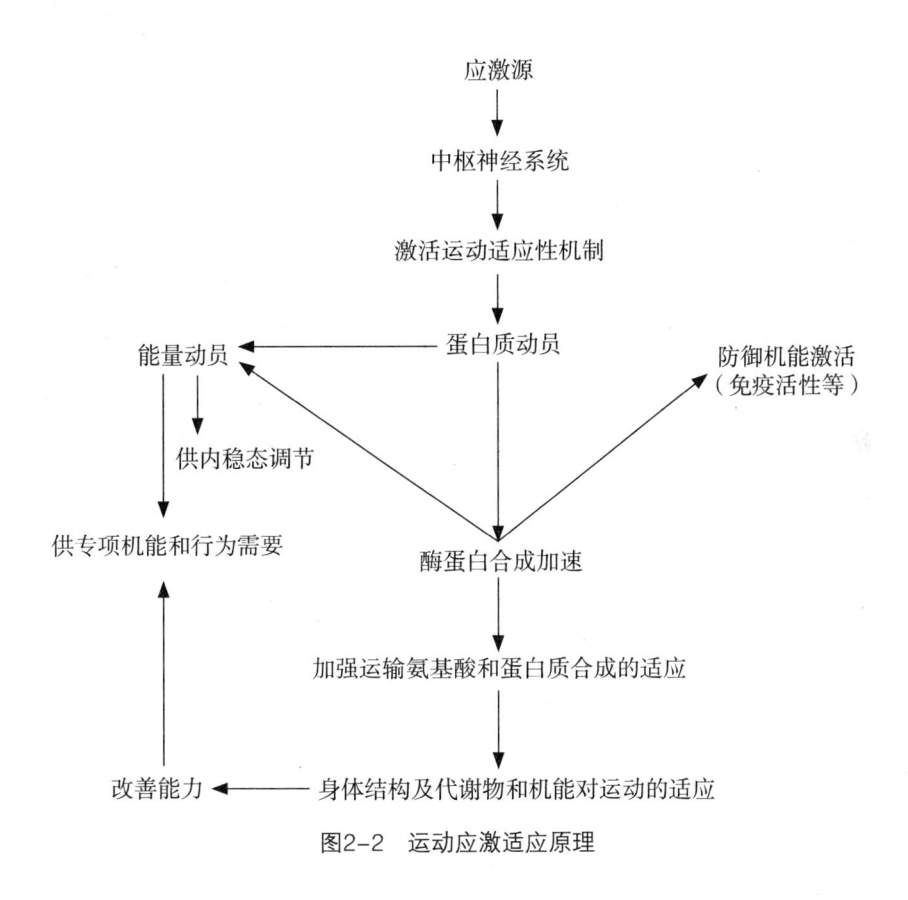

```
                        应激源
                          ↓
                     中枢神经系统
                          ↓
                    激活运动适应性机制
                          ↓
     能量动员  ←———   蛋白质动员   ———→  防御机能激活
        ↑ ↓                              （免疫活性等）
     供内稳态调节              
        ↓                  ↓
  供专项机能和行为需要    酶蛋白合成加速
        ↑                  ↓
                  加强运输氨基酸和蛋白质合成的适应
        ↑                  ↓
     改善能力 ←——— 身体结构及代谢物和机能对运动的适应
```

图2-2 运动应激适应原理

2.负荷对机体适应性变化具有定向作用

在运动训练过程中，对负荷的长期适应使机体的结构和供能产生适应性的变化，而且这种变化具有定向适应性。例如，2002年出版的《运动生理学》教材数据显示，长期的力量、速度训练使快肌纤维增粗，机体无氧酶的活性提高，骨密度增加，有氧耐力的改善不明显；长期的有氧练习使慢肌纤维增加，线粒体增多，机体有氧酶的活性改善，无氧能力的提高不明显（表1-7）。同样是心脏变大，长跑运动员是心腔大，而举重运动员是心腔壁增厚。

表2-1 短、中、长跑运动员肌肉中酶活性的差异

项目	性别	例数	琥珀酸脱氢酶（SDH）	乳酸脱氢酶（LDH）	磷酸化酶（PHOSP）
短跑	男	2	12.9	1 287	15.3
中跑	男	7	14.8	868	8.4
长跑	男	5	16.6	767	8.1
无训练者	男	11	7.4	822	7.6

因此，运动训练的实质就是在适宜负荷的刺激下，人体各系统、器官、组织对刺激发生了应答性反应，人体发生了适应运动的生物性改造。在一定的范围内，负荷越大，对机体的刺激越深，生物改造的效果越明显。不过，需要注意的是，负荷过大不仅不能适应，而且容易造成过度疲劳甚至伤病。也就是说，根据项目和任务需要实施合理的负荷，是取得理想训练效果的基本保证。

二、神经肌肉募集理论

人体运动的实质，就是肌肉在神经系统的支配下牵拉骨骼克服阻力的运动。肌肉控制的精细程度取决于神经元支配的运动单位（肌纤维）的数量，需要精细动作（如眼）的肌肉，每根运动神经元支配一根肌纤维，大肌肉运动往往可以支配数百条肌纤维。

神经肌肉募集理论认为，肌纤维有慢肌（Ⅰ型）和快肌（Ⅱ型）两种类型，每类下面还有亚类，具有不同的生理特性。在神经系统的控制下，根据负荷的大小先后动员慢肌和快肌参加，一般是先动员慢肌，再动员快肌，这是人体肌肉活动的规律，也是对肌肉的保护机制。当负重较小、速度较慢时，兴奋阈值较低、力量较小的慢肌首先被募集进行运动，快肌几乎不参与。当负重、速度等逐渐增加时，开始动员阈值更高、力量更大的快肌纤维参加收缩。在极限负重或极快爆发性动作中，慢肌和快肌将全部参与工作。

三、超量恢复理论

超量恢复也称超量代偿,是关于人体运动时和运动后休息期间,能量物质消耗和恢复过程的超量恢复学说。

超量恢复理论认为:

(1)在适宜的刺激强度下,运动肌糖原消耗量随刺激强度增大而增加。

(2)在恢复期的某个阶段,会出现被消耗的物质超过原来的数量,称为超量恢复。

(3)超量恢复的数量与消耗过程有关,在一定范围内,消耗越多,超量恢复效果越明显。

第三节　体能训练的原则与方法

一、体能训练的原则

(一)自觉性原则

自觉性原则是指在训练过程中,运动在教练的指导下,通过已经掌握的训练知识和技能,自觉、主动地进行训练,并积极参与制订训练计划。运动员只有把握事物的现象和本质,才能有效地开展自觉性训练,而这二者是取得最佳训练效果和良好比赛成绩必不可少的前提。

1.自觉性原则的理论依据

（1）自觉性原则的理论依据是以人为本的理论思想，它强调运动员是训练的主体。因此，运动员的自觉性是训练最主要、最根本的动力源泉，是决定训练过程的内部因素，它对外部因素具有决定作用和指导作用，即内因是变化的依据，外因通过内因起作用。在训练中，教练应该重点关注如何提高运动员自身的训练积极性，充分调动他们的训练热情，从而提高训练效率。同时，教练还有责任保护和不断强化运动员的自觉性，让他们能够持续、稳定地完成艰苦的体能训练。

（2）当运动员对所从事训练的目的、意义、作用及自己未来发展有正确理解时，将激发其参加训练和比赛的积极情绪。运动训练的本质是对体力负荷建立适应的过程，充分的动员有助于运动员在更高水平上建立适应。如果运动训练是运动员被迫的、无奈的选择，则所有正常的身体和心理负荷都会成为难以逾越的困难，从而产生消极情绪，其功能能力的发挥将受到抑制。

2.自觉性原则的基本要求

（1）加强正确的价值观教育

教练应该将自身的角色逐渐从命令与指导的位置，转换为引导、激励和指导的位置上。现代竞技运动要求教练既要掌握过硬的专业技能，同时又具有科学教育的能力，从而保证在日复一日的枯燥训练中，帮助维护运动员的训练动机和热情，同时，在运动员遇到瓶颈的时候，教练能够及时给予指导，帮助运动员攻克一道道难关。

（2）教练在训练过程中的主导作用

教练的主导作用主要体现在正确地安排训练过程和运动员的活动，使其能够发展出独立思考和训练的能力。因此，教练除关注具体训练外，还要注意关心运动员智育与德育的发展。

（二）区别对待原则

区别对待原则是指在运动训练的过程中，根据不同专项、不同运动员、不同训练状态、不同训练任务及不同的训练条件等具体情况，有针对性地组织安排相应的训练过程、训练任务、训练内容、训练方法和训练手段，以及运动负荷的训练原则。教练员在制订训练计划时，根据每个运动员的身体条件和潜质、学习特征以及所从事的专项等各方面特点，设计出适合每个运动员的个体化方案。也就是说，整个训练过程必须依据该运动员的特点进行安排，使之得到最大的发展。

1.区别对待原则的理论依据

（1）运动专项需要的多样性

不同专项运动员竞技能力（体能、技能、战术、心理、形态等），受不同因素的影响，也有不同的要求。因此，在选择训练内容和手段时，教练必须注意不同专项运动员的不同需要，有计划地实施，区别对待。

（2）运动员个人特点的多样性

在现代运动训练中，个体化原则已经成为最重要的训练理论之一。教练唯有在认真分析每一个运动员的个体特征的基础上，精心地制订最适合个体发展的训练计划，才能使该运动员得到最佳的发展，被发掘出最大潜能。运动员个人特点包括性别、日历年龄、生物年龄、训练年龄、竞技水平、生理和心理特点、身体状况、训练情绪等，这些都对训练安排提出了不同的要求。同一名运动员的训练状态在不同阶段、不同时刻表现不同，不同训练环境和训练条件也对训练内容和组织实施提出了不同的要求。

（3）运动训练过程的多变性

运动训练过程是一个动态发展的过程，不同运动项目、不同运动员及在不同状态下该过程均处于不断的变化之中。这些因素的不断变化，都要求教练及时根据训练对象的具体情况有区别地组织训练，以使运动员能更好地适应这些变化了的条件。

2.贯彻区别对待原则的基本要求

（1）掌握运动员个体特征

在体能训练中，要重视运动员的个体差异性，每一名运动员都有自身独特的气质和特点，他们的思想水平、身体条件、性格、动机水平、智商、情商、逆商等均不相同，这些素质条件都会影响训练情况。因此，在体能训练实践中，教练应深入了解自己培养的每一位运动员的详细资料，并且做到具体情况具体分析。教练应努力做到从运动员的身心发展特点出发，因势利导，因材施教，坚持把握区别对待原则。

（2）紧紧围绕专项运动的要求

从专项的角度出发，区别对待原则是指，每种体能训练都要围绕专项运动的特点和要求进行，体能训练必须紧密结合专项运动的发展规律。只有正确认识专项竞技能力的决定因素，结合专项成绩发展的规律，在此基础上组织安排训练才可取得成功。

（3）充分考虑运动训练条件

在不同的训练时期、训练阶段以及训练地点，也应采取不同的训练方法和训练内容，这也是区别对待原则的要求之一。从训练阶段看，比如在训练初期、中期和临近比赛期，对体能训练的内容安排是截然不同的；从训练时间看，在冬季和夏季的训练内容和时间也不同；从训练地点看，在不同的场地、不同的气候条件下，教练要灵活调整训练内容和训练计划，以最有利于运动员发展为前提条件，选择最合理的训练计划。

（三）一般训练和专项训练相结合原则

一般训练和专项训练相结合原则是指，在实践中，要根据运动项目的特点以及运动员的真实水平，选择不同的训练目标、训练计划和训练内容，并及时根据运动员的发展情况进行调整。

一般训练主要是针对运动员进行全面、基础、综合的素质训练，与专项训练的关系不大。比如以多种身体练习、训练方法和手段，全面提高运动员的各种器官系统的机能，从整体上改善其身体素质和运动素质，同时对整体的身体形态也具有一定的改善作用。

专项训练是紧密结合专项运动的要求和运动特点进行的，是为提高运动员的比赛成绩服务的。专项训练是指以专项运动本身的动作及比赛为标准进行的练习，专项训练能够直接提升运动员的专项运动技能和运动水平，专项训练包括体能训练、技术动作训练、技术训练和战术训练等。有关体能的专项训练主要是提高运动员进行专项运动时所需的各器官系统的机能，并对发展专项运动技术和战术具有积极意义。

人体的力量、速度、耐力、柔韧和灵敏等运动素质不是孤立存在和发展的，它们彼此之间相互影响、相互促进、相互制约，这意味着，在专项体能训练中，会强调提高运动员的某一专项素质，但是要想提高该素质，还需要通过一般体能训练来发展其他相关素质水平，这样机体才能正常、健康地逐渐发展。这也是体现一般体能训练与专项体能训练相结合的一个重要方面，即在专项体能训练的过程中，穿插进行一般体能训练是必不可少的环节。这是因为机体存在运动素质转移的现象，即机体在素质发展过程中，某一种素质的发展会影响另一种素质的发展，并且发生一定的转移。这也是教练和运动员在体能训练实践中，要充分注意的部分。因为运动素质转移既包含良性转移，也包含不良转移，我们应努力促成良性转移，避免不良转移的发生。

另外，让一般训练和专项训练相结合，还可以起到缓解神经疲劳的作用。因为过多的专项训练，容易引起机体局部负担过重，以及令中枢神经系统产生疲劳，从而降低训练效果。但如果适时地安排一般训练内容，则能起到积极的调节作用，从而更好地提高专项训练的效果。因此，在内容比例上，早期的一般训练占比较大，而到了后期，则逐渐过渡到以专项训练为主，一般训练为辅，且一般训练的练习内容应少而精。选择一般训练的标准有以下几点：

（1）促进专项训练的良性素质转移，避免不良素质转移。

（2）在专项训练出现适应和疲劳的征兆时，改为进行一般体能训练。

（3）能形成和巩固在运动中起辅助作用的技战术等。

（4）一般训练既要全面，又要能兼顾专项化的特点。

（5）在练习内容和时机的安排上，要注意有利于运动素质和运动技能的转移。

总之，在对竞技体育后备人才进行体能训练时，一定要注意一般训练与专项训练相结合的原则。因为只有二者相互交替地进行，才符合青少年运动员的训练需要，才能发挥出最佳的训练效果。一般体能训练强调的是打下过硬的身体素质基础和心理品质基础，专项体能训练的目的是直接为创造优异的专项成绩服务，可见，二者只有结合进行才有现实意义，因为本质上，二者的终极目标是一致的。任何一种专项运动本身对运动员各器官系统机能的影响都在不同程度上有一定的局限性，进行一般训练采用多种练习内容、方法和手段可以补充专项训练的不足，促进各器官系统的全面提高，从而为运动员创造优异运动成绩打下良好的基础，保证专项训练的顺利进行。在具体的训练实践中，要求教练要根据运动员的不同水平和层次的实际情况，在不同的训练时期和阶段，科学、合理地安排好一般训练和专项训练的比重。

（四）不间断原则

对于竞技体育运动员而言，无论是体能训练还是技战术训练，都应该秉持不间断原则进行。无论哪个专项，运动员的运动成绩都要通过系统的、长期的、不间断的多年训练而获得的。各项运动技术必须要经过多次的重复练习，才能掌握、熟练和逐渐发展、提高，其中的连贯性、不间断性至关重要。如果训练断断续续地进行，那么前期的努力很可能付诸东流，白白浪费时间和努力，不仅不能发展运动员的运动素质，反而会挫败运动员的训练信心。一旦运动员长时间中断训练，其运动生涯将面临终止，因此，对于竞技体育后备人才的体能训练，一定要坚持不间断原则，一定要做到有计划、有系统、不间断地进行。

（五）周期性原则

专业的竞技运动员，在进行训练时要坚持周期性原则。一般来说，运动员的训练计划都是由多年训练计划、年度训练计划、月训练计划、周训练计划和日训练计划构成。尤其是竞技体育后备人才的体能训练，要有多年训练计划，并以年度为基本周期。年度训练一般又分为三个训练时期，而每个训练时期为便于有计划地训练，又以周作为更小的训练周期。周期训练计划的特点是周而复始、循序渐进地进行，这也符合人体的发展规律。因为人体机能与运动技能的发展进步也是呈螺旋形发展的，经过多年训练，运动员靠年复一年、日复一日地刻苦训练，从而发展出过硬的身体素质，为日后创造优异成绩做好准备。

二、体能训练的基本方法

体能训练的基本方法主要包括分解、完整、重复、持续、间歇、变换、循环、比赛和高原训练法。

（一）分解训练法

1. 分解训练法的释义

分解训练法是指将完整的技术动作或战术配合过程合理地分成若干个环节或部分，然后再分别进行训练的方法。

2. 分解训练法的分类

（1）单纯分解训练法

单纯分解训练法就是将要训练的内容分成若干部分，进行分布训练，然后再进行整体性的学习。这种方法对分解和训练的顺序没有要求，可以根据情况调整训练的顺序，只要不影响最后整体训练即可。

（2）递进分解训练法

递进分解训练法是指把训练内容分成若干部分，每一部分的训练都按照递进的顺序进行，比如先训练第一部分，只有在掌握之后才可以训练第二部分，然后将前两部分合成起来再训练，在掌握之后才开始训练第三部分，以此类推，逐步逐级地进行下去，如此递进式的训练，直至完整地掌握技术或战术。该方法对练习内容各个环节的练习顺序没有特别刻意的要求，但是对相邻环节的衔接部分则非常重视，有专门的要求，必须将相邻的衔接部分掌握稳定才能进行下一步的训练。

（3）顺进分解训练法

顺进分解训练法是指不改变原有顺序的前提下，把整体的训练内容分解为若干部分，以便降低训练的难度。然后按照原有顺序按部就班地进行训练，条件是必须在掌握了第一部分的内容之后，才能进行第二部分的训练。在掌握第二部分之后，然后将第一部分和第二部分整体训练，再训练第三部分，以此类推，直至完整地掌握技术或战术。

（4）逆进分解训练法

与顺进分解训练法刚好相反，逆进分解训练法是从分解后的最后一部分开始练习，逐次增加训练内容到第一部分，直至掌握完整的技术或战术。

（二）完整训练法

完整训练法是指不对训练内容进行分解，而完整地进行训练的方法。一般采用完整训练法的内容相对单一和简单，它的优点是有利于运动员完整地掌握技术动作或战术配合。

（三）重复训练法

重复训练法，顾名思义，是指多次重复同一练习，在两次练习之间要安排充足的休息时间，它的特点是后一次完全重复前一次的训练内容，没有增减。此方法是通过对同一动作或同组动作的多次重复来强化条件反射，这对运动员牢固掌握技术动作是非常有利的。另外，其通过一定负荷强度的稳定、多次地刺激，使机体尽快产生适应性，从而为提高体能创造条件。重复训练法的主要影响因素有单次练习的负荷量和负荷强度以及每两次练习之间的休息时间。休息方式通常采用肌肉按摩。力量素质练习中常常用到重复训练法。

（四）持续训练法

持续训练法，顾名思义，就是让训练的时间保持一定的连续性，同时负荷强度较低，中间没有间断，连续进行训练的一种训练方法。持续训练法尤其适合一般耐力素质的训练，同时，对于负荷强度不高但是过程较为细腻、讲求微妙的技巧变化的技术动作也非常适用。一般而言，持续训练时，运动员的平均心率保持在130~170次/分钟，在这一区间可以使机体运动机能在长时间的竞技运动训练刺激下产生稳定的适应，可提高有氧代谢系统供能能力以及该供能状态下有氧运动的强度，可为进一步提高无氧代谢能力及无氧工作强度奠定坚实的基础。

第二章　体能训练的科学理论与方法指导

（五）间歇训练法

间歇训练法的核心是，在训练过程中，让机体处于不完全恢复的状态下反复训练，以期得到理想的训练效果。严格的间歇训练可明显增强人体的心肺功能。通过严格控制间歇时间，可以提高运动员在激烈对抗的比赛环境下稳定发挥技术动作的能力。总之，间歇训练法是适用多种项目、达到多种训练目的的非常有效的训练方法。

（六）变换训练法

变换训练法是指以变换的方式提高运动员的训练积极性和训练热情，同时增加了训练的趣味性和灵活性，减轻训练的枯燥乏味，从而能够更好地调动运动员的主观训练需求。同时，竞技比赛本身就充满了未知和不确定因素。因此，在日常的训练中，可以通过变换训练方法来增加训练难度，使运动员能够主动地适应正式比赛的节奏和氛围，比如可以体会比赛中的复杂性、激烈性。通过变换训练法，可使机体产生与项目相匹配的适应性变化，运动员的各种运动素质、运动技战术都得到系统地训练和发展，而且这种能力具有很强的适应性，从而提高运动员应对比赛中各种复杂情况下的运动能力和应变能力。

（七）循环训练法

循环训练法是将多种训练手段整合在一起，并设置为若干个练习点，按照一定的顺序和路线，要求运动员在一定的时间内依次完成各个点的训练要求。循环训练法的优势之一是能够有效激发运动员的训练情绪，避免因枯燥和单调而降低训练热情。循环训练法的另一个优势是极佳的灵活性。循环训练法有多种不同的练习内容，结构因素十分丰富，每个站点的练习内容、负荷、训练目标以及需要调动的肌群和组织等都各不相同，每两个站点之间的间歇、每遍循环之间的间歇、练习的站数与循环练习的组数等也可以灵活设计和调整。因此，这是一种可根据具体情况随时进行改变和调整的训练方法，由此可以真正实现因人制宜的训练，从而可以让运动员得到最好的训练安排，大大地提升了体能训练的效果。

（八）比赛训练法

比赛训练法是指在近似、模拟比赛的条件下，按照比赛的规则和方式进行训练的训练方法。利用人性中的竞争意识和表现意识，比赛训练法可以提高训练质量，从而提高竞技能力。运用比赛训练法可有助于运动员全面提高专项比赛所需要的体、技、战、心、智等竞技能力。

第三章

竞技体育后备人才的力量素质训练与方法

国际运动训练界认为，把力量视为单一的素质是不确切的，力量更是一种能力的体现，是竞技体育运动员最重要、最根本的运动能力。因为，只有在过硬的力量素质基础上，才能更好地发展速度、耐力等其他运动素质。由此可见，力量对于竞技体育人才乃至普通人的日常生活都具有举足轻重的作用。本章，我们将探讨力量素质训练概述、基础力量素质训练、核心力量素质训练、爆发力素质训练，以及对于竞技体育后备人才的力量训练具有提纲挈领意义有关内容。

第一节　力量素质训练概述

一、力量素质的定义

力量素质是指人体运动或工作时，肌肉收缩产生的克服阻力的能力。这种阻力既包括外部阻力，也包括内部阻力。其中，外部阻力主要有地心引力、空气阻力、水流阻力、摩擦力等，内部阻力包括肌肉间的对抗力、组织间的黏滞力等。

力量素质是人体各项运动素质的基础，决定和影响着速度素质、耐力素质、灵敏素质和协调素质。力量素质是人体运动的动力源泉，是体育运动技术的动力学基础。

二、力量素质的分类

（一）一般力量素质与专项力量素质

根据力量素质对运动技术的影响和作用，可分为一般力量素质与专项力量素质两类。一般力量素质指的是基础性、对运动成绩贡献不大、与专项运动技术没有直接关系的力量素质，一般力量素质不直接作用于专项运动的重要部分，但一般力量素质是专项力量素质的基础，是身体健康的基础。

专项力量素质与运动技术密切相关，是直接对运动成绩产生贡献的力量素质。不同类型的运动项目，其专项力量素质也不同。比如，跳跃项目中的跳远与跳高，尽管两个项目都需要最大的垂直力量作为获得最大起跳的力量素质，但是，由于获得最大垂直力量的前提条件不同，因此二者对力量的要求和内涵也不同。跳远起跳力量的水平分量是垂直分量的四倍，即在跳远专项运动中，起跳"快"是技术关键；跳高的专项力量素质追求的是起跳的垂直高度，起跳的垂直高度"高"是技术关键。由此可见，跳高运动员和跳远运动员对力量素质的要求是相差很大的。再比如，由于蝶泳、蛙泳、仰泳和自由泳的动作不同，执行技术的原动肌不同，所以四种游泳技术的专项力量也不同。其中，蛙泳技术中对下肢肌群的力量素质要求较高，包括股四头肌、股二头肌、臀大肌、腓肠肌等，需要100%产力做功；自由泳技术中相应地要求上肢肌群100%产力做功，包括胸大肌、胸小肌、肱二头肌、肱三头肌及三角肌后部等上肢肌群。

（二）绝对力量素质与相对力量素质

依据力量与运动员体重的关系，可以将力量素质分为绝对力量素质和相对力量素质。绝对力量是指最大的负重强度，不考虑体重因素，是工作肌肉或肌群释放出最大力量所能克服的最大阻力，因而也叫最大力量。相对力量是指一定体重条件下的最大绝对力量，即相对力量与个体的体重相关。绝对力量是相对力量的基础。

同样体重的运动员，绝对力量越大，相对力量越大。不同项目的、不同体重的运动员需要不同强度的绝对力量素质和相对力量素质。

（三）最大力量素质、速度力量素质与力量耐力素质

根据竞技能力特性，力量素质可以分为最大力量素质、速度力量素质和力量耐力素质。最大力量即绝对力量。速度力量即快速力量或爆发力。力量耐力即肌肉长时间地以一定的力量持续工作的能力。

（四）动力性力量素质与静力性力量素质

根据肌肉收缩的区别，可将力量素质分为动力性力量素质和静力性力量素质。

动力性力量指肌肉拉长收缩时使身体或身体部位产生位移或移动物体的肌肉力量。动力性力量又可根据肌肉收缩的方向分为向心动力性收缩和离心动力性收缩。

静力性力量是指肌肉收缩产力对抗外力时与该外力保持平衡，或维持身体及身体部位保持静止状态，或在一定时间内保持一定身体姿态、一定关节角度的力量。由于没有肌肉长度的变化，因而也被称为等长收缩。

三、力量训练相关的因素

在体能训练中，力量的大小和特性会受到许多因素的影响，包括动作速度、训练方法、每组练习重复的次数与负荷强度等的影响。

（一）动作速度

完成技术动作速度的快慢对发展力量的特性具有重要影响。例如，练习时既注意加快单个动作速度，也注意加快动作的频率（重复若干次数），可以发展一般速度力量；练习时尽量加快动作的速度，尤其是单个动作速度，可以有效地发展爆发力。对动作的速度一般不做过多要求强调，如果强调每次练习的负荷量或者次数，最大力量或者速度力量就可以得到一定程度的发展。

（二）训练方法

不同的训练方法对力量的大小和特性的影响也不同。等长收缩的动力性练习可以明显提高肌肉的爆发性和灵活性，等长收缩的静力性练习主要可以提高静止性用力的力量。

（三）重复的次数与负荷强度

实践证明，如果训练时负荷重量大，重复次数少，发展最大力量的效果就比较好，特别是在肌肉群受到超负荷训练后，力量素质会得到有效的发展；如果负荷重量小，重复次数多，那么主要发展肌肉耐力；如果负荷重量与重复次数都适中，那么可以明显增大肌肉体积。

如果每组练习的间歇时间较短，使机体消耗的能量得不到恢复就进行下一组的练习，机体生理、生化等指标就会下降，肌肉力量的发挥也呈下降趋势；每组练习的间歇时间较长，使机体消耗的能量得到恢复再进行下一组的练习，那么发展力量效果就好。

第二节 基础力量素质训练

一、基础力量训练的基本方法

（一）动力性克制收缩练习法

动力性克制收缩练习法是指肌肉在拉长状态下以近端固定收缩克服外阻力的力量训练方法。在运动技术中，为克服地心引力，运动员支撑腿、膝、踝关节的伸肌群以近端固定收缩，使关节伸展，支撑反作用力推动人体实现腾空动作。为发展下肢肌肉的蹬伸支撑力量，以动力性克制收缩负重或徒手跳跃练习，可以很好地发展臀大肌、臀中肌、臀小肌、股四头肌、小腿三头肌等肌群克制性收缩力量。动力性克制收缩练习法主要发展伸肌群的最大力量、速度力量和力量耐力素质。各种负重力量练习和跳跃力量练习都属于动力性克制收缩练习。

（二）动力性退让收缩练习法

动力性退让收缩练习法是指肌肉在拉长状态下以远端固定收缩克服外阻力的力量训练方法。在重力、冲撞力、冲量的作用下，人体的支撑器官比如脊柱和下肢等需要在维持一定身体姿势即关节角度的同时，对外力进行吸收和缓冲，以避免受伤。在这种情况下，肌肉以远端固定在缩短中被迫拉长，进行离心收缩。在这一过程中，伸肌群在缩短中拉长，同时屈肌群在拉长中缩短，从而共同维持了关节角度处在有利于伸肌发挥弹性势能的位置，能够承受更大的外部阻力。跳深练习和有水平速度的单腿连续跳跃、双腿跳跃练习都可以很好地发展肌肉的动力性退让收缩力量素质。

（三）等动力量练习法

等动力量练习法是指在等动力量练习器械上进行的肌肉抗阻力始终恒定的力量练习。在练习中，外部阻力负荷随着负重关节角度的变化而变化，即恒速力量练习；或关节角度无论变化到哪个位置，都能承受最大负荷。因此，等动力量练习法被认为是最好的力量训练方法，因为它既能够发展最大力量，又避免了受伤的可能性。

（四）超等长收缩练习法

肌肉在外阻力作用下，在缩短中被拉长，进行超等长收缩。超等长收缩与退让性收缩的不同之处是，前者强调的是在离心收缩时储备大量的弹性势能，在后续向心收缩时转化为对外做功的动能；后者则强调肌肉的退让拉长的缓冲作用和承受负荷的能力。

（五）静力性练习法

静力性练习法是指不改变肌肉长度、张力变化，机体不产生位移的一种力量练习方法。静力性练习法的优势是不容易引发运动损伤。

（六）组合力量练习法

组合力量练习法是指，根据训练目标，选取多种力量练习的方法进行组合搭配，从而实现特定的训练目标。

二、基础力量训练的基本手段

（一）头部力量素质训练

1.头手倒立

头手倒立训练是发展颈部肌肉力量的最常见练习手段。

运动员在练习前要做好颈部的热身活动，充分伸展颈部、肩部、背部和手臂的肌群。然后在墙壁前缓慢屈臂成头手倒立姿势，两脚轻轻靠在墙壁上，主要以头支撑体重，双手主要起到维持身体平衡的作用，尽量多坚持倒立的时间。在初期练习时，应在同伴的保护下进行，而且不要等到非常疲惫再结束训练，因为当肌肉过于疲劳时，容易导致扭伤的发生。

2.背桥练习

背桥练习可以同时练习颈部和核心力量，具体方法是运动员以脚和头着地支撑身体，腰腹部向上挺起，使身体弓成"桥"状。同样的，在训练前要充分做好热身活动，当可以明显感受到颈部力量增强时，可在腹部负重，以增加训练难度。

图3-1 背桥练习

第三章 竞技体育后备人才的力量素质训练与方法

3.双人对抗

以上两种头部力量训练主要是以克服自身重量的方式为主,而双人对抗则是在同伴的辅助下,利用毛巾等物品制造一定的阻力进行练习。练习时,辅助者站在练习者的身后,将合适长度的毛巾围在练习者的前额,同伴一手拉住毛巾两端,一手扶在练习者的肩胛部,肘关节伸展。练习者要保持下肢稳定,上肢固定,向前向下缓慢地低头,同时,同伴也轻轻地、缓慢地向后拉毛巾,两人形成对抗性练习。辅助练习的同伴要注意不能用猛力拉毛巾,应始终保持在稳定地输出对抗力的同时,逐渐增加力量。然后辅助者再将毛巾围在练习者头的后、左、右不同部位进行同样的练习,使练习者颈部的不同位置都得到锻炼,促进颈部肌肉力量的全方位发展。之后,两人交换角色继续练习。

图3-2 双人对抗

(二)上肢力量素质训练

1.肩部力量素质训练

肩部力量素质训练主要是针对肩部肌群,特别是锁骨末端三角肌的力量训练。具体训练手段如下:

(1)颈前推举

颈前推举是发展三角肌前束和斜方肌肌力的重要方法。

练习的运动员采用直立姿势，两手同肩宽握杠铃于锁骨处，手臂垂直向上伸直推起。需要注意的是，练习开始时要多尝试不同重要的杠铃，选择最适合自己的重量，随着练习的推进、运动员力量的增长，可以逐步增加杠铃的重量；一开始避免采用大负重练习，以免造成损伤。

图3-3　颈前推举

（2）颈后推举

颈后推举是发展三角肌后束、冈上肌和肱三头肌的肌力。

练习时，运动员双手与肩同宽握住杠铃，垂直上举至手臂伸直。

图3-4　颈后推举

（3）头上推举

头上推举主要是发展三角肌、斜方肌、肱三头肌和前锯肌等肌群的力量。

要求运动员两脚自然开立，约与肩宽。两手各握哑铃，屈肘将哑铃置于肩上，再将哑铃快速推举至头上方，然后慢慢返回原位。训练过程中的推举动作应快举慢放。

图3-5　头上推举

（4）直臂侧平举

直臂侧平举主要是发展三角肌和斜方肌的力量素质。

运动员自然站立，上体挺直，两手各持哑铃垂于体侧，两臂伸直侧平举，反复做快上慢下的动作进行练习。

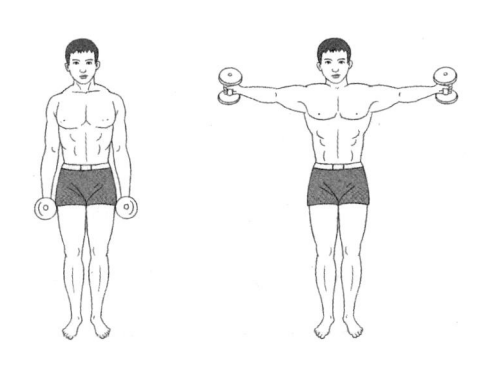

图3-6　直臂侧平举

2.臂部力量素质训练

臂部力量素质训练是上肢力量素质训练的重点内容，强壮有力的前臂肌群，可以提高握力、支撑力和完成各种训练动作的能力，具体训练手段如下：

(1)站立下拉

站立下拉主要发展上臂肌群的力量。

练习者面向拉力器站立,双手正握拉力器握柄,肘部紧贴体侧,吸气,下拉,伸直双臂,还原。注意练习过程中肘部不要离开体侧,反复练习。

(2)坐姿弯举

坐姿弯举主要用于发展肱二头肌和前臂肌群力量。

运动员坐于凳端,一手握哑铃,另一手掌置于持哑铃手侧的膝关节上部,握哑铃的手臂充分伸展,将肘关节的上部置于膝关节处另一侧的手背上,上臂固定,慢速屈肘使哑铃靠近胸前,然后慢慢放下哑铃成预备姿势,反复训练。

注意负荷重量应以能完成10~12次为宜。

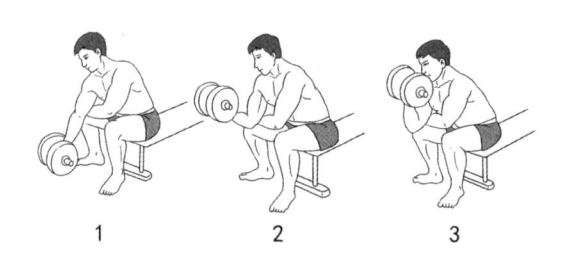

图3-7 坐姿弯举

(3)坐姿腕屈伸

坐姿腕屈伸主要用于发展手腕肌群的力量。

运动员坐于长凳上,双脚间距略宽于肩,上体前倾,把双臂放于大腿上,正握杠铃,匀速向后弯举腕关节,然后还原成开始姿势,反复练习10次。然后反握杠铃,利用手腕的发力向后抬起,然后还原至开始姿势,反复练习10次。

图3-8 坐姿腕屈伸

（4）双臂屈伸

双臂屈伸主要是为了发展上臂肌肉群力量。

运动员手握双杠，双脚并拢悬垂，双臂于体侧伸直，支撑身体悬空。然后慢慢下降至两杆间最低位置，双臂再次发力撑起身体，如此反复练习。

（三）下肢力量素质训练

1.大腿力量素质训练

（1）蛙跳

蛙跳是发展下肢爆发力及协调力的方法之一。

普通的青少年在练习蛙跳时不必增加负重，但是竞技体育后备人才需要穿沙背心、带沙护腿进行练习。首先以全蹲姿势开始，两脚蹬地，腿蹬直向前上方跳起，腾空后挺胸收腹，快速屈腿前摆，要求不停顿地连续做6~10次。注意身体充分伸展开，可逐渐增加远度要求。

（2）纵跳

纵跳主要用于发展伸膝和屈足肌群力量及弹跳力。

同样的，竞技体育后备人才需要穿沙背心、沙护腿进行练习。开始时，成半蹲姿势，双脚蹬地起跳，双臂上摆，腿充分蹬伸，头向上顶，落地后连续练习10~15次。

（3）跳深

跳深主要是发展伸膝、屈足肌群和腹肌的力量素质。

运动员先将5~8个高度为70~100厘米的跳箱纵向排好，每个跳箱间距1米左右。练习者面对跳箱并腿站立，双脚同时用力跳上跳箱，紧接着再跳下来，落地后随即再跳上第二个跳箱，依次跳完所有的跳箱，再回头继续进行，直到完成连续跳上跳下20~30次，中间不能停顿。

（4）下蹲腿后提铃

下蹲腿后提铃主要是发展股四头肌、臀大肌和腰部肌群的力量素质。

运动员两脚自然开立下蹲，杠铃紧贴脚后跟处放置。两手正握杠铃，握距同肩宽，两臂和背部充分伸直。蹲起直臂提铃，成站立姿势，挺胸直背，杠铃处于臀部，然后还原成预备姿势。反复练习。

图3-9　下蹲腿后提铃

（5）负重深（半）蹲跳

负重深（半）蹲跳主要用于发展伸膝和伸髋的肌肉群的力量素质。

运动员双脚左右自然开立，肩负杠铃，双手正握杠铃于颈后，躯干挺直。屈膝半蹲快速蹬伸，髋、膝、踝充分伸展，向垂直方向跳起，落地时保持半蹲或深蹲，紧接着快速蹬伸跳起，反复练习。

图3-10　负重深（半）蹲跳

2.小腿力量素质训练

（1）仰卧小腿屈伸

仰卧小腿屈伸主要用于发展小腿部肌肉群力量。

运动员仰卧于训练机凳面上，小腿向上踢出，至膝盖伸直，缓慢回到起始位置，反复练习。

（2）坐姿杠铃提踵

坐姿杠铃提踵主要是为了发展小腿部肌肉群力量（比目鱼肌）。

运动员坐于长凳上，双脚置于地面，双脚间距略比肩宽，上身保持正直，双手握住杠铃放在膝盖上以增加负重，然后尽量使脚后跟抬起，然后还原成开始姿势，反复练习。

（3）俯卧腿屈伸

俯卧腿屈伸主要是为了发展小腿部肌肉群力量。

运动员俯卧于训练机的垫子上，双脚钩住横杠，双手握手柄，向上屈小腿，保持2~3秒钟，缓慢还原成开始姿势，重复练习。注意用力时臀部不可抬起避免借力。

（4）站立提踵

站立提踵主要是为了发展小腿部肌肉群力量（小腿三头肌）。

运动员面向训练机站立，双脚前脚掌站在杠铃片上，双手扶在把杆上，身体保持正直，先双腿伸直将重量举起，然后还原，反复练习。

（四）躯干力量素质训练

1.胸部力量素质训练

（1）俯卧撑

俯卧撑主要是发展肱三头肌、胸大肌、三角肌和前锯肌等肌群的力量素质。

运动员两手间距略比肩宽，俯卧直臂双手撑地，两腿伸直，两脚并拢，脚趾撑地。练习时，身体随两臂的屈伸运动摆动，并随着训练的持续，逐渐加大两臂的屈伸幅度。

（2）仰卧扩胸

仰卧扩胸主要是发展胸大肌和三角肌的力量。

运动员仰卧在矮凳上，两手持哑铃两臂伸直，与身体成"十"字形。直臂慢速将哑铃举至胸的正上方，然后慢速还原成预备姿势，反复训练。练习时，动作速度不宜快，努力做到有控制地下放还原，而且双臂下放时不触碰垫子。

图3-11 仰卧扩胸

（3）颈上卧推

颈上卧推主要是发展胸大肌上部、肱三头肌和三角肌的力量素质。

运动员可仰卧于卧推架上，可采用宽、中、窄三种握距，手持杠铃或哑铃，先屈臂将其放于颈根部，两肘尽量外展，将杠铃推起至两臂完全伸直，反复训练。

（4）斜板卧推

斜板卧推主要是发展胸大肌下部、肱三头肌和三角肌力量。

运动员手握杠铃仰卧于斜板上，脚高于头，朝着胸中部慢慢放下杠铃，肘关节外展与身体成90°，随后迅速用力向上举起杠铃，再以稳定节奏反复训练。

2.腹部力量素质训练

腹部力量素质训练的重点是发展腹外斜肌、腹内斜肌、骶棘肌、腹直肌和髂腰肌的力量，并充分利用腹肌的收缩来缩短骨盆底部至胸骨间的距离。具体训练手段如下：

（1）仰卧起坐

仰卧起坐主要是发展腹直肌、髂腰肌的力量素质。

练习者仰卧在凳上或斜板上，两足固定，两手抱头，然后屈上体坐起，再还原，一次做10~15个，也可两手于颈后持杠铃片或其他重物负重训练。注意练习时收缩腹部，胸部尽量紧贴膝盖。

（2）半仰卧起坐

半仰卧起坐主要是发展腹直肌上部力量。

练习者平躺地上或练习凳上，两手持杠铃片置于头后，两足固定。上体向前上方卷起，同时两膝逐渐弯曲。用力吸气，放松呼气，收缩时停两秒。也可将负重物放在胸前上部进行训练。背下部和髋部不能因上体抬起而离开地面或练习凳。

（3）仰卧举腿

仰卧举腿主要是发展腹直肌、腹外斜肌和骶棘肌的力量素质。

练习者仰卧于垫子上，两脚并拢两腿伸直，双手置于头后，或仰卧于斜板上，上体位于高端，两手抓握板端，身体伸展。两腿伸直双脚并拢，慢速上举，腿与上体折叠，使脚尖举至头后，然后慢速还原成预备姿势。也可在踝关节处负重训练。上举腿时不要屈膝，还原时也不能一下子放下，而是有控制地慢慢下落。

（4）支撑举腿

支撑举腿主要是发展腹直肌、腹外斜肌、髂腰肌和两手的握力。

练习者两手握双杠，两臂伸直，下肢自然放松，身体悬垂。然后依靠收腹的力量直腿上举，使双腿与地面平行，保持5秒钟，恢复起始状态，反复练习。

要求举腿速度均匀，放腿速度缓慢，应该呈现出有控制地举起和放下，不能利用摆动力量举起，或利用重力突然放下。

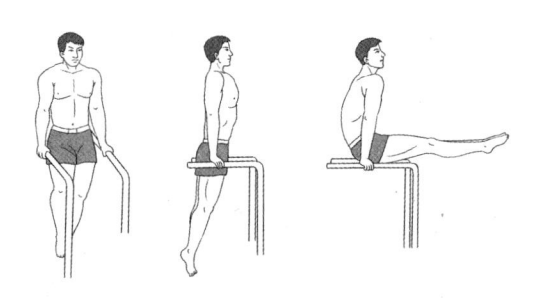

图3-12 支撑举腿

3.背部力量素质训练

背部力量素质训练的目的是充分发展人体的背阔肌、大圆肌、斜方肌、冈下肌、小圆肌、前锯肌以及骶棘肌等肌群的力量。具体训练方法如下：

（1）持铃耸肩

持铃耸肩主要用于发展斜方肌力量。

运动员身体直立，正握杠铃，然后以肩部斜方肌的收缩力，使两肩胛向上耸起（肩峰几乎触及耳朵），直至不能再高时为止，然后还原，反复训练。注意耸肩应尽可能地高。

（2）直腿硬拉

直腿硬拉主要是发展骶棘肌、斜方肌、背阔肌、股二头肌、半腱肌、半膜肌、大收肌等伸展躯干和伸髋的肌肉力量。

运动员两腿伸直站立，上体前屈，挺胸紧腰，两臂伸直，用宽握距或窄握距握住杠铃，然后伸髋、展体，将杠铃拉起至身体挺直，还原后重新开始，反复练习。

（3）俯立划船

俯立划船主要是发展背阔肌上、中部以及斜方肌和三角肌的力量。

运动员做90°的上体前屈，抬头，练习时两臂从垂直姿势开始，屈臂将杠铃拉近小腹后还原，反复练习。训练时，为了减少腰部负担，可将前额顶在山羊或鞍马上。

（4）引体向上

引体向上主要发展背部肌肉群力量。

运动员双臂伸直悬垂于器械上，双腿并拢伸直，双手正握杠，双臂上拉引体至动作最大幅度，控制身体缓慢下降，反复练习。关键是快拉慢降。

（5）俯卧抬上体

俯卧抬上体主要是发展伸脊柱的肌群（骶棘肌）、臀大肌、股二头肌等的力量素质。另外，其对发展背肌也有理想的效果。

练习者俯卧于台面或长凳上，由同伴协助压住双脚。练习者上体从一端探出，两手置于头后屈身向下，快速用力向后上抬上体，然后有控制地慢速还原姿势，反复练习。

图3-13 俯卧抬上体

(6) 俯卧上拉

俯卧上拉主要是发展背阔肌、斜方肌、三角肌的力量。

运动员可俯卧在练习凳上,双臂悬空持杠铃,同时双臂将杠铃向上提起,在最高点位置停留2~3秒钟,然后还原,反复练习。

4.髋部力量素质训练

髋部力量素质训练的主要目的是发展腰部、臀部和腿部的肌肉群力量,健美臀部和腿部,减缩多余脂肪,祛除赘肉,以美化腰部、臀部和腿部线条,并提高腰背部的灵活性与柔韧性。髋部力量素质训练主要有以下几种训练手段:

(1) 连续左右转髋

运动员双臂侧平举,双脚自然开立保持身体稳定,然后快速侧向移动。右脚通过左脚前方向身体左侧移动落地,恢复开始姿势;右脚通过左脚后方向身体左侧移动落地,恢复开始姿势,反复进行练习。熟悉该练习的训练方法后,可适当增加负荷来提高训练难度。

(2) 仰卧屈膝抬臀

运动员仰卧屈膝在垫子上,小腿垂直于地面,双脚略比臀宽,两臂伸直,掌心向下置于体侧,随即吸气,两小腿平开,上体重心移到肩部。以肩支撑将臀部向上抬起,稍停2~3秒。然后呼气,慢慢将臀部放下还原。注意用力要均匀,动作要保持协调。

(3) 俯跪撑直腿后上举

运动员右腿跪在垫子上,上体前俯,两手直臂撑垫同肩宽,左腿伸直后举,随即吸气,左腿向后上方高举,脚尖绷直,尽量上抬,抬头并下腰,稍停2~3秒,然后呼气,左腿放下,但脚不能触及垫子。练习时,注意动作幅度要大,举腿要高,收腿和举腿过程要缓慢进行,左右腿交替练习。

5.臀部力量素质训练

(1) 负重弓步

负重弓步主要发展臀部肌肉群力量。

运动员双腿弓步站立,双臂自然下垂,双手持杠铃片,弓步向前移动,弓步腿大腿与地面平行,后面腿尽量伸直,反复练习。

(2) 俯卧背屈伸

俯卧背屈伸主要发展臀部肌肉群力量。

运动员俯卧于训练机的垫子上，双腿并拢伸直，双手放于两侧，臀部用力将腿向上抬至最大幅度并保持2~3秒钟，反复练习。

注意双腿并拢伸直，主动利用臀大肌收缩力量。

（3）侧卧侧摆腿

侧卧侧摆腿主要发展臀部肌肉群力量。

运动员侧卧于长凳上，双腿并拢伸直，向上抬外侧腿至动作最大幅度，保持2~3秒钟，慢慢还原成开始姿势。注意练习过程中始终保持大腿伸直，双腿交替练习，重复练习。

第三节　核心力量素质训练

目前，在竞技体育领域中，已经把发展运动员的核心力量素质作为必要训练的重要内容。20世纪90年代初，核心力量素质训练开始在运动健身领域被应用。其实，在所有的竞技体育运动项目中，核心力量都起着不可替代的作用。首先，核心力量对机体在运动过程中，起着稳定和支撑的作用，能够让运动员在运动过程中保持身体姿势的平衡与协调。其次，核心肌肉群担负着稳定重心、传导力量的作用，是运动员身体整体发力的主要环节，对上下肢的活动、用力起着承上启下的枢纽作用。从运动链的角度看，核心区域和四肢组成了完整的运动链，且处于中心环节。如果核心区域力量不足，整个运动链就非常薄弱，造成力量、能量的泄漏或内耗。

因此，对于竞技体育后备人才的培养，尤其在体能训练环节，加强核心力量素质的训练，将对运动员的综合体能和运动水平的提高具有重要价值。

一、核心力量素质训练的概念

核心力量素质训练其实最初来源于康复训练领域,主要是针对腰部以下伤病患者的康复治疗。随着竞技体育理论的不断发展,核心力量素质训练的重要性也被重视起来,并逐渐在竞技体育领域得以应用,且取得了很好的效果。就目前的研究结果来看,核心区域主要指肩部到髋关节的身体部分,包括以腹部肌群和背部肌群为主导的人体躯干部位的肌群,是由肩、躯干、腰、髋及向四肢辐射的肌肉组成,人体的核心区域大约有30对肌肉,它们的普遍特点是力量大、储存能量多,对肢体的稳定、发力、平衡等起着关键作用,在带动小关节的运动中起着先导作用,从而提高了动作效率。

核心力量素质训练作为一种有效的辅助训练手段,对运动核心区域肌肉力量的发展起到良好的作用。而且,良好的核心力量素质,能够有效地促进运动员运动技术的发展,并显著降低了运动损伤的发生概率。在传统的力量素质训练机制中,往往忽视了对核心区域肌肉的力量素质训练,从而影响了专项技术水平的发展。核心力量素质训练被引入竞技体育领域后,对传统的力量素质训练是一个非常重要的补充,并且使原来的力量素质训练更加全面、系统和科学。

核心力量素质训练主要是通过对身体的非稳定性训练,增加核心区域的不稳定来提高核心区域肌肉群的力量,尤其是对深层小肌肉群力量的提高极为有效。

二、核心力量素质训练方法和手段

核心力量素质训练主要是由徒手训练、瑞士球训练、弹力带训练和实心球训练组成。本节将主要介绍徒手训练和瑞士球训练的相关方法。其训练特点和目的如表3-1所示。

表3-1 核心力量素质训练的方法

训练方法	外部环境	主要目的	应用领域
徒手训练	稳定性与非稳定性	提高核心肌群的用力和有效地控制身体	康复、健身、竞技体育
瑞士球训练	非稳定性	改善神经对肌肉的募集和反射性调节能力，提高稳定力、本体感觉和平衡	康复、健身、竞技体育
弹力带训练	非稳定性	改善柔韧素质，提高稳定性力量，增强本体感觉和控制能力	康复、健身、竞技体育
实心球训练	稳定性与非稳定性	提高用力和身体控制	康复、健身、竞技体育

（一）徒手训练

徒手训练适用于核心力量素质训练的初始阶段，作用是帮助运动员体会核心肌群的发力效果，以及核心肌群对身体的控制能力。徒手训练的方法有很多，在发展竞技体育后备人才的核心力量时，可以根据他们核心力量的基本情况和增长情况，选择不同的训练方法。一般来说，都是按照由表及里、由浅入深、由慢到快的顺序进行训练，从而逐步刺激核心区域不同层次的肌群。相关练习方法如下：

1.俄罗斯旋转

俄罗斯旋转主要训练腹直肌、腹横肌、腹内斜肌、腹外斜肌、股中间肌、股直肌、髂肌、髂腰肌。长期练习可以增加腹肌的耐力，加强屈髋肌力量。

训练时，运动员坐在训练垫上，双膝屈曲，两脚平放于地面。两手向前水平举起，位于膝盖上方。然后上半身向一侧扭转，两手触碰身体该侧的地面，随即再向另一侧旋转，双手触碰另一侧的地面。双侧各触地一下为1次，每组完成30次，共做3组。身体转动时双脚不应离开地面，并且膝关节应紧紧地靠在一起。

2. 髋关节旋转

其主要用于训练阔筋膜张肌、股直肌、股外侧肌、股二头肌、臀大肌、臀中肌、髂胫束、缝匠肌、股内侧肌、股中间肌、长收肌，提升腹肌的控制能力。

运动员坐在训练垫上，双手在身后支撑，双腿屈膝并拢并向上抬起。然后慢慢将双腿移动到最右侧、最左侧，等动作熟练后，可直腿练习，以增加难度。右、左侧各转动1次为一个完整的动作，每组要完成10个完整的扭转，一共做5组。

3. 仰卧举腿

仰卧举腿可以训练腹直肌、腹横肌、股中间肌、阔筋膜张肌、臀大肌、臀中肌、股三头肌、股直肌、髂肌、髂腰肌，从而加强核心区域肌肉力量，提高骨盆的稳定性。

练习时，运动员躺在地面上，双臂伸直放于体侧，双腿交叉上举。双腿和臀部夹紧，腹肌发力将髋关节抬离地面，然后再慢慢将髋关节放回地面。每组10次，两腿位置互换，共3组。练习时，应注意两腿伸直并绷紧，向上举腿时，颈部和肩关节要处于放松状态。

4. V形两头起

V形两头起可以训练腹直肌、阔筋膜张肌、股外侧肌、股内侧肌、股中间肌、长收肌、腓骨肌、肱肌。除了可以增强腹肌的力量之外，还可以提高脊柱的稳定性。

练习时，要求运动员的身体呈仰卧位，双腿抬起与地面成45°~90°角。双手上举，肩关节和头部抬离地面。吸气的同时胸椎屈曲，上身继续抬起到胸廓部位抬离地面。深吸气，双手向前努力触摸脚尖，背部弯曲呈V形。吐气时慢慢放下身体，体会椎体一节一节伸展的感觉，回到起始姿势。每组10次，共计3组。

（二）瑞士球训练

瑞士球最初用于理疗和康复训练领域，20世纪80年代以来，有人将这种轻松有效的训练方式引入竞技体育领域，作为提高运动员平衡能力、预防运动损伤的训练工具。由于瑞士球本身是一个球体，因此具有不稳定性，当人体在球体上练习时，需要全身尤其是核心部位的肌肉发挥稳定和协调作用，才能维持人体的平衡与稳定，因此，瑞士球可以全面地调动身体的协调能力，对各个运动项目都有一定的促进作用。于是，瑞士球训练法先后被引入田径、游泳、体操、球类等运动项目的训练中。事实证明，瑞士球是一个增强核心力量、提高身体稳定性和增加关节柔韧性的有效训练工具。根据不同标准，瑞士球有多种规格，直径为45厘米到75厘米。瑞士球在训练身体的平衡、改善身体姿势及预防运动损伤等方面发挥着重要作用。

1.瑞士球俯卧撑

瑞士球俯卧撑主要发展腹直肌、腹外斜肌、腹内斜肌、腹横肌、阔筋膜张肌、髂腰肌、缝匠肌、短收肌、长收肌的力量，并锻炼髋部屈肌，提高脊柱的稳定性和核心肌群力量。

练习时，要求运动员双手双膝着地，手指朝前，瑞士球置于胸部之下为准备姿势。然后伸直双臂、双腿，使身体呈一条直线，在保持背部挺直的同时，弯曲双膝并使瑞士球朝核心肌群移动。再然后伸直双腿，移动瑞士球远离身体，最后做一个俯卧撑为一次完整的动作。每组12次，共做3组。

2.瑞士球提臀平板支撑

瑞士球提臀平板支撑可以发展腹直肌、腹横肌、髂腰肌、长收肌、耻骨肌、股中间肌、阔筋膜张肌、背阔肌、股直肌的力量，并提高脊柱的稳定性，强化腹肌和髋部屈肌的力量。

练习时，运动员首先做出俯卧撑姿势，双臂分开与肩同宽，同时胫骨置于瑞士球上。然后在保持双腿伸直的同时使瑞士球朝向身体方向滚动，同时使髋关节尽可能抬高。每组20次，共计3组。

3.瑞士球侧卷腹

瑞士球侧卷腹可用于发展腹直肌、腹横肌、腹外斜肌、腹内斜肌、肋间肌的力量，对于强化核心力量效果明显。

练习时，运动员身体左侧仰卧在瑞士球上，保证左侧髋关节和躯干左侧在瑞士球上。左腿膝关节从地面抬起，右腿跨过左腿，右脚放在左大腿前侧。双手指尖放在双耳两侧，同时肘关节向外张开，保持身体的平衡。利用腹肌带动身体动作，躯干抬高直至上半身几乎垂直。然后身体下压，重复15次练习，再换右侧做以上动作。每一侧各进行3组,每组15次。

4.瑞士球卷腹

瑞士球卷腹是发展腹直肌、腹内斜肌、腹横肌、腹外斜肌的力量的常见方法,可强化腹肌、稳定核心肌群。

练习时,运动员的身体仰卧于瑞士球上,主要以背部支撑,双脚自然落地,略比肩宽,双手贴近双耳,肘部向外张开,保持身体的平衡。双臂双腿同时抬高,双臂努力去触碰双脚,并保持身体平衡。每组20次,共做3组。

第四节 爆发力素质训练

一、爆发力素质训练的概念

爆发力素质训练是竞技体育运动员必备的力量素质之一,其受先天因素的影响较大,后天的提高幅度受到一定的限制,在这样的背景下,训练方法是否科学、严谨就显得更加重要。研究发现,提高人体的最大力量可以在一定程度上加强爆发力的水平。许多运动项目都要求练习者具有良好的爆发力,如举重、球类项目、摔跤、柔道、田径、短程游泳、体操、场地自行车和短程速滑等。

爆发力素质的训练负荷范围为30%~100%强度,这也侧面地说明了爆发力的提高是十分复杂和困难的。训练的关键是使神经尽量募集全部的肌纤维参加工作。经过多年的理论与实践研究,人们发现有以下几种有效提高爆发力素质的训练方法。

二、爆发力素质训练方法和手段

（一）组合训练

在大量的实践摸索中，人们发现组合训练是可以促进最大力量向爆发力转化的有效方式。在最大力量训练后紧接着安排快速跳跃训练、起动训练，可以巧妙地利用力量训练后的激活效应，可收到不错的效果。比较常见的训练手段如下：

1. 杠铃半蹲起+徒手半蹲跳

做半蹲起动作时注意上下转换要快，放下杠铃后紧接着完成爆发式蹲跳训练。如果在蹲跳时借助上拉动作减轻阻力，还可以增加爆发力的效果。

2. 杠铃提踵+徒手直膝跳

该方法主要用于提高踝关节的爆发力。因此，在训练时，其他关节尽量保持固定，比如做直膝跳，主要以脚腕的活动为主。在杠铃提踵训练后，开始跳过前后左右的标志物，先是双腿跳，然后再单腿跳，可以提高训练效果。

3. 卧推+推实心球

该方法可用于提高上肢的爆发力。实心球可以对墙推，也可以在队友的帮助下采取仰卧姿势向上推。实心球不宜过重，接球、缓冲、上推要衔接迅速，加上超等长训练因素。

4. 力量+超等长+协调性+投掷

这是投掷项目运动员常用的组合训练。在每组的力量训练后，做超等长的弹性力量训练，再做简单的协调性训练，最后做专项投掷训练。

以上训练要注意次数、组数的搭配，一旦感觉动作速度有明显下降，则停止训练，让运动员充分休息。

组合训练要注意对全身多个部位进行刺激，并非只有上肢、下肢才能进行组合训练。例如，躯干在进行核心力量素质训练后，可以加上投抛实心球来进行组

第三章　竞技体育后备人才的力量素质训练与方法

合训练。

（二）反应力量训练

反应力量训练是公认的效果最为突出的爆发力素质训练手段。但是在采取该方法时，应严格控制对负荷的选择，因为一旦负荷安排不当，反而会降低训练效果，甚至带来反作用，不仅不会提升还会降低运动员的爆发力水平。比如，负重过大引起的动作变形，会影响正确的动作结构；跳栏架时栏架过高，造成缓冲时间过长等，影响爆发力练习效果，甚至起到反作用。常用的反应力量训练手段如下：

1.连续跳栏架或跳箱练习

练习时，要注意保证栏架或跳箱距离适当、高度适中，以让运动员能快速连贯地起跳为宜。另外，前后左右方向，以及跳箱的高度可以不断地进行调整和变化，使高低搭配和单、双腿练习搭配，从而可以有效地锻炼运动员的反应力量。当运动员对这些因素都能熟练反应后，可以适当负重以增加难度、提高效果。

2.俯卧撑击掌

俯卧撑击掌属于上肢的反应力量练习，首先需要运动员能够完成一定数量的俯卧撑。在此基础之上，在迅速推起时，在胸前完成1~2次击掌。还可以适当负重或垫高腿部支撑，或者借助协调绳进行横向移动，以增加难度。

3.推抛实心球或能量球

可仰卧上推（在同伴帮助下），也可以两人对推。

只要进行动作设计，连续各种方向的抛实心球都可以进行反应力量训练。要注意重量适宜，动作衔接迅速，没有停顿。

并非只有下肢才可以进行反应力量练习，根据专项需要，遵循反应力量（超等长力量）的动作原理，设计有效的动作，也可以对核心技术动作实施反应力量训练。

(三)弹震式训练

传统力量抗阻训练由于负重较大,在连续动作的过程中,每一次动作的结束阶段实际处于减速状态,而弹震式训练可以保证运动员在动作训练的全部过程中,肌肉一直处于高强度的工作状态,这对提升训练效果有了明显的改进作用,尤其是对爆发力素质训练具有重要意义。

常见的弹震式训练手段如下:

1. 壶铃跳

双脚适当分开,双手持壶铃,先是下蹲然后紧接着跳起,连续这一动作。或站在两个高度、宽度适宜的条凳上,使壶铃不着地。注意壶铃不宜太重,以免拉伤肩部和背部肌肉。

2. 负重单足跳越标志物

负沙袋连续单足跳,跨越标志物8~10个,距离以运动员的身高进行适当的调整,高度为30~50厘米。注意负重不宜过重,以免动作变形。

3. 使用末端释放器进行练习

自由重量的弹震式训练和利用末端释放器进行的训练还有差异,前者主要是负荷的调整上不灵活,而末端释放器负荷范围更大,更安全,可以尽力进行爆发式用力。

(四)功率训练

在力量训练中常常存在一个两难的问题,即负重过大,速度就会降低,虽然可以提高最大力量,但很难向专项转化;负重过小,速度得到提升,但对肌肉的刺激又不够。因此,必须选择把握好二者的关系,找到一个既能提高力量,又能有效发展速度的最佳中间位置。这一训练难题实际上可以通过计算解决。

运动生物力学认为,爆发力是一种力的梯度变化,等于力量和速度的乘积。

有研究指出，当运动员以最大负重30%的强度进行快速练习时，可以获得最高的爆发力值。但也有人提出，采用70%的负荷强度进行训练也得到了最佳效果。这两个答案实际上没有对错，经过进一步研究可以发现，由于运动项目本身的差异，以及对爆发力的要求，决定了选择负重的数值也各不相同。因此，建议使用最大负重30%～80%的重量进行快速练习，可以取得理想的爆发力效果。

比如，中长跑、乒乓球、羽毛球等项目应选择较轻的负荷进行功率训练；短跑、游泳、划船等项目应采用中等负荷；投掷、举重等对最大力量要求极高的项目可选择最大负重80%进行训练。

无论是哪个项目，在进行功率训练时，都要注意动作的连贯性和连续性，不要一味地追求训练量，只要发现运动员的动作速度有明显下降就应该停止训练。功率训练的好处是兼顾了力量和速度二者的关系，促进神经对肌肉控制能力的有效提升，而且是非极限强度，强调过程而不是一次性效果，安全性提高。

第五节　竞技体育后备人才力量素质训练一点通

竞技体育后备人才两个最大的特点是：年纪小和具有某种过人的运动天赋。这些既是优势，同时又有不足。优势是指，他们在青少年时期就已经在某一方面超过了绝大多数同龄人，体现出明显的优势。不足是指，他们年纪尚小，自己还没有把握这些天赋的能力，需要靠外界、主要是靠教练的悉心培养，而一旦选择了竞技体育这条路，就要一辈子走到底，然而他们自己对此还懵懂不清。因此，他们需要经验丰富的教练及时给予正确的指导，让他们的才华能够绽放光彩。由于竞技体育后备人才还未成年，他们在生理上、心理上以及心智上都还没有发育完全，在很大程度上还依赖教练、家长的指引和帮助，如果错过了培养的最佳窗口期，天赋很可能从此荒废，那将是非常可惜的事情。

总之，对于竞技体育后备人才的培养，既要科学地挖掘他们的运动天赋，同时也要注意方式方法，不能直接采用成年运动员的训练方式，而是应选择更加适合青少年特征的方式进行指导和训练。

一、力量素质对竞技体育后备人才的特殊意义

（一）力量素质可以促进其他运动素质的发展

力量素质训练一般都相对艰苦，需要运动员付出极大的努力，其实，发展力量的训练过程对青少年的毅力、拼搏等品质也是一个不小的挑战。因此，对后备人才的训练，要讲求方式方法，要与成年运动员的训练有所区分。

力量素质是发展其他运动素质的基础。首先，力量素质的增长有助于速度素质的提高。因为肌肉的快速收缩是以肌肉的力量为前提的。其次，优秀的力量素质也有助于耐力素质的增长。最后，力量、速度素质的提高会增加肌肉的弹性，促进灵敏素质和柔韧素质的发展。

尽管此时的后备人才可能还没有决定他们的主攻项目，但是由于力量素质是一切体育运动的基础，对力量的培养可以不受以上情况的限制，可以大力发展他们的一般力量训练。教练应以科学、有效的训练方法和原理进行训练，抓紧后备人才的青少年黄金训练阶段，与时间赛跑。

（二）力量素质直接影响技术动作的提高

运动素质是发展运动员技战术能力的基础，而运动员的力量素质水平能直接影响技术动作的水平，以及运动成绩的提高。因此，在对后备人才进行力量素质训练的过程中，教练要不断地强化这些信息，帮助他们逐渐建立起正确的体育运动知识和训练意识，这对后面的训练将起到积极的促进作用。比如，体操运动员

如果没有足够的上肢力量与核心力量,就无法完成十字支撑、慢起手倒立等动作;球类运动中的急停、变向、腾空等高难度动作也无从谈起。尤其后备人才的年龄特点,决定了他们对枯燥训练的忍耐能力,以及自我调节能力都还不够成熟,这就需要教练的及时疏导,以及选择更符合他们兴趣特点的训练方式。比如,把力量素质训练与他们最感兴趣的运动技术相结合,尽量让年轻的运动员对力量素质训练抱有明确的目的,并且能及时体会到训练带来的成就,这对他们具有重要的激励作用。

(三)力量素质是各运动项目选拔人才的重要依据

在运动训练实践过程中,力量素质往往还被作为判断运动员运动训练水平以及评定其该参加哪个等级的比赛的一项重要参考指标。作为判断专项运动潜力的一种重要手段,力量素质还是一些体能性运动项目选材的依据。

因此,教练应激励后备人才加强力量素质训练,这不仅仅是提高他们的运动素质,而且也是为实现他们的运动梦想。比如:在篮球运动选材时,往往将力量素质训练的"原地纵跳摸高""助跑摸高""负重半蹲""仰卧起坐"等动作作为衡量运动员身体素质和评价运动训练水平的重要指标。

二、后备人才力量素质训练的基本要求

(一)全面发展并重点突出

对于后备人才来说,力量素质训练要做到全面发展、重点突出。这可以从两个方面体现:

(1)运动员的各项体能素质之间具有内在的联系。因此,无论哪个项目的后

备人才，都要全面地发展自身的运动能力，综合地提高体能水平，逐渐为专项训练打好基础。扎实的力量基础，能够有助于发展和提高专项体能训练，为运动员的顺利发展创造有利条件。

（2）在后备人才的力量素质训练中，除了为体能的全面发展打好基础之外，同时还要依据个人特长进行有重点的培养和训练。每一名后备人才都有其独特的身体形态特征和体能特长，教练在训练中，应该因人而异、因材施教，充分地发展每个人的特长，并以每个人的特长和兴趣为依据，引导他们向不同的专项运动做尝试，发展他们的兴趣。

（二）与技战术有机地结合

在力量素质训练中，应该与技战术训练相结合。这样做的目的是由于运动员对力量素质训练的强度、内容，特别是对艰苦程度的耐受能力还比较有限，因此，在训练中要努力提高训练的趣味性，保护他们的训练热情和好奇心，而最常用的方式就是将力量素质训练与技战术进行有机的结合。教练可以为运动员指定练习某个专项的技战术，也可以让运动员自己选择最感兴趣的专项技术进行训练。总之，只要将力量训练融合进技术和战术的训练中，就能够更好地激活运动员的训练热情，促使他们更投入、更专注地参加训练。

（三）合理安排训练的比例

对于竞技体育后备人才来说，合理安排训练比例是训练的基本要求之一。在后备人才的体能训练中，要合理安排一般体能训练和专项体能训练的比例，并要以一般体能训练为主，专项体能训练为辅。那么，具体到力量素质训练上，即以一般力量训练为主，专项力量训练为辅。因为，后备人才还处于运动生涯的初级阶段，此时最重要的就是发展他们的身体形态、身体机能以及运动素质，而一般力量训练均可满足这些需要。也就是说，应在发展一般力量素质的基础之上来发展专项力量素质。

（四）重视训练效果的科学评价

对训练效果的科学评价将有助于后备体育人才及时了解近期的训练情况，能够清楚自身现有水平与预期目标的差距，从而进一步调整接下来的训练计划。因此，在力量素质训练过程中，教练员应系统地、及时地对运动员的训练情况进行测量与评价，并且让科学评价成为常规训练的组成部分，培养运动员从一开始就养成良好的训练意识和训练习惯。

另外，在安排训练强度和训练内容时，教练应该严格控制训练的难度，从最有利于运动员发展的角度出发，比如，训练强度不应过大，以免超出他们生理和心理的承受能力，与此同时，训练强度也不应该过小，否则达不到训练效果，进而会在测量与评价中，打击运动员的训练积极性。

总之，在培养竞技体育后备人才的力量素质时，要全方面地考虑，努力做到科学、客观，并且运用量化分析和定性分析评定力量素质训练的效果，保护他们的训练热情，不断发展他们的自信心，帮助他们树立积极乐观的奋斗精神，为他们日后的发展做好准备。

三、后备人才力量素质训练特点

了解和研究青少年儿童力量素质自然发展的规律，对我国竞技体育后备人才的力量素质培养具有重要的指导意义，只有在尊重人体发育规律的前提下，合理安排训练，才是科学的、有效的训练方法，才能保证对这些具有运动天赋的后备人才的最优培养，保证人才的顺利成长，不辜负国家的殷切期望。因此，针对后备人才的力量素质训练的特点如下：

（1）根据儿童青少年的自然发展规律，对力量素质的发展顺序应为：首先将速度力量作为优先发展的目标，其次是发展绝对力量，最后是对力量耐力的发展。

（2）在对后备人才的速度力量的训练中，应注意与速度素质的训练相结合，并且要以速度素质的发展为导向,用速度素质的快速发展来带动速度力量的整体发展。

(3)在绝对力量训练中,应注意对训练强度的科学把握。这是因为,发展绝对力量的主要方式就是通过量的积累实现的,也就是说,没有大负荷很难发展绝对力量。这就引出一个对于儿童青少年十分敏感的问题,即运动负荷必须恰当,防止因强度过大而造成儿童青少年骨骼肌及骨骼受伤。因为他们的生理发育还未完全,其体内的无机物含量尚不充足,肌肉并不大,一味地增加负荷,很容易造成伤害,这样不仅不能促进他们的绝对力量的发展,甚至还会影响其健康发育。

(4)在力量耐力训练中,对于后备人才而言,较轻强度的负荷和较多的负荷量是力量耐力训练的主要负荷特点。在训练中,注意不能损失动作速度而追求力量耐力的发展。

(5)力量训练的重点应结合力量素质自然发展的敏感期,使各力量因子在各自的敏感期中,得以充分的发展。

第四章

竞技体育后备人才的速度素质训练与方法

速度素质在各项竞技体育运动中都占有十分重要的地位。速度素质的有效发展可以提高技战术效果、丰富战术内容，可以形成以小打大、以快制高的战术作风，是衡量运动员全面身体素质水平的重要内容之一。例如，在一些以速度为竞技特点的球类项目和短距离项目中，一名运动员的速度素质水平，对取得优异成绩具有至关重要的影响。因此，在开展对竞技体育后备人才培养的工作中，速度应作为体能训练的重点。本章将分别从速度素质训练概述、速度素质训练方法与手段等进行详细分析。

第一节 速度素质训练概述

一、速度素质的定义

速度素质是指人体或人体的某些部位快速运动的能力。在人体与器械整体运动中，速度素质是指人体快速运动的能力。速度素质按照不同的分类方式可以分为反应速度、动作速度和移动速度。

二、速度素质的分类

（一）反应速度

反应速度是指个体在接到感官信号比如听觉、视觉、触觉、动觉等的刺激后，做出反应的时间，即反应时。反应速度取决于机体神经传递反射弧的灵敏性，以及肌肉、关节等的运动能力。当机体的感受系统接收到刺激信号时，随机被感觉神经元传入中枢神经，中枢神经根据信号的内容对身体发出指令，然后经运动神经元传至效应器，于是肌肉关节等相互配合产生动作，这个完整的过程所需要的时间，反映了机体反应速度的快慢。

反应速度对许多运动项目都具有重要意义。比如，短跑运动员的起跑表现，即蹬离起跑器的用时，就取决于运动员听到发令枪声后"推手"和"蹬腿"的反应时，一名优秀的短跑运动员的起跑时间一般在0.15秒左右。再比如，在球类项目中，运动员的反应速度也非常重要。最典型的是乒乓球运动，由于乒乓球的敌

第四章 竞技体育后备人才的速度素质训练与方法

我双方对决频率非常高,球速快,因此对球员的反应速度要求极高。一名优秀的运动员对来球的判断能在0.15~0.18秒时间内完成,通过"看"到对手的发球姿势和技术,迅速对来球的速度和角度做出判断,并随机做出回球的动作反应。而这样的情况贯穿整个乒乓球的比赛中,需要运动员具有非常好的体能基础,才能始终保持高水平的反应速度。

(二)动作速度

动作速度是指在单位时间内完成动作的多少。动作速度包括完成整套动作的速度、完成单个动作的动作速度和动作速率。动作速度的大小取决于神经-肌肉系统的调节功能,也取决于肌肉收缩的速度和相对力量、速度力量的大小,还取决于肌肉工作的协调性和技术动作的熟练程度。

(三)移动速度

移动速度也称为位移速度,一般是指人体通过一定距离的时间或单位时间内通过的距离来表示。移动速度包括平均速度、瞬时速度、加速度、角速度、角加速度、初速度和末速度。

当然,反应速度、动作速度和移动速度很少是单独存在的。实际情况是在一个项目或在一个项目的某一动作环节中,可能同时包括反应速度、动作速度和移动速度。它们共同构成了运动员的运动能力和运动表现。

三、有关速度素质研究的发展

速度是人体重要的运动素质之一,同时也是一种综合素质。速度是体能训练中极为重要的组成部分,它们共同对人体整体运动能力的提高有着重要意义。著名训练学理论专家图多·博姆帕在《运动训练理论与方法》中指出:体育运动中最重要的生物运动能力之一是速度。事实也的确如此,速度素质在众多运动项目里都起着重要的决定性作用,如在短跑、游泳、拳击、球类等众多项目中,运动员的速度能力占有非常高的权重。即使在不以速度为主要竞赛目标的项目中,速度也发挥着重要的作用。因此,速度素质训练也被作为提高运动员运动水平的重要训练内容之一。

随着竞技体育的快速发展,以及科学技术和相关理论研究的不断深入,体能研究的理论和实践有了突破性的进展,相应的,对速度素质的研究也得到显著推进。在国际田径联合会出版的教材《教练理论入门》一书中,将速度分为最大速度、最佳速度、加速度、反应时、速度耐力五种,并提出人的速度能力发展存在"机会窗口",这对于培养竞技体育后备人才具有重要的指导意义。也就是说,提高运动员的速度素质,存在一个短暂的最佳时期,因此对速度"机会窗口"的把握将至关重要。

四、影响速度素质训练的因素

(一)神经-肌肉系统

运动员的视觉、听觉和触觉等感受器官的敏感程度决定着他们的反应速度。当运动员参加比赛时,当他们能够做到注意力高度集中且没有感官疲劳时,就会有较好的反应速度。当然,外界刺激信号的强度、复杂度等因素也同样决定着大

第四章 竞技体育后备人才的速度素质训练与方法

脑皮层"分析"过程的时间长短，信号越微弱，或者信号越复杂，反应时就越长；信号越强烈，或者信号越简单，反应时就越短。另外，肌肉的紧张程度也与反应时有关，比如，肌肉的适宜紧张比肌肉放松时反应时缩短7%左右，而如果在肌肉表现出疲劳时接收到信号，反应时会延长。运动员的技术娴熟程度，也是影响反应时的重要因素。比如，技术生疏的运动员要比技术娴熟的运动员需要更长的反应时，而且，随着技术越来越熟练，反应的稳定性会明显增强，这是建立条件反射的明显标志。

总之，人体感官的敏感程度、肌肉的紧张和疲劳程度和刺激信号的强度、选择性、复杂程度以及技术动作的熟练程度等一系列的因素，都同时决定着神经-肌肉系统的反射时间。

（二）肌纤维类型

人体骨骼肌分为快肌纤维（白肌纤维）、慢肌纤维（红肌纤维）和介于二者之间（中间型）的肌纤维。人体内肌纤维类型的数量是由遗传基因决定的，个体内三种类型的肌纤维的比例较为稳定，后天不能互相转化，但可以通过科学的训练改变中间型肌纤维的功能。比如，增加毛细血管数量就可以起到强化肌肉速度和耐力素质的功能。

（三）肌肉的能量储备

肌肉的能量储备会直接影响机体的速度水平。比如，白肌纤维中的ATP、CP含量较高，它们可以为机体带来无氧非乳酸供能，这是速度的重要能量来源。该功能系统的优点是供能速度快，缺点是只能维持较短时间，当白肌纤维中的ATP、CP储备用完之后，就要进行无氧酵解至乳酸，生成ATP、CP供能，这是速度耐力的能量来源。因此，运动员速度素质训练是提升机体的ATP-CP供能系统的过程。科学有效的速度素质训练，应该不仅能够提高肌肉中ATP、CP的含量，而且也能提升ATP、CP的再合成速度，以及能量利用、转化的能力。

强调运动员速度素质的短跑项目，主要依靠磷酸原系统和糖酵解系统供能。数据显示，100米跑有50%的能量来源于磷酸原系统，35%的能量来源于糖酵解系统，5%的能量来源于有氧系统。

（四）力量与技术水平

在速度公式中，力量与加速度成正比，即当同一名运动员在保持体重稳定不变的前提下，其力量越大则加速度越大，加速度越大，运动速度就越快。这就意味着，加速度与力量成反比，那么增加相对力量是增加加速度的有效途径。例如，一名体重为70公斤的短跑运动员，深蹲负重的重量可达250公斤；一名体重为60公斤的跳台滑雪运动员，深蹲负重的重量可能是自身体重的2.5倍。

力量与速度呈现相辅相成的关系。在对竞技体育后备人才进行训练时，可以采用发展速度力量的方法和手段来发展他们的速度素质。比如，短跑运动员在采用负重计时的练习时，可以在发展速度力量的同时，发展速度素质。合理而熟练的技术水平有利于速度的发挥。动作幅度、动作方向、动作节奏、动作力度、工作距离、动作的协调等技术因素直接影响着速度的发挥。同理，速度、力量、耐力、柔韧等素质也直接影响着技术水平的发挥。

第二节　速度素质训练方法与手段

一、关于速度素质训练方法与手段的概述

竞技体育领域关于对速度素质的训练，也走过一段漫长的探索期。20世纪50年代中期，澳大利亚学者提出"阻力跑和助力跑"的训练方法。这一方法很快在世界各地得到认可，并被认为是短跑训练实践中提升速度、突破速度障碍的有效手段。当然，也有人持不同的观点，他们认为该训练可能存在破坏短跑技术结构的可能，以及还会增加运动员受伤的风险。这一观点的提出，尤其对青少年运动员的训练是一个非常重要的提醒，因此，教练要谨慎使用，因为对于青少年运动员而言，训练的安全性更为重要。

大约在20世纪60年代，前苏联提出采用跳深练习发展速度，并在短距离项目上取得了出色的成绩。这就是后来被称为"超等长"或"反应力"的训练方法。但是，在短跑运动中，运动员跑步过程中每次落地与地面接触时间为0.08秒，而跳高起跳时间为0.17秒左右，因此，跳深练习在针对短跑和跳跃类项目进行训练时，应采用不同的高度要求才更为合理，即短跑类项目不必追求跳深的高度指标。

随着竞技体育的发展，以及运动科学的不断深入，当前对速度素质训练已经不再局限于步幅、步频这些因素，而是进入更为本质的神经-肌肉系统层面以及能量供给层面来发展和影响速度素质，并由此探索更多的提高速度能力的方法。下面根据速度素质的类型介绍相关的训练方法和手段。

二、各种速度素质训练方法与手段

（一）移动速度的训练

1.跨越栏架

（1）教练准备好两排小栏架，每排4个分别安排在跑道的两侧，并在跑道上画好起跑线、终点线、跑进路线等必要的标识。注意，选择与运动员身高相适宜的栏架高度。

（2）在教练的口令下，运动员从起跑线快速奔向终点线，注意彼此之间不要发生冲撞，以免受伤。

（3）当运动员即将跑到第一排栏架时，教练员发出变向指令，此时运动员需要迅速做出向右转或向左转的动作。

（4）运动员完成指令后，还要训练返回跑道等待下一个指令。教练会根据情况，随机要求运动员向左跨越左边的栏架，或者向右跨越右边的栏架等。训练运动员在不同情况下的跑步速度。训练的示意图如图4-1所示。

2.Z型跑

Z型跑也是比较常用来训练运动员移动速度的方式，它可以同时训练运动员的疾速跑。

（1）用7个锥体按"Z"字形排开（如图4-2所示），并准备相同的两列。相邻锥体间的距离要以运动员的身高为依据，保证他们能够顺利穿行即可。

（2）运动员在起点处做好准备，听到教练的口令后，迅速向第一个锥体跑进，靠近椎体时立即急停，然后绕向第二个锥体，在这样的快速跑和急停的交替中依次跑过7个锥体。

（3）将运动员分为两组进行训练，可以以比赛的形式，这样将提高训练的趣味性，激发运动员的训练兴趣和热情。

3.环绕、穿越和跨越

（1）将6个锥体一字排开，两两之间的距离要适当。

第四章 竞技体育后备人才的速度素质训练与方法

（2）运动员从场地一角开始，围绕六个锥体跑动，身体应正对每一个锥体并尽可能快地通过每个锥体。

（3）第一圈做环绕训练。听到教练的口令后，运动员迅速采用侧滑步的方式行进到每行锥体的末端，向后跑到锥体线后面，侧步返回至第一个锥体，向前跑到开始处，然后反方向重复一系列的侧滑步和向前、向后跑。

（4）第二圈做穿越训练。运动员向后跑回到第一锥体，转身再跑向第一、二个锥体之间，然后转身跑向第二、三个锥体之间……直至到达终点线。最后，运动员原路返回。

（5）第三圈做跨越训练。运动员侧滑步跨越每个锥体，在最后一个锥体外侧急停，然后同样以侧滑步的方式返回起点。

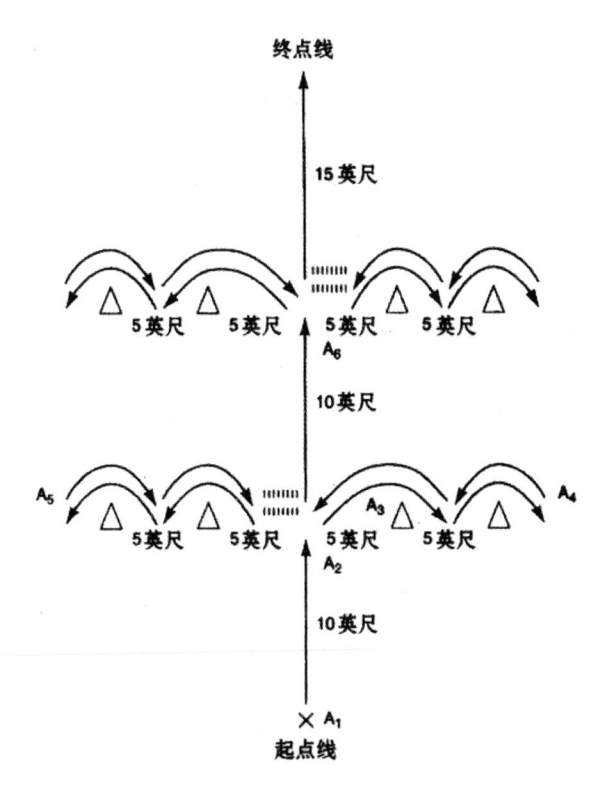

图4-1 跨越栏架[1]

---

[1]（美）Bill Foran著；袁守龙，刘爱杰译.高水平竞技体能训练[M].北京：北京体育大学出版社，2006.

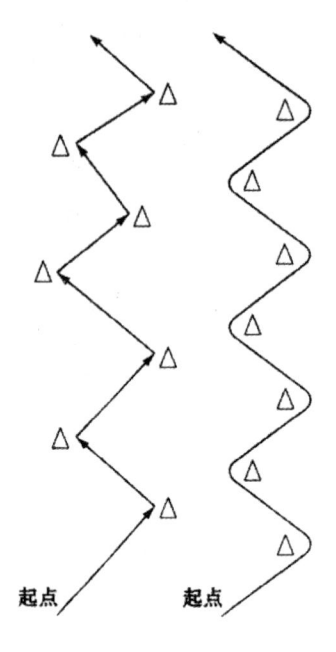

图4-2　Z型跑[①]

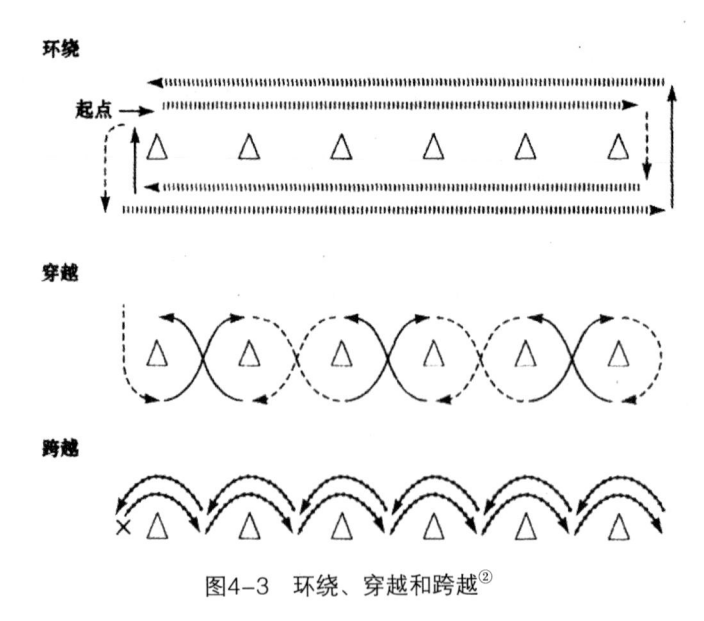

图4-3　环绕、穿越和跨越[②]

---

① （美）Bill Foran著，袁守龙，刘爱杰译.高水平竞技体能训练[M].北京：北京体育大学出版社，2006.
② 同上。

第四章　竞技体育后备人才的速度素质训练与方法

4.跟随游戏

（1）两两一组进行训练，两名训练者的两个脚踝都系上一个橡皮筋，即用橡皮筋将脚踝连接起来。训练者间隔一定距离面对面站立。

（2）规定一人为进攻者，另一人为防守者，进攻者只能左右侧跨步移动，但可以变化进攻方向，防守者主要通过移动的方式躲闪进攻，可以侧跨步移动，也可以采用制动-起动的方式。

跟随游戏训练时间稍短，两次训练之间间隔稍长的休息时间，以保证训练者体力恢复后再继续训练。这项训练中，训练者应用脚尖支撑身体重心，放低髋关节，身体姿势要合理。

5.放开冲刺

（1）将绑带或绳索等阻力装置绑在训练者腰间。

（2）教练员吹哨表示开始，训练者立即冲出，迅速跨步，同伴控制好阻力装置，使训练者在有阻力的条件下完成训练。

（3）训练者跑几步后，同伴松手放开绳索或绑带，此时训练者在没有阻力的条件下用力向前冲，下肢加快跑动速度。

在有阻力的条件下，训练者就要拼尽全力跨步前冲，要有爆发力；在没有阻力的限制后，应利用放开阻力瞬间的加速度向前冲，将速度加到最大。训练者要能够利用神经系统的功能去控制速度。

6.小步跑转加速跑

行进间快频小步跑，听到信号后转为加速跑。运动员做30米的高频小步跑训练，听到教练的信号后转为加速跑，训练2~3组，每组做2~3次，组间歇控制在5分钟之内。

7.高抬腿跑转加速跑

行进间高抬腿跑，听到信号后转为加速跑。运动员先做15米的高抬腿跑训练，听到教练的信号后改为加速跑，完成2~3组训练，每组2~3次，组间歇5分钟。然后再做20米、30米的高抬腿跑转加速跑训练，规则同上，间歇时间可根据运动员的身体情况，稍稍延长。

8. 后蹬跑转加速跑

运动员先做快速后蹬跑20米的训练，在听到教练的信号后转为加速跑20米，完成2~3组，每组2~3次，组间歇5分钟。

9. 高抬腿车轮跑转加速跑

行进间高抬腿车轮跑，听到教练的信号后转为加速跑。比如，从15米高抬腿车轮跑开始训练，听到信号后转为加速跑20米，完成2~3组训练，每组2~3次，组间歇5~7分钟。然后再做20米的高抬腿车轮跑转加速跑训练。

10. 单足跳转加速跑

运动员做单足跳10~15米的动作，听到教练的信号后转为加速跑20米，完成2~3组训练，每组2~3次，组间歇5分钟。

11. 交叉步转加速跑

交叉步跑5~10米，运动员听到信号后做转体加速跑20米训练，完成2~3组，每组做2~3次，组间歇5分钟。

12. 倒退跑转加速跑

运动员先倒退跑10米，听到口令后转体加速跑20米，完成2~3组，每组2~3次，组间歇控制在5分钟之内。

13. 加速跑

分别做60米、80米、100米、120米的加速跑训练，完成3~5组，每组3~5次，组间歇5分钟。

14. 变加速跑

20米加速跑达到最高速度时减速跑10米再加速跑20米，以此类推跑完一定的距离，组间歇5分钟。

15. 站立式起跑

运动员听到信号后，以站立式姿势起跑，跑步距离达30米即可，练习3~4组，每组3~4次，强度控制在90%左右，组间歇5~8分钟。

16.蹲踞式起跑

运动员听到信号后,以蹲踞式姿势起跑,跑步距离达30米即可,练习3~4组,每组跑3~4次,组间歇5~8分钟。

17.行进间跑

加速跑20~30米,到达指定的标记后行进间跑20~30米,行进间跑的距离可长可短,根据实际情况而定,一般重复2~3组,每组2~3次,组间歇5~8分钟。

18.重复跑

控制重复跑的强度为90%~100%,训练距离应短于比赛距离的1/3,重复4组,每组4次,组间歇5~10分钟。

19.上坡跑

坡度为7°~10°,长度分别为30米、60米和80米,每个长度完成2~3组,每组3~4次,组间歇5~8分钟。

20.下坡跑

选择一个坡度为7°~10°的斜坡,分别以30米、60米和80米为单位进行下坡跑训练,每个距离的训练完成2~3组,每组做3~4次,组间歇5~8分钟。

21.上、下坡跑

在7°~10°的坡道上往返跑,30米上坡跑,30米下坡跑,重复2~3组。

22.顺风跑

在风速3~5级的条件下,分别完成30米、60米、80米顺风跑,每个距离的训练做2~3组,组间歇5~7分钟。

23.牵引跑

在牵引机的牵引下按照一定的速度跑20~60米,重复2~3组,每组2~3次,组间歇5~7分钟。

24.短距离追赶跑

2~3人一组，根据个体的速度水平前后相隔2~5米的距离，听信号后起跑，后者在规定距离内追上前者，重复2~3组，每组完成2~3次，组间歇5~7分钟。

25.接力跑

8×50米、4×100米、4×200米、4×400米接力跑。

26.各种方式的跨栏跑

可通过改变栏高，或者改变栏间距以及改变跨栏的数量等方式进行训练。

27.摸乒乓球台角移动

运动员在听到教练的信号后，在30秒内快速移动摸乒乓球台的四角，重复2~3次，组间歇2~3分钟。

28.变向带球跑

10人站成一排，两两间隔5米，每人一球，根据教练的手势做各个方向带球动作，比如变向、急停、转身带球跑，训练次数根据运动员的技术水平和数量程度而定。

29.各种球类项目的移动速度练习

根据各种球类项目的移动速度的特点，设计具有项目技术、战术特点的移动速度训练手段，如足球的进攻和防守的移动速度，以及乒乓球、羽毛球、网球的脚步移动速度。

（二）反应速度的训练

1.双人抛球+俯卧撑

（1）两人一组练习。运动员准备一个练习垫子，并做好跪姿准备，手持实心球用力传给同伴，然后双臂自然支撑做一个标准的俯卧撑动作。

第四章　竞技体育后备人才的速度素质训练与方法

（2）迅速完成一个俯卧撑后还原到跪姿，接到同伴回传的球，然后再传球给同伴，再做第二个俯卧撑，依次反复练习。

（3）两人交换练习，每人练习20个为一组，各完成3组。

2.对墙高抛实心球

（1）运动员面向墙壁，与墙壁保持3~5米的距离，运动员自然开立，双手持一个实心球准备练习。

（2）开始练习后，迅速屈膝降低重心，然后一边起身一边将实心球高高抛向墙壁，抛球后全身伸展。注意屈膝下蹲后要做标准的深蹲姿势。

（3）该练习的规则是计算规定时间内的抛球次数。通过练习，不断提高单位时间内的抛球次数。

3.单臂支撑+俯卧撑

（1）要求运动员做标准的俯卧撑预备姿势，手臂保持弯曲，身体笔直。

（2）开始练习后，运动员手臂伸直，身体上抬，一手放在实心球上，尽量不要用力，然后主要用支撑手臂完成一个单臂俯卧撑动作。

（3）支撑手臂将身体撑起后，迅速将手离开地面，并与实心球上端齐平。然后再继续发力支撑身体并离开地面，在这个过程中，支撑手臂要用爆发力快速将身体撑起并离开地面。

4.爆发式斜拉

（1）在一条安全杆上挂一根直径为5厘米左右的绳子，尽量选择表面粗糙、不光滑的绳子。

（2）练习开始时，运动员伸展手臂并用力拉住绳子，身体向后倾斜，直至与地面呈45°角的位置，努力让身体充分伸展，收紧背部肌肉。

（3）然后快速拉动绳子将身体直立起来。

（4）反复练习，需要注意的是，训练几次后拉绳子的手容易出汗需要擦干手汗，避免因打滑而导致受伤。

5.剪式跳跃

（1）两脚前后错开呈剪刀式，然后稍屈膝、屈髋，准备练习。

（2）听到教练的口令后，运动员用力蹬地向上纵跳，并在空中交换两脚的前后位置，落地后使当前的两脚前后位置与起跳前相反。在跳跃的过程中，始终保持上身挺直，不驼背。

（3）跳跃10次为1组，练习10组。

（4）当熟练该练习后，可以拉大两腿前后站立的距离，以增加练习难度，注意要量力而为，保证训练安全。

6.团身跳跃

（1）准备时，运动员两脚开立，上身挺直，等待教练的口令。

（2）听到教练口令后，运动员迅速屈膝、屈髋重心降低，同时向后摆臂，下肢蓄力准备释放。

（3）当手臂与身体两侧贴近时，髋、膝、踝关节依次伸展，两脚用力蹬地纵跳，然后膝盖尽可能向胸部靠近，做团身动作。

（4）落地后，恢复准备姿势。

（5）教练可组织比赛游戏，要求两人一组，一人练习，一人计数，激励运动员在规定的时间内完成更多次的跳跃，完成次数最多的小组获胜。

（6）当运动员熟悉该练习之后，教练可改变练习规则，以提高难度。比如，要求运动员的落地位置与跳起位置不同，且两个方向呈直角，或者是在空中加转体的动作。

7.横向滑冰

（1）运动员两脚并拢站立，身体挺直，目视前方。

（2）左脚或右脚横向蹬地抬起，落地后反方向用力蹬地。

（3）两脚交替练习。

8.障碍跳跃

（1）选择若干跨栏作为障碍物，要求运动员面向跨栏，身体直立，做好练习的准备。

（2）听到指令后，运动员做屈膝、屈髋的动作，降低身体重心，然后摆臂的同时两脚蹬地跳起越过障碍物。注意跳起时膝盖尽可能靠近胸部，以获得最大的跳跃力量。

（3）落地后屈膝缓冲，然后充分伸展身体，还原至准备姿势。

（4）当运动员熟悉以上的练习后，教练可根据实际情况增加多个跨栏，让运动员做连续跳跃跨栏练习。

（5）教练也可以规定运动员在跳跃后变换落地方向或落地后冲刺跑，以增加练习强度。

（6）在动作（5）的基础上，要求运动员跨越障碍落地后，做冲刺跑练习。可以以小组比赛的形式练习，增加练习的游戏性。

9.横向蹬伸

（1）准备一个跳箱，高度不超过膝关节，站位与跳箱在一条直线上，一只脚踩在箱子上，上体稍向前倾，另一只腿屈膝，降低身体重心。

（2）置于箱子上的脚快速有力地蹬伸，随即身体向上跃起，落地时两脚交换位置，之前支撑身体重量的脚，这次蹬在箱子上，并准备下一次练习。

（3）连续练习，每15~20跳为一组，练习3~5组。运动员在练习前，要做膝关节和踝关节的充分热身，练习后要做整理活动。

10.快速摆动

（1）两人一组结伴练习。两人相向而立，两脚分开，稍屈膝下蹲，目视同伴。也可以做专业的拳击准备动作。

（2）同伴手持大码拳击手套攻击练习的运动员，从头部开始，注意控制力度，安全第一。攻击的方向是沿练习者身体的矢状面攻击。

（3）"被攻击"的运动员左右摆动，以努力闪躲避免被同伴击中，两人互换角色反复练习。

11.躲避训练

（1）运动员与同伴相向而立，双脚自然分开，稍屈膝下蹲，目视同伴。

（2）辅助练习者手持大码拳击手套攻击练习的运动员，从头部开始，注意控制力度，安全第一。

（3）同伴攻击过程中手中的工具始终是笔直朝向练习者或有一定的倾斜，攻击的方向是沿练习者身体的横切面或纵分面攻击。

（4）面对同伴的攻击，运动员努力躲闪，但不要采取左右摆动的方式。

12.牵制对手

（1）选择一个宽敞的训练场地，用4个标志桶摆放在场地的四个角，形成一个长75米、宽18米左右的长方形。

（2）练习开始后，练习的运动员在底线位置做好出发的准备姿势，另外几名运动员扮演人墙，与练习者相向而立，随时准备牵动练习者。

（3）练习的运动员通过反复的侧移、后撤的步伐试图努力冲过人墙，并向目标方向跑进。

（4）充当人墙的同伴不能移动太多位置，但是可以前后左右地移动，来阻止练习者穿过。而且充当人墙的运动员必须保持动作移动方向的一致性，始终站成一排，不能各自为政。

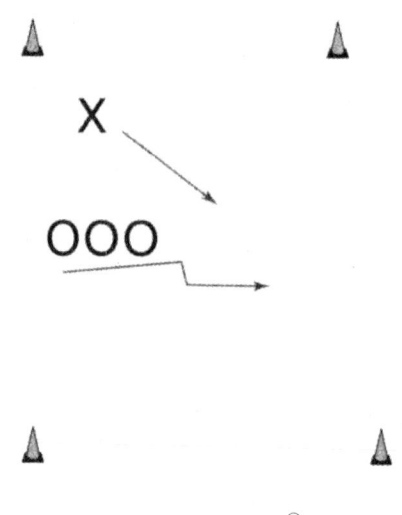

图4-4　牵制对手[①]

13.四格跳跃+附加训练

四格跳跃是在一个格子中完成双脚跳，遵循1、2、3、4的格子顺序，然后再回到1的练习模式。练习者在跳跃时，双脚开立，在重复跳跃的过程中保持运动姿势。

附加训练指的是按口令完成跳跃并做指定动作，方法如下：

[①]（美）美国国家体能协会主编，伊恩·杰弗里斯编.沈兆喆译.美国国家体能协会速度训练指南　修订版[M].北京：人民邮电出版社，2019.

第四章 竞技体育后备人才的速度素质训练与方法

教练喊出下一跳目标格子的编号,喊出的每个编号都有一个对应的指定动作,练习者听到编号口令后必须立即跳到这个格子,并完成这个格子对应的动作,每个格子对应的动作如下:

1:跑到1号标志桶,完成4次上肢移动练习。

2:跑到2号标志桶,完成4次横向滑冰练习。

3:跑到3号标志桶,完成4次绕着3号和4号标志桶跑8字。

4:跑到4号标志桶,在3号4号标志桶之间完成往返跑训练。

完成反应式训练后,跑回1号格子,等待指令。

重复训练,不断加大难度。

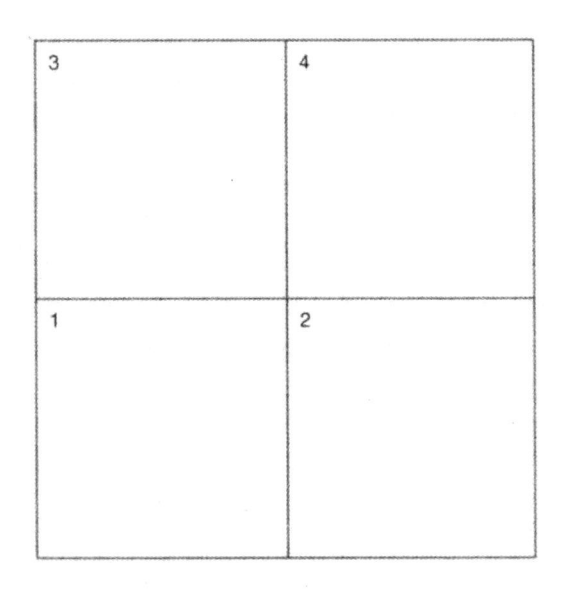

图4-5 四格跳跃+附加训练[①]

14. × 形反应

(1)选择两个跨栏作为辅助工具,将其并排摆放,保持相隔1米的距离。

(2)练习的运动员用力向对角线方向跨出一步,用右脚内侧边缘蹬地,从位

[①](美)李·E.布朗,万斯·A.费里格诺.速度、灵敏和反应训练[M].北京:人民邮电出版社,2017.

置1到位置2。

（3）后撤步和侧跨步到位置3。

（4）用力向对角线方向跨出一步，用左脚内侧边缘蹬地，从位置3到位置4。

（5）后撤步和侧跨步到位置1并休息。

（6）3次为1组。完成3～5组练习。

（7）当运动员熟悉上面的练习后，可适当增加训练的难度。比如要求在移动中增加抛球动作。

（8）根据教练发出的口令，运动员快速完成对角线跨步。每次完成爆发式对角线跨步之后，回到位置1或位置3，始终用快速双脚点地。

（9）可采取游戏比赛的方式，增加训练的趣味性。

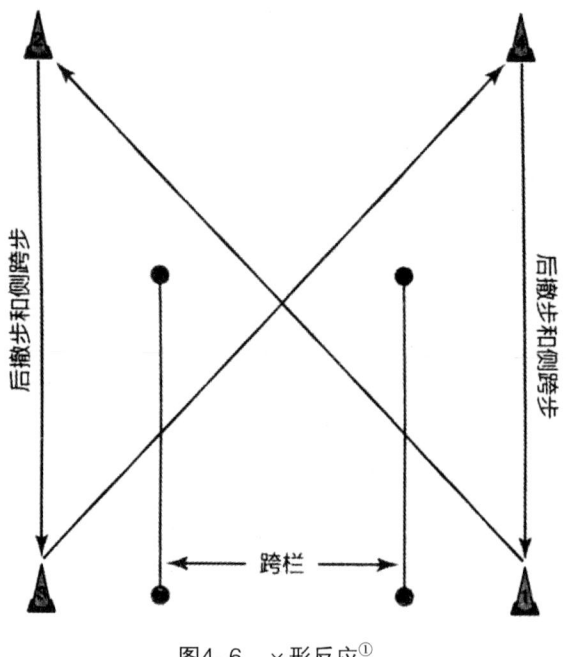

图4-6　×形反应[①]

[①]（美）美国国家体能协会主编，伊恩·杰弗里斯编.沈兆喆译.美国国家体能协会速度训练指南　修订版[M].北京：人民邮电出版社，2019.

第四章　竞技体育后备人才的速度素质训练与方法

15.疯狂接球

（1）运动员双脚开立，双手持一球，向空中高抛球。

（2）然后迅速趴在地上，再用双臂支撑身体快速弹跳起身，要求必须在球反弹两次之前接球。成功接球才算1次，连续练习15次为一组，练习3~5组。

（3）或者，在动作（1）之后，要求运动员俯身摸地，然后在球反弹1次前接住球。同样的，成功接球才算1次，连续练习15次为一组，练习3~5组。

（4）两人配合练习，一人抛球，一人做俯卧撑，抛球后运动员迅速俯身做一个俯卧撑，此时同伴应完成俯卧撑并起身，在球落地之前接住球，然后再迅速抛出，继续做下一个俯卧撑。如此两人交替配合抛球和俯卧撑的动作。在开始练习时，可尽量将球高抛，以赢得更多的时间，随着练习的熟练，可稍微降低抛球高度，而增加动作转换的速度。

16.绳梯-滑雪跳跃

（1）采用两点站姿，右脚在绳梯的第1格里，左脚在第1格外。

（2）向前向右斜跳，左脚落在绳梯的第2格里，右脚在第2格外。

（3）落地后，立即向前向左斜跳，右脚落在绳梯的第3格里，左脚在第3格外。

（4）逐渐增加训练的难度，可以在绳梯末端加一个专项运动技能，通过整条绳梯后完成该技能。

（5）在整个训练过程中根据教练的视觉指令做出反应，如教练双手举起时，练习者喊出一个偶数数字，教练单手举起时，练习者喊出一个奇数数字。

（6）添加两步或三步的跑动，对练习者提出直线移动速度和反应速度的要求，使其按要求通过绳梯。

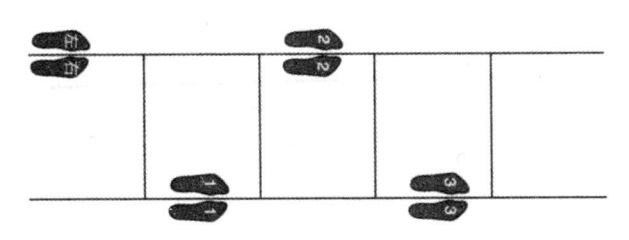

图4-7　滑雪跳跃+反应训练[①]

[①]（美）李·E.布朗，（美）万斯·A.费里格诺.速度、灵敏和反应训练[M].北京：人民邮电出版社，2017.

17."猎人"与"野鸭"

"猎人"与"野鸭"是练习反应速度的一个游戏,可以穿插在训练难度较大、强度较高的练习之间,用来缓解运动员的心理和生理的紧张程度,具体的练习方法如下:

(1)三人一组,两人扮演"猎人",一人扮演"野鸭"。

(2)画好一个直径为两米的圆圈,"野鸭"站在圈内,两名猎人站在圈外,分别用乒乓球代替飞镖击打"野鸭"。游戏的规则是"野鸭"只能在圈内躲闪,可以接住"飞镖",或者躲过"飞镖",如果"飞镖"碰到"野鸭"身体的一部分却没有被接住,视为"野鸭"受伤,当被击中3次,游戏结束,交换角色练习。

18.找伙伴

找伙伴也是练习反应速度的游戏,游戏需要多人参加才可以进行。以下是游戏规则:

(1)所有的运动员绕圈慢跑。

(2)教练随机发出"三人"或"四人"等数字口令,听到口令后,运动员立即按口令找到"伙伴",不符合规定人数的为失败组。

(3)失败组罚做俯卧撑、高抬腿等练习。

19.追逐游戏

两队相距2米,分为单数队和双数队,听到"单数"口令,单数队跑,双数队追,反之亦然。在20米内追上为胜。

20.起动追拍

起动追拍游戏一般是两人一组练习。

(1)两人一组一前一后进行慢跑,并保持前后相距2~3米的稳定距离。

(2)听到教练发出口令,跑在后面的运动员要迅速加速追赶前面的同伴,并在6秒之内追上前者,且完成用手拍对方背部的动作,视为胜利,否则失败。

(3)两人交换位置继续练习。

21.听信号起动加速跑

(1)在慢跑中听到信号后突然起动加速跑10~15米,重复8~10次。

(2)运动员先原地高抬腿跑,听到信号后全力加速跑15~20米,重复

8~10次。

（3）运动员按照自己的节奏做俯卧撑运动，当听到教师的信号后，迅速起身冲刺跑10~15米，重复8~10次。

（4）运动员背对前进方向做向上抛球练习，当听到教练的信号后迅速转身180°，起动加速跑10~15米，重复8~10次。

（5）运动员在听到不同的信号后，分别做上步、退步、滑步、交叉步、转身、急停等动作。

（6）利用电子反应器，依据不同的信号，用手或脚压电扣，计反应时。

（7）两人一组练习，分别面对墙壁做投实心球练习，听到信号时一手抱着实心球，另一手努力去拍同伴的背部，在规定时间内，拍击次数多者为胜。

（8）运动员围圈站立，站在圆心的运动员手持小树枝或小竹竿，持竿人持竿画圆，竿经谁脚下谁起跳，被竿打上者进圈换人，可突然改变方向。

（三）动作速度的训练

1.起动训练

（1）平行式两点站姿起动

①运动员稍屈膝、屈髋，双脚分开与肩同宽，做准备姿势。

②练习开始后，一只脚向后移至身体重心的后面一点，然后快速蹬地。

③肩部前倾，躯干和身体收紧，通过有力的摆臂动作，使用爆发式向前移动，或者也可以尝试在起始位置直接快速向后撤一步，使所有向前的动力都在一条直线上。

（2）前后两点站姿起动

①运动员两脚前后开立，屈髋、屈膝，使身体重量落在前脚掌。

②摆动腿向前，与另一脚脚尖的距离与髋同宽。

③摆动腿向前冲，同侧手臂向后摆，沿直线向前。

（3）高抛实心球

①屈膝下蹲，双手持实心球，手指要张开。

②双臂向前下方伸展，抬头，躯干收紧。

③向前送髋同时向上提肩，并向上抛球。

（4）下跌起动

①双脚并立，身体前倾直到失去平衡。

②快要倒地时快速向前移动。

③继续加速。

2.加速训练

（1）走军步练习

①准备姿势。运动员两脚并立，手臂伸直放在身体两侧，保持抬头挺胸，目视前方。

②听教练的口令，一侧腿的膝关节弯曲逐渐成90°，使大腿与地面平行，然后向前伸展，落地，送髋，换另一侧腿。

③手臂前后摆动配合下肢的动作，保持身体的协调性和动作的流畅性。

（2）小跳步

①练习跳跃时具有完美的姿态和手臂动作。

②一侧腿膝关节抬起，完全屈曲，同时脚踝背屈并接近臀部，在空中时保持军步走中的高位姿势。上身始终直立、稳定。

③脚落地时，应接近安静且具有爆发力。该动作强调踝关节肌肉的硬度。

（3）换挡

①将5个标志桶一字排开，两两相隔18米左右。

②在标志桶之间变换跑步强度，练习加速和在各种速度（或挡位）之间切换（过渡）。例如，在1号和2号标志桶之间用半速（二挡）跑步，2号和3号标志桶之间用3/4速度（三挡），3号和4号标志桶之间用1/4速度（一挡），在4号和5号标志桶之间用全速（四挡）。

练习者可以根据需要调整挡位顺序，也可以对标志桶的数量进行增减调整，以加大或减低练习难度。

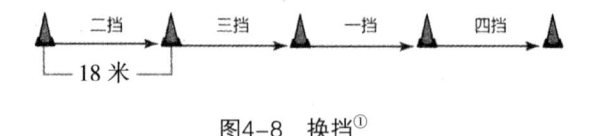

图4-8 换挡[①]

[①]（美）美国国家体能协会主编，伊恩·杰弗里斯编.沈兆喆译.美国国家体能协会速度训练指南 修订版[M].北京：人民邮电出版社，2019.

（4）快速步频转加速

①身体直立向前移动，用力摆臂，强调步频，而不是水平速度。

②快速移动一定距离后，躯干前倾，向前再加速移动一定距离。

③躯干全程绷紧、挺直，步伐铿锵有力，注意用肩部带动摆臂。

（5）正面阻力

①两人一组练习，与同伴相对站立，同伴将双手放在练习者的肩上。

②练习者要用力向前移动，借助核心发力，以及腿部肌群的力量，同伴则提供相应的阻力与之对抗。

③在没有任何提示的情况下，同伴突然快速侧移，使练习者加速向前移动。

④在阻力条件下完成一定距离的快速移动后，取消阻力，继续加速练习。

3.最大速度训练

（1）横向滑步到向前冲刺

①运动员来回横向滑步5～10米，然后再向前冲刺10～20米。

②横向滑步时保持低重心，脚尖向前，手臂放松。

③横向滑步到设定好的位置，加速向前冲刺，也可以在做出有效的技术后或根据某种指令、刺激开始向前冲刺。

（2）进进出出练习

①要求运动员向前加速冲刺20米，再匀速跑20米，然后再加速跑20米，再匀速跑20米。反复练习（如图4-9所示）。

②在从加速跑转为匀速跑之后，要保持高步频。

③第二次冲刺跑时尽量拿出最快的速度。

④可以根据运动员的运动素质情况，以及运动项目的特点选择每个阶段的奔跑距离。

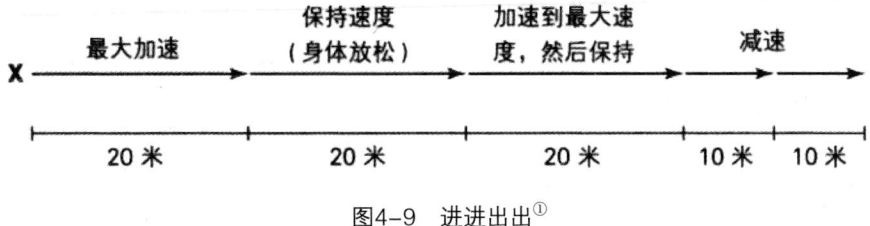

最大加速	保持速度（身体放松）	加速到最大速度，然后保持	减速	
20米	20米	20米	10米	10米

图4-9　进进出出[①]

[①]（美）李·E.布朗（Lee E.Brown），（美）万斯·A.费里格诺（Vance A.Ferrigno）.速度、灵敏和反应训练[M].北京：人民邮电出版社，2017.

（3）步行–慢跑–冲刺

①摆放2个跳箱，间隔10～20米。

②让运动员从第一个跳箱处步行向前，然后慢慢进入慢跑状态，当到达第二个跳箱时则立即进入冲刺状态。

③反复练习。运动员要注意练习中对节奏的把握。

（4）听口令摆臂

①运动员两脚前后开立，作为准备动作。

②听到教练的口令后，快速前后摆臂15～30秒为1组，做2～3组练习。

（5）原地快速高抬腿

①让运动员做原地高抬腿练习。

②从听到教练的口哨开始，哨声结束后停止。做3组，累计完成次数最多的运动员获胜。

（6）引体向上+高抬腿

①要求运动员手握单杠，做10个引体向上。

②然后落地做快速高抬腿动作，60秒。

③连续练习，做2～4组。

（7）高频小步跑+俯卧撑

①以比赛的形式练习。首先要求运动员以最高步频冲刺15～30米。

②听到教练口令后原地做10个俯卧撑。

③重复动作①和②，直到教练喊停，完成次数最多的运动员获胜。

（8）快速小步跑+高抬腿跑

①快速小步跑10米。

②听到口令后转为快速高抬腿跑30米。

③完成3组。

（9）快速小步跑+高抬腿加速跑

①快速小步跑10米。

②听到口令后转为高抬腿加速跑30米。

③完成3组。

（10）高抬腿跑+加速跑

①快速高抬腿跑10～15米。

②听到口令后转加速跑20米。

③完成3组。

（11）高抬腿跑+车轮跑

①首先高抬腿跑10米。

②听到口令后转为车轮跑15米。

③完成3组。

（12）跨步跳+跑台阶

①首先跨步跳30米。

②听信号后转为快速跑台阶练习，要求逐个台阶跑，保持高步频。

③完成3组。

（13）连续建立跨栏跑

①准备5~6副栏架，栏间距1~2米。

②要求运动员做栏间跑加快频率。

③完成3组。

（14）听节拍器助跑起跳

短程助跑，听信号加快最后三步助跑和快速放脚起跳，完成4~6组。

（15）侧跳台阶

①要求运动员侧对台阶站立，侧跳台阶，一节一节地跳。

②换另一腿进行。

③完成3组。

（16）左右腿交叉跳

①运动员沿一条直线练习向左右两侧方向交叉跳，交叉跳时大腿高抬，快速转腹。

②稍作休息，完成4~6组练习。

（17）各种步姿+投掷

①要求运动员分别采用上步、交叉步、滑步加投掷铅球的练习。

②在教练口令下，转变不同的步姿，然后投掷铅球。

③每种步姿完成一次为1组，一共做4~6组。

（18）纵跳转体

原地纵跳转体180°或360°，连续跳20~30次。

（19）跳抓吊绳转体

①助跑跳起双手抓住吊绳。

②收腹举腿，转体180°跳下。

③完成10~20次。

（20）快速挥臂拍击沙袋

①原地快速挥臂拍击高悬沙袋30次。

②完成3组。

（21）转身起跳击球

①吊球距地面3米左右，要求运动员原地起跳用手击吊球。

②击球后在空中转体180°落地。

③紧接着转身起跳再次击球。

④连续做5～6次，重复3组。

（22）快速挥臂击球

①原地挥臂击高吊的排球，连续击打。

②然后做跳起挥臂击高吊的排球，要求动作速度要快，有鞭打动作。

③完成10～20次，重复2～4组。

（23）起跳侧倒垫球

①要求运动员站立于排球网前，准备练习。

②听到信号后双脚起跳摸网上高物，落地后迅速垫起教练抛来的排球。

③连续10～15次，重复3～4组。

（24）两侧移动

①准备两件高1.2米的标志物，并将两物体以间距3米放置。

②两人一组练习。要求练习者站在中间快速地左右移动，移动到左侧用右手摸左侧物体，移动到右侧用左手摸右侧物体。

③同伴计算练习者20秒内触摸物体的次数。

④重复3～4次。两人交换练习。

（25）对墙踢球

①运动员站在距墙4～6米位置，以脚内侧连续接踢球，练习10～20次，重复3～4组。

②完成后再练习以脚背连续踢球，同样练习10～20次，重复3～4组。

（26）移动打球

①6人站成相距2米的等边六角形，其中5人体前各持一球。

②听到信号后，没有持球的运动员快速移动循环拍打持球者手中的球，每次移动拍打20次，教练计时，每人完成2次循环为一组，重复2～4组。用时最短的运动员获胜。

（27）快速移动起跳

①在篮板左下角听信号后起跳摸篮板。

②落地后迅速移动到右侧跳摸篮板，练习8～10次，重复2～3组。

（28）上步后撤步移动

根据教练的手势或信号在乒乓球台端线做上步后撤步移动练习，移动速度快，持续30秒，重复2～3次。

（29）交叉步移动

在乒乓球台端站立，听信号后左右做前交叉步移动练习，结合挥拍击球动作，动作速度加快，移动20秒，重复2～3组。

（30）技巧、体操、弹网运动员的转体练习

组合动作接转体动作尤其是接多周转体动作，要求运动员不仅要具有速度力量等素质，而且还要有快速的动作速率及熟练而协调的技术能力。

第三节　竞技体育后备人才速度素质训练一点通

儿童青少年身体素质自然发展的规律和特点，也就是儿童青少年生长发育的基本规律。一般来说，儿童青少年在不同的年龄阶段体现出不同的变化特征。无论是身体素质的发展，还是身体发育情况，都具有不均衡性、波浪性、阶段性等特征，而且具有对应关系。儿童青少年的各项运动素质发展具有不同的敏感期和发育特点。运动素质增长较快的年龄段被称为运动素质的发育敏感期。以速度素质为例，儿童青少年的动作速度敏感发展期主要出现在7～9岁，而反应速度发展期主要集中在7～11岁。

实践表明，如果能紧密结合儿童青少年的各项运动素质的自然发展的敏感期进行训练，将有助于这些竞技体育后备人才运动素质的快速发展。

一、速度素质对竞技体育后备人才的重要性

对于竞技体育后备人才来说，发展速度素质是非常重要的一个环节。无论他们将来会选择哪个项目作为自己的专项发展，速度素质都是其中至关重要的一项运动素质要求，是决定其运动水平的重要因素之一。因此，在竞技体育后备人才的初期培养阶段，就需要注重速度素质的培养。

二、后备人才速度素质训练的基本要求

（一）速度素质训练应早于其他素质发展

速度素质训练对于竞技体育后备人才来讲，是最早介入的运动素质训练，这首先是基于儿童青少年的自然发展规律，速度素质的发育敏感期较早出现，因此应较早地施加训练，才会收到更好的训练效果，以及促使运动员的潜力能够获得最深入的挖掘。

（二）速度素质训练的时间不宜过长

对速度素质的训练不应进行过长的时间，无论是成年运动员还是竞技体育后备人才，这点对于后者更为重要。在进行速度素质训练时，应保证青少年运动员处于情绪饱满、运动欲望强的情况下进行。不过，如果一味地延长训练时间，将会事与愿违。当运动员出现运动速度下降，或精神专注度衰退以及疲劳的征兆时，应立即停止训练，因为即使坚持训练也没有实际的效果，反而会增加运动员

的疲劳程度。因此，对于发展速度素质而言，控制训练时间尤为重要，对于青少年运动员的训练而言，则更应引起重视。

（三）应防止过早产生速度障碍

"速度障碍"是速度素质发展中常见的一种现象，具体是指当速度素质提高到一定程度时，往往会出现停滞不前的情况。造成这种现象的因素较多，需要具体问题具体分析。对于儿童青少年而言，主要体现在以下几方面：

1. 心理因素
（1）对训练产生适应，因失去新鲜感而逐渐觉得索然无味，提不起劲头。
（2）训练方法和手段过于单一、片面，对于更容易被新鲜感刺激的青少年来说，无疑会带来负面影响，产生倦怠感。

2. 客观因素
（1）在基础训练不充分的情况下，过早地发展绝对速度。
（2）技术动作不合理，因此难以实现突破。
（3）负荷过度或者训练时间过长，且恢复不充分。
（4）在训练中忽视对肌肉的放松练习，由于肌肉僵硬、不够舒展而影响了训练表现。
（5）尽管速度素质的自然发展时间早于力量素质，但是当速度素质发展到一定高度时，需要和一般耐力素质相结合，才能进一步得到发展。

（四）速度素质训练应当采用极限强度

速度素质训练是以极限强度的无氧代谢为主，但同时又必须以一定的有氧代谢为基础。因此，通过一定的有氧代谢的训练，可以提高体内含氧量及输氧能力，对提高速度有明显的作用，并且也有利于机体的恢复，为长期的、稳定的速度素质训练创造良好的条件。

（五）速度素质训练应与专项训练高度结合

速度素质训练需要逐渐与专项训练结合，才能全面地、深入地展开训练。对于已经开始专项训练的后备人才来说，可以得到契合的训练安排，从而为他们的专项运动发展创造更多优势。在不同的专项运动中，对速度素质的发展侧重也有所不同。以反应速度为例，对短跑、游泳等项目的后备人才而言，发展反应速度应着重提高他们的听觉反应速度；对乒乓球、排球后备人才而言，应着重提高其视觉的反应能力；对体操后备人才而言，应把提高皮肤觉的反应能力视为重点。

三、后备人才速度素质训练特点

（一）儿童青少年的自然发展特点

儿童青少年的速度素质主要体现在反应速度、动作速度、移动速度等方面。其中，反应速度受到遗传因素的影响因素比例较大，在人体生长发育到7~11岁，反应速度的自然增长是很快的，但此后就基本稳定下来；动作速度的自然发展较突出的时间为7~9岁，随后速度素质发展减慢，约在15岁时，男、女少年的徒手动作速度可接近成年人水平，但由于他们此时的力量素质还未完全发展，因此在等强度重量负荷下，他们的动作速度并没有达到最高水平。不管怎么样，在儿童自然发展的速度增长黄金期施加对速度素质的训练，将对后备人才的运动潜力挖掘起到决定性的影响。通过早期有效的发展动作速度，是使该素质达到最高水平的关键。

在性别维度看年龄对速度素质发展的影响。以跑步为例，在7~12岁，男、

第四章　竞技体育后备人才的速度素质训练与方法

女儿童奔跑速度的发展基本上没有性别差异。但是当进入青春期时，这种性别差异开始慢慢显露出来。男少年的自然发展幅度开始大于女少年，并持续发展到17岁，而女少年的速度发展呈现阶梯状特征，在13~16岁时极不稳定，甚至有负增长的情况，这主要是由于女少年此阶段的雌性激素分泌旺盛，导致她们的皮下脂肪增厚，使其体重增长过快，从而影响了速度的发展。

（二）针对青少年的训练特点

青少年阶段的速度素质训练也应与其身体发育的自然发展特点相结合，采取科学有效的训练方法，将达到非常理想的训练效果。具体的特点主要体现在以下几方面：

（1）速度素质训练的负荷时间应在10~15秒之内，强度可以在最快速度的90%~100%内。

（2）练习次数不宜过多，应以游戏训练法为主。

（3）将各种动作速度、反应速度的训练，纳入游戏方式或比赛方式中进行，以便提高竞技体育后备人才训练的兴趣。

（4）教练要特别注意练习手段应该多种多样，让这些竞技体育后备人才始终处于新鲜有趣的情绪状态，将对训练效果具有明显的积极影响。总之，让他们在"游戏"中得到系统的训练，就是最佳的训练方法。

第五章

竞技体育后备人才的耐力素质训练与方法

关于耐力素质的训练一直是体能训练中的一个核心问题。因为耐力素质直接决定着所有中长距离项目的专项能力，比如田径、游泳、划船、滑雪、自行车等，训练耐力素质在很大程度上就是训练专项能力。另外，还有一项更为根本的原因是，耐力素质训练是提高人体能量代谢与能量储备的重要手段，能量的代谢与转化效率是决定运动员持续运动能力的关键因素。加强耐力素质训练对竞技体育后备人才的发展具有重要的意义。因此，本章将从耐力素质训练概述、耐力素质训练手段与方法、竞技体育后备人才耐力素质训练一点通进行全面的阐述。

第一节　耐力素质训练概述

一、耐力素质的概念

耐力素质体现着人体长时间工作或运动的能力，是人体健康水平或体质强弱的重要标志，耐力对运动员的综合体能素质发挥着极其重要的作用。耐力素质与其他素质如力量、速度、柔韧等相结合，能够形成机体的力量耐力和速度耐力等综合素质，这对运动员的全面发展具有重要意义。

经过长时间的运动之后，人体会产生相应的疲劳，从而使机体的各项工作能力也表现出暂时性的下降。在长时间的工作或运动后，人体内的能量物质被消耗了大半，此时必然会产生疲劳感。疲劳不仅是机体自我保护的机制，同时对发展运动素质也具有重要作用。可以说，如果没有疲劳的刺激，机体的机能也不会得到提高。因此，提高耐力素质对体能的发展和人体克服疲劳的能力都具有非常重要的作用。

一般来说，人们习惯将疲劳分为智力上的疲劳、感觉上的疲劳、心理上的疲劳以及体力上的疲劳等。就竞技体育后备人才而言，大部分的疲劳是由于运动训练而引起的体力上的疲劳。这是训练的必然结果，如果训练没有产生疲劳，那也算不上是真正意义上的训练。但是，对于竞技体育后备人才的体能训练，应该科学地把握疲劳，运动疲劳既有积极的作用，同时也有消极的一面，如果对疲劳不够重视，甚至导致过度疲劳，那么将对接下来的训练造成障碍，如果处理不当或者不及时，甚至会对后备人才的健康情况带来隐患。

因此，教练在训练中应当关注后备人才的运动表现，对他们的疲劳反应保持一定的敏感度。与此同时，也要教导后备人才逐渐掌握运动训练、运动疲劳及恢复的相关知识和方法，从而使他们能够顺利地进行体能训练，以及发展他们的运动事业。

二、耐力素质的分类

在各种竞技运动项目中，由于运动形式的不同，每个项目对机体体能的要求也不同。然而，耐力作为体能素质中重要的身体素质之一，在不同的运动项目中，都具有重要作用，而且有着不同的特征和标准。一般对耐力素质的分类有多种角度，比如以代谢方式、以肌肉的工作方式或者运动的时间长度等，具体有以下几种分类方式：

（一）按运动时间分类

1. 短时间耐力

短时间耐力通常是指那些运动持续时间为45秒至2分钟的项目所需要的耐力。比如，短跑、短道游泳、速滑等短时项目。运动员完成这类项目的主要能量来源是通过机体的无氧代谢提供。这一类项目的特点是机体在短时间内产生较高的氧债。

2. 中等时间耐力

中等时间耐力是指运动持续时间为2~8分钟的运动项目所需要的耐力。这一类运动项目的负荷强度一般要显著大于长时间耐力项目的负荷强度。在中等时间运动项目中，氧无法完全满足机体的运动需要，会在运动过程中产生一定的氧债。比如，在1 500米跑项目中，机体的无氧系统供能大概占总供能的50%；在3 000米跑项目中，机体的无氧系统供能只能占到总供能的20%左右。可见，机体对氧的吸收和利用能力，将直接影响机体的运动能力。

3. 长时间耐力

长时间耐力是指运动持续时间超过8分钟的运动项目所需要的耐力。这类项目的特点是，运动的整个过程基本上是由有氧系统供能，它对机体的心血管系统和呼吸系统进行高度动员，运动的时间越长，动员程度越深，对机体的有氧供能系统的要求越高。在长时间耐力项目中，运动员的最高心率可达到170～180次/分钟，心输出量为30升～40升/分钟，肺通气量可达120升～140升/分钟。

（二）按氧代谢方式分类

1.有氧耐力

有氧耐力是指机体在氧气供应充分的情况下坚持长时间运动的能力。有氧耐力是机体对氧气的吸收、传输和利用能力的综合体现。有氧耐力的提高是建立在一定的有氧耐力训练基础之上的，通过不断延长运动时间来增强承受机体运动负荷的能力。凡是长时间的运动项目，都需要运动员具有较强的有氧耐力。比如，足球、篮球、排球、羽毛球、乒乓球、冰球、网球等大部分的球类项目，以及田径项目中的马拉松、越野跑、长跑、长距离竞走、长距离游泳等，均对机体的有氧耐力具有非常高的要求。

2.无氧耐力

无氧耐力是指机体在氧供应不足的情况下坚持长时间运动的能力。一般情况下，当氧供应不能满足机体的运动需求时，机体会在无氧条件下持续进行运动，但此时会产生较大的氧债，等到运动结束后，才能进行偿还。进而，对运动员进行无氧耐力训练的主要目的，其实就是提高机体的抗氧债运动能力。在无氧耐力中，又可以继续分为非乳酸供能的无氧代谢，以及乳酸供能的无氧代谢两种形式。

3.有氧与无氧混合耐力

在实际运动中，还有一部分运动介于有氧运动和无氧运动之间，既需要有氧耐力，也需要无氧耐力，在这一运动过程中，机体的有氧代谢和无氧代谢同时工作，同时参与供能。这一类运动的特点是，它们的运动持续时间长于无氧耐力项目，而短于有氧耐力项目。比如，拳击、摔跤、柔道、跆拳道等对抗性项目，以及田径运动中400米、400米栏和800米等项目，都需要运动员具有较强的混合耐力能力。

有氧耐力、无氧耐力以及混合耐力之间的区别，可以从训练中机体的乳酸含量体现，如表5-1所示。

表5-1　耐力训练的4个区段

区段序号	区段	乳酸含量（毫摩尔/升）
1	代偿阶段	0～23
2	有氧阶段	24～36
3	有氧与无氧相结合阶段	37～70
4	无氧阶段	71～300

（三）按肌肉工作方式分类

1.静力性耐力

当机体处于长时间的静力性肌肉工作时，克服疲劳的能力称为静力性耐力。比如，射击、射箭、举重的支撑、吊环的十字支撑等项目动作中，主要考验的是运动员的静力性耐力。

2.动力性耐力

当机体处于长时间的动力性肌肉工作时，克服疲劳的能力称为动力性耐力。比如，长跑、滑雪、游泳等项目。

（四）按身体活动分类

1.身体局部的耐力

身体局部的耐力也就是机体某一部位克服长时间运动所引起的疲劳的能力。比如，在力量素质训练中，对上肢或下肢的某些部位进行长时间的反复训练，从而导致练习部位的肌肉出现酸胀、疼痛的感觉，如果此时继续训练，该部位就会出现活动困难、工作能力下降等状况，这种克服肌肉疲劳的能力表现就是身体局部的耐力水平的表现。在体能训练中，身体局部的耐力水平是建立在一般耐力水平的基础之上发展的。

2.全身的耐力

全身的耐力是指整个身体机能克服长时间运动中的疲劳现象的能力。它是一种综合耐力的体现，可以反映出运动员的综合耐力水平。

（五）按运动项目所需耐力分类

1.一般耐力

一般耐力是指机体多肌群、多系统长时间工作的能力。它是体能素质的基础，是评价一名运动员身体素质的重要指标。不管从事哪一个运动项目，都要求运动员具有良好的一般耐力，因为一般耐力是进行各种训练的基础。同时，一般耐力又是不同形式耐力的综合表现，不同的运动项目都是在一般耐力的基础上再发展专项耐力。

2.专项耐力

专项耐力是指机体为了专项运动的需要，而发展出的克服专项负荷的最大耐疲劳能力。不同的专项特点，决定着不同项目对耐力的训练特点，从而有不同的表现。比如，短距离跑、骑自行车等项目的专项耐力，需要运动员能够保持长时间高速度的运动；球类项目的专项耐力，需要运动员在较长时间的持续运动中，还能完成大量的极限强度动作，如快速移动、跳跃的抗疲劳的能力；举重、摔跤、拳击、体操等项目的专项耐力，需要运动员在运动过程中保持力量耐力和静力性耐力的能力。

一般来说，对专项耐力的训练都需要机体长时间耐受疲劳，训练量较大，训练负荷强度根据不同的专项要求而有所不同。在专项耐力的训练过程中，机体还会建立一定的专项耐力储备，促使机体更好地完成专项训练任务。

三、耐力素质发展的敏感期

对于竞技体育后备人才而言,在展开耐力训练之前,首先要搞清楚的问题是人体耐力素质发展的敏感期。耐力素质发展的敏感期与年龄和性别的关系表现为:男子的耐力素质发展的敏感期为10~20岁,而女子的耐力素质发展的敏感期为9~18岁。耐力素质更多地依赖于有氧供能系统和无氧供能系统的机能状况,因此,在耐力素质发展的敏感期,最重要的是发展最大吸氧量、心脏循环率、肺通量等身体机能。和其他运动素质相比,耐力素质发展的敏感期要长得多,这意味着耐力素质具有较大的提升空间。

（一）有氧耐力

1. 女少年

女少年的有氧耐力发展的敏感期出现在9~12岁,此时她们的多项有氧耐力指标都有明显的增幅。然而,一旦进入性成熟期后（14~15岁之后）,有氧耐力水平呈现下降趋势,16岁以后下降速度减慢。

2. 男少年

男少年在10~13岁期间是有氧耐力发展的敏感期,且增长迅速,并很快会迎来他们人生中的第一个增长高峰。和女少年不同的是,随着年龄的增长,男少年在16~17岁时有氧耐力继续提高,随后出现第二个增长高峰。在第二个增长高峰期间,其有氧耐力指标增长幅度超过40%。

（二）无氧耐力

1.女少年

女少年的无氧耐力一般出现在9～13岁期间，并呈现逐年递增的趋势，然而在14～17岁期间又会有所下降。这主要是由于她们步入青春期阶段，在雌性激素的影响下，皮下脂肪增厚，体重明显增加，所以会对训练造成一定的影响。

2.男少年

男少年无氧耐力发展的敏感期从10岁开始，并一直延续到20岁左右。其间，无氧耐力水平呈逐年增加的趋势，并且会相继出现三次增长高峰（一般是在10岁、13岁和17岁前后）。尤其在第三个增长高峰的增长幅度最大。如果在对竞技体育后备人才的体能训练中，科学地掌握这几个重点的敏感期，将会收获非常理想的效果。

总之，发展后备人才的耐力素质，应首先从培养有氧耐力入手，继而发展无氧耐力。无论男少年还是女少年，都应该抓紧利用耐力素质发展的敏感期的特征，即女童9岁开始、男童10岁开始，通过科学的训练方法，尽早为发展一般耐力水平打好基础。从15～16岁开始逐渐加大无氧耐力的训练比例。但是同时还需要注意，发展耐力不要揠苗助长，因为本来耐力素质的发展周期就比较长，且耐力项目出成绩也相应的较晚，因此，教练应有条不紊地指导后备人才的耐力素质训练，以儿童青少年的身体发育规律为依据，展开长期的训练活动。

四、影响耐力素质训练的因素

（一）生理因素

1.影响有氧耐力的生理学因素
（1）氧运输系统的功能水平
机体的氧气运输系统的功能水平，是直接影响耐力的重要原因。机体的氧运

第五章 竞技体育后备人才的耐力素质训练与方法

输系统包括呼吸、血液和循环系统，它们共同完成了为机体运输氧气、营养物质和代谢产物的工作，强大的氧运输系统是有氧耐力水平发展的坚强后盾，发挥着决定性的作用。其中，血液的单位载氧量以及心脏的泵血功能，又是决定机体氧运输系统功能水平的重要因素。血液的单位载氧量主要是由血液中的血红蛋白含量决定。血液中的血红蛋白含量越高，血液的载氧量就越高。研究表明，一般成年男性每100毫升血液中的血红蛋白含量约为15克，每100毫升血液中血氧容量约为20毫升。一些耐力水平很高的男性运动员，其血液中的血红蛋白含量可以达到每百毫升血液中含16克血红蛋白。儿童青少年血液中的血红蛋白和血氧容量要略低于成年男性。

机体的心脏泵血功能水平代表着心脏的最大心输出量水平。最大心输出量越大，外周肌肉组织单位时间内获得的血流量越多，氧气的运输量也越大。研究显示，人体的心脏泵血功能和耐力素质水平呈正相关。

（2）骨骼肌利用氧的能力

耐力项目中，运动员主要是通过肌肉和骨骼组织的活动完成每一个具体的动作，那么人体的肌肉组织利用氧的能力，也是一个关键因素。比如，肌肉中毛细血管的血液摄氧量，将直接决定肌肉对氧的利用率，进而决定机体的运动能力。生理学研究显示，骨骼肌肌纤维的类型与有氧代谢能力有关，并直接影响着肌肉组织摄取和利用氧气的能力。比如，如果肌肉中慢肌纤维比例高，那么其有氧代谢酶的活性就越高，摄取和利用氧的能力也就越强。总之，肌肉的慢肌纤维比例越高、线粒体数量越多、有氧氧化酶的活性越高、毛细血管分布密度越大，那么，肌肉的摄氧能力和利用能力就越高。

机体的心输出量是决定其有氧耐力水平的中心机制，而肌纤维的类型和占比情况、有氧代谢能力则是决定有氧耐力水平的外周机制。除此之外，对骨骼肌运动时利用氧的能力进行整体反映的还有无氧阈。通常情况下，普通成年人的无氧阈最大吸氧量在65%左右，而优秀的耐力项目运动员的无氧阈最大吸氧量可以达到80%以上。

（3）神经系统的调节能力

运动员在进行耐力运动训练时，对其神经系统提出了较高要求。它需要运动员的神经系统能够保持长时间的兴奋状态和抑制节律性转换，并且能够使机体的运动中枢和内脏之间进行协调活动，以保持肌肉收缩和舒张的良好节律以及运动器官和内脏器官活动之间的协调和配合。经研究，机体神经系统的调节功能可以通过耐力素质训练进行有效的改善，并通过改善，使机体更能适应耐力训练的需要，这一点也是耐力型运动员能够坚持长时间运动的生理学原因之一。

（4）能量供应及其利用效率

人体在进行耐力项目运动时，肌糖原和脂肪的有氧氧化为机体提供了主要的能量。那么，也可以说，机体肌糖原的含量越高，代表着能量越充足，那么运动员表现出的耐力素质也就越好。通过对耐力项目运动员的观察和研究发现，由于机体对能量利用效率的不同，会直接导致运动员的运动成绩的差异，而这个数值有65%之高。

（5）年龄与性别

年龄与性别也是影响人体耐力素质水平的重要因素。人体的最大摄氧能力会随着年龄的增长而增加，其中，男生发育到16岁、女生发育到14岁时最大摄氧能力达到顶峰。在25岁以后，机体的最大吸氧量会以每年1%的速度递减，到55岁时，人的最大摄氧量与20岁时相比，平均减少了27%左右。因此，发展最大摄氧量应该在14~16岁的青春期期间加强，以期获得最大的摄氧能力，并且，为了身体健康的需要，人们应该长期进行一定的耐力项目运动。

2.影响无氧耐力的生理学因素

（1）骨骼肌的糖无氧酵解供能能力

为机体无氧耐力提供能源的是肌糖原的无氧酵解能力，而影响肌糖原的无氧酵解供能的，是肌纤维百分构成以及糖酵解酶催化活性等因素。研究发现，不同项目的运动员之间的肌纤维百分构成和糖酵解酶催化活性存在明显的差异，这表明骨骼肌的糖无氧酵解供能能力在发展无氧耐力过程中起到重要作用。

（2）机体对酸性物质的缓冲能力

由于肌肉糖酵解过程中会产生大量的氢离子，当累积到一定数量之后，会造成肌肉和血液中酸性物质的增加，从而对机体内环境的酸碱水平造成一定的干扰。一般的，人体内存在着一些用于缓冲酸、碱物质的缓冲物质，以保持体内pH环境的相对稳定。它们是一种由弱酸以及弱酸与强碱生成的盐按一定比例组成的混合液。研究发现，耐力项目的运动员，其机体的耐酸能力比非耐力项目的运动员要强很多，可以发现，机体较好的耐酸能力，能够提高机体的无氧耐力水平。

（3）神经系统对酸性物质的耐受能力

人体在静息状态下，其血液的pH值平均为7.4，骨骼肌细胞液的pH值平均值

第五章　竞技体育后备人才的耐力素质训练与方法

在7.0左右。但是当机体进行长时间的运动之后，两个pH值指标均出现明显的降低。血液的pH值可能会降到7.0左右，骨骼肌细胞液的pH值可能会降到6.3。尽管肌肉和血液中的缓冲物质对保持体内环境的相对恒定起到一定的作用，但仍然不够。研究发现，人体神经系统对运动肌的驱动和协调也是影响无氧耐力的一个重要因素，但是，神经系统的此项功能会受到酸性物质的影响。那么通过长期、大量的运动，则可以提高神经系统对酸性物质的耐受能力，从而提高对运动肌的驱动和协调，进而提高运动表现。

（二）个性心理因素

运动员的个性、心理因素以及情绪状态，都对耐力水平的发挥起到重要的作用。比如，一个运动员运动动机强烈、对运动痴迷，并且具有较高的自制力，且性格坚毅，在情绪稳定的情况下，他的耐力就会表现出较高的水平；如果意志力薄弱，动机不明确，又处于情绪沮丧的阶段，其耐力表现就会变差。因此，在对竞技体育后备人才进行耐力素质训练时，教练还要结合对运动员个性和心理素质的训练，因为，意志品质对发展耐力素质具有重要作用。

（三）运动技能水平

耐力素质是每一位竞技体育运动员的基本功。无论从事哪个项目，运动员的耐力素质水平将直接关系到他们的运动表现和比赛成绩。因此，在任何一个运动项目中都应把耐力素质作为基础素质来发展。另外，耐力素质的发展也和运动员的技能水平息息相关，运动技能水平较高，更有利于运动员耐力素质的提高。总之，耐力素质和运动技能呈现出相辅相成的关系。

第二节　耐力素质训练手段与方法

一、有氧耐力素质训练

有氧耐力素质训练是一般耐力素质训练的基础，运动员有氧耐力素质的发展水平主要取决于三大因素，即机体的能源物质、有氧代谢能力以及运动器官的承受能力。具体来说，机体必须具有充足的能源物质储存、有氧代谢能力以及肌肉、关节、韧带等运动器官的承受能力。因此，通过提高后备人才的摄氧、输氧及用氧能力，保持体内适宜的糖原和脂肪的储存量以及提高他们的肌肉、关节、韧带等支撑运动器官对长时间负荷的承受能力，是发展有氧耐力素质的基本途径。

（一）变速跑

教练要求运动员做快跑和慢跑的交替练习。先快跑一段距离，再慢跑一段距离，一般常以400米、600米、800米、1 000米等段落进行。例如，以400米为例，运动员先快跑100米，再慢跑100米，然后再来一组，完成400米跑；如果是1 000米跑的话，那么先慢跑200米，再做变速跑或快跑600米，然后慢跑200米等。

（二）定时走

一般至少要30分钟起步，可以在运动场、体育馆、广场、林荫道等其他自然环境下，进行匀速的快走运动。在自然环境中定时走，有助于让后备人才接触大自然，舒畅心情，缓解压力。

（三）定时跑

同定时走一样，选择路面平坦、整洁的场地，如体育场或体育馆，或者教练可以带领运动员一起晨练，选择一条风景幽雅的林荫小路，进行30分钟以上的匀速慢跑。随着运动员的耐力素质的提高，可以逐渐地延长跑步时间，进一步发展他们的有氧耐力。

（四）定时定距跑

定时定距跑是指经过一段时间的训练之后，或者教练比较熟悉了这群运动员的耐力水平，然后要求他们在一个具体的时间内完成一定距离的跑步，这个计划往往是根据运动员的日常平均训练水平而设置的。比如，在以往的训练中，运动员跑完5 000米需要18分钟，那么，教练给出的定时定距跑练习可能会是15分钟完成5 000米跑这样一个目标。

（五）重复跑

在跑道上进行重复跑练习，跑步的距离、次数与强度将根据专项的特点和要求来确定。以发展有氧耐力素质为目的的重复跑，注意控制强度不要太大，跑距可以适当延长一些。一般重复跑距为800米、1 000米、1 500米、2 000米等。

（六）法特莱克跑

在训练场地上，教练组织运动员进行法特莱克5 000米跑，也可以延长距离，总之是以运动员的运动素质情况为主要依据。通过慢跑、快走、快跑等的交替进行，可以很好地发展运动员的有氧耐力素质水平。

（七）竞走和大步快走的交替

竞走也是一项训练有氧耐力素质水平的常用方式，在运动场地上，最好是标准的跑道，教练带领运动员进行竞走和大步快走的交替练习。每种走姿各走1 000米为一组，做4～6组。

（八）越野跑

越野跑是在运动员有了一定的耐力素质训练基础之后进行的，也是青少年最喜欢的一种训练方式。根据实际情况，可以选择在公路、树林、草地、山坡等自然场所中进行。越野跑除了能够训练运动员的有氧耐力素质之外，还能培养他们适应在烈日或者阴雨的恶劣天气稳定发挥，磨炼他们的意志品质，这对提高运动员的心理耐力水平具有积极作用。越野跑的距离一般都在5 000米以上，甚至可达10 000～20 000米。

（九）间歇跑

间歇跑一般是指采用急速快跑和未完全休息的间歇来实现提升耐力水平的一种练习方式。在训练中，每次快跑的时间不长，一般为30秒或50秒，训练开始时运动员必须高速奔跑，心率达到170～180次/分钟或以上，然后休息30秒左右，以心率恢复至120～140次/分钟为标志，即在身体尚未完全恢复的情况下进行下一次练习。要求整个训练的持续时间尽可能延长，至少要持续30分钟。

（十）沙地竞走

沙地竞走是借助沙子所带来的摩擦阻力作用而增加运动负荷的一种有氧耐力素质训练。和场地竞走训练相比，沙地竞走增加了训练的难度，要求运动员迈出每一步都要多花费一些力气，那么在完成同样距离的竞走练习的条件下，运动员的体能消耗要明显大于场地竞走。沙地竞走一般每组练习500～1 000米，完成4～5组即可。

（十一）沙地负重走

沙地负重走是指通过增加负重的形式来增加训练难度。具体的练习方法是，要求运动员先徒手快走400～800米，休息3～5分钟后，再负重走200米。负重可以背着队友走，也可以手持哑铃等重物。

（十二）竞走追逐

竞走追逐是指在竞走的基础上，再加上追逐的环节，以增加训练的难度。具体的要求是，教练要求每两名运动员前后相距10米在场地上做匀速竞走练习，听到口令后，后者追赶前者，前者同时也努力加速尽量不被抓住，过程中两人都不能跑，必须以竞走的技术标准严格要求。每组400～600米，做4～6组。

（十三）水中快走

水中快走要求运动员在水深30～40厘米的浅水池中做快速走练习，每组200～300米或100～150步，根据运动员的体能情况而确定快走的距离，完成4～5组，练习时间不少于30分钟。

（十四）定时游

游泳也是发展有氧耐力素质非常常用的一种方式。定时游不用规定运动员的泳姿，可以保持一个泳姿，也可以变换泳姿，重点是连续完成规定的时间，比如连续游15分钟、20分钟等，然后休息5～8分钟，再连续游15分钟或20分钟，练习4～6组。

（十五）连续踩水

该练习需要在深水区进行，因此一定要保证运动员的游泳技术过硬。练习时，要安排几名安全员协助安全工作。训练开始后，要求运动员保持手臂露出水面做踩水练习，也可以要求肩部露出水面做踩水练习，以增加难度。每种练习连续做10分钟，休息5分钟，完成4～6组。

（十六）长时间划船

有条件的地方，可以做连续划船练习，要求运动员不间断地、匀速地完成20分钟以上的划船动作，休息5～8分钟，做4～6组。

第五章　竞技体育后备人才的耐力素质训练与方法

（十七）3分钟以上跳绳

对于年龄较小的后备人才还可以通过跳绳练习发展有氧耐力素质。教练可以组织分组比赛的形式，以增加练习的趣味性。要求每一个运动员做两臂正摇原地跳绳3分钟以上，要保持一定的速度，完成后心率要在140~150次/分钟，当心率恢复至120次/分钟以下，再开始下一次练习。

（十八）5分钟运球跑

相对而言，运球跑是一种较为轻松的有氧耐力素质训练方法。它要求运动员以单手或双手交替运球跑动5分钟，完成后心率要在140~150次/分钟，当心率恢复至120次/分钟以下，再开始下一次练习。

（十九）15分钟以上的循环练习

可以让运动员两人一组进行练习。要求一人运球进攻，另一人防守，失球的队员转为防守，另一球员发起进攻，连续进行15分钟以上。

（二十）长时间滑雪、滑冰

有条件的情况下，可以进行连续不间断地15分钟以上的滑雪、滑冰活动，完成后心率要达到160~180次/分钟。

（二十一）爬山游戏或比赛

爬山也是很好的有氧耐力素质训练活动。在有条件的前提下，教练可以选择在天气晴朗的天气里，带运动员爬山。事前规定好山上终点的标记，运动员可以自选路线登山或按规定路线登山，可进行登山比赛或途中安排些游戏，如事先埋些"地雷"，规定各队要找出几个"地雷"后集体到达终点，完成任务且用时最短的小组获胜。

二、无氧耐力素质训练

（一）行进间车轮跑

无氧耐力素质训练需要保证一定的运动强度。行进间做车轮跑就是比较常用的一种训练方式。它要求运动员每组完成50～70次，做6～8组，组间歇控制在2～4分钟，运动强度为75%。

（二）行进间后蹬跑

行进间做后蹬跑的运动强度略高于行进间车轮跑，强度在80%左右。练习时，要求每组完成30～40次，做6～8组，组间歇不超过2～3分钟。

第五章　竞技体育后备人才的耐力素质训练与方法

（三）高抬腿跑转加速跑

高抬腿跑20米左右转加速跑80米。如此重复5~8次，组间歇不能超过2~3分钟。该练习的运动强度为80%~85%。要求抬腿要到位，练习到第5次之后，要保证加速跑的速度不能明显降低。

（四）原地快速高抬腿跑

原地快速高抬腿跑练习可以发展运动员的非乳酸性无氧耐力素质。要求按照5秒钟、10秒钟、30秒钟的顺序完成三次原地快速高抬腿跑练习为一组，做6~8组，组间歇控制在2~3分钟。该练习的运动强度较大，可达90%~95%。该练习也可以发展乳酸性无氧耐力素质，练习方法为做1分钟原地快速高抬腿跑练习为1组，完成6~8组，组间歇控制在2~3分钟，运动强度为80%左右。

（五）间歇接力跑

间歇接力跑的运动强度低于以上4种，可以穿插在上述练习之间作为缓解练习之用。要求四人1组，在跑道上两两相间200米站立，当教练发布口令后，第一棒选手迅速奔跑，将接力棒传给站在第二位的队员，以此类推。重复练习8~10次。

（六）间歇行进间跑

在教练的口令下，要求运动员分别完成30米、50米、80米、100米的快速奔跑，每组2~3次，重复3~4组，每一次间歇不超过1分钟，组间歇控制在3~5分钟，运动强度为80%~90%。

（七）反复跑

设置跑距分别为60米、80米、100米、120米和150米跑为一组练习。每组完成3~5次，重复4~6组，组间歇3~5分钟。心率控制在180次/分钟，当间歇恢复至120次/分钟时，立即开始下次练习。

（八）反复超赶跑

反复超赶跑需要小组一起练习，在田径场跑道上，10个人或以上组成一个小组，排成纵队进行中速跑，听到教练口令后，排尾的队员加速跑至排头后，新的排尾再次加速追到排头，依次进行。每人重复循环6~8次，运动强度为65%~75%。

（九）反复起跑

采用蹲踞式或站立式起跑30~60米。每组3~4次，重复3~4组，每次间隔1分钟，组间歇3分钟。

（十）计时跑

进行短于专项距离的重复计时跑，有人可以进行长于专项距离的计时跑，重复4~8次，组间歇3~5分钟，运动强度为70%~90%。

第五章　竞技体育后备人才的耐力素质训练与方法

（十一）反复加速跑

让运动员在跑道上加速跑100米或更长一些的距离，根据运动员的身体素质而定。跑到终点后再放松走回起点，反复8～12次。运动强度控制在70%～80%。

（十二）上下坡变速跑

在70°～10°角的斜坡跑道上做上坡加速快跑100～120米，下坡放松慢跑回到起点。每组4～6次，完成3～5组，组间歇10分钟。运动强度控制在65%～75%。

（十三）两人追赶跑

两人一组，在一个跑道上保持前后相距20米的距离，听到教练口令后起跑，后者追赶前者，4分钟内追上有效，也可以要求在最后100米内追上前者方为有效。两人交换位置练习，组间歇3～5分钟，完成4～6组，运动强度为65%～75%。

（十四）往返运球跑

在篮球场上做运球跑练习，要求运动员由一端线运球至另一端线，然后换手运球跑回，往返6次为一组，完成4～6组，组间歇2分钟，运动强度为60%～75%。

（十五）运球绕障碍物跑

篮球场上纵向放置5个障碍物，两两间距2米。运动员听到信号后，做快速运球绕过障碍物往返跑，要求运球过程中不得触碰障碍物。每组往返3~5次，完成3~5组，组间歇5分钟。

（十六）跳绳跑

跑道上做正摇跳绳跑，每次跑100米，完成6~8次，每次间歇5分钟，当心率恢复到120次/分钟以下之后开始第二次练习。

（十七）跳绳接力跑

两组运动员相距100米，在跑道上做往返跳绳接力跑。每组往返4次，共完成4~6组，组间歇5分钟，运动强度为60%~65%，速度快的一组获胜。

三、有氧与无氧混合耐力素质训练

（一）间歇快跑

要求运动员分别做400米、800米的间歇快跑练习。以400米为例，用接近100%的运动强度跑完100米后，接着慢跑1分钟，再全力跑100米，然后慢跑100

米，以此类推，间歇练习。反复训练10~30组。

（二）力竭重复跑

分别以400米、800米、1 000米为练习段落。要求运动员每次以100%的运动强度全力跑完全程，然后充分休息。完成4~6次。

（三）俄式间歇跑

俄式间歇跑主要特点是固定训练的间歇休息时间，随着运动员水平的提高，逐渐缩短休息时间。以400米跑为例，运动员以规定的速度跑完100米后，休息20~30秒，如此反复训练，随着运动员水平的不断提高，中间的休息时间逐渐调整为15~25秒。

（四）短距离重复跑

短距离重复跑练习的特点是距离较短，但是运动强度较大。每次采用300~600米的距离，练习强度为80%~90%，进行反复跑。

（五）持续接力

要求运动员以100~200米为段落做接力跑练习，每人必须全力以赴，每组4人轮流接力。

（六）高原训练

高原训练是在运动员经过一段时间的训练，并且有了一定的体能基础之后，利用高原海拔高、气压低、氧气较稀薄的地理特性，对运动员进行加强训练的一种方式，目的是激发运动员体内的补偿机制，发展有氧和无氧耐力素质。

比如，长期居住在平原地区的运动员，可以定期上海拔 1 900~2 500 米的高原训练 4~6 周，然后下平原训练 3~4 周后，再参加重大比赛，这样有利于运动员在比赛中有优异表现。高原训练时，运动员的体能消耗大、易疲劳、恢复时间长以及训练过程难以控制等，这是教练应该注意的地方。

第三节　竞技体育后备人才耐力素质训练一点通

一、耐力素质对竞技体育后备人才的重要性

无论从事哪个运动项目，运动员都需要具备良好的耐力素质水平，只有具备扎实的耐力素质，才能更好地发展专项技能，才能适应高强度的训练和比赛。因此，对于竞技体育后备人才而言，对耐力素质的训练需要在早期就开始进行，并且由于耐力素质的发展周期较长，在日后的长期训练过程中，耐力素质都是一项重要的训练内容。

发展运动员耐力素质的过程，其实也是发展其机体能量系统的过程，因为只有构建了良好的能量链（磷酸原-糖酵解-有氧），运动员的耐力素质水平才会具有发展的基础。拥有了强有力的机体能量系统，也就意味着运动员的循环系统、

代谢能力、肌肉、软组织的发展等多个方面都得到加强,从整体上看,这对竞技体育后备人才的身体素质和健康水平的提高都具有积极意义。

二、后备人才耐力素质训练的基本要求

（一）遵循客观规律,切忌揠苗助长

耐力素质发展的周期较长,并且相对于其他运动素质而言,耐力项目出成绩的年龄也要相对靠后,因此,对后备人才的耐力素质训练要做好长期的科学计划,切忌揠苗助长,急于求成,那样很容易给青少年的身体带来损害。因此,培养竞技体育后备人才耐力素质,最重要的一点就是遵循人体发展的客观规律,循序渐进地提高青少年运动员的耐力水平。

（二）加强对运动员意志品质的教育

运动员在进行耐力素质训练的过程中,往往也是对其意志品质的塑造过程。耐力训练的特点是训练强度适中,但是训练时间较长,这对青少年运动员而言,是一个较大的考验。这是因为,青少年的肌肉构成决定了他们的耐力素质水平较差,尚未发育完全,十分容易疲劳。同时,青少年的年龄特点容易对新鲜事物吸引注意力,对熟悉的事物很容易产生倦怠的情绪。这些特点恰好与耐力素质训练的要求相反,因此,在进行耐力素质训练的过程中,教练要特别注意对青少年运动员意志水平的塑造,通过一次次的训练,磨炼他们的意志,打造出坚毅刚强的优秀品质。

三、后备人才耐力素质训练特点

（一）青少年自然发展的特点

一般来说，在安静状态，青少年的新陈代谢过程比成年人要旺盛得多，虽然氧消耗量大，但血红蛋白和肌红蛋白的含量相对较少，心肺功能也较弱。因此，他们的无氧代谢水平较低，负氧债能力较差，无氧耐力的能力不高。

在15岁之前，青少年有氧耐力的发展以缓慢的、持续的增长为特点。但是在15岁后，其无氧耐力接近成人水平，男、女少年有氧代谢能力的自然发展速度开始急剧增长。其中，男少年最高速度的60%强度的有氧代谢能力发展最为明显，这种增长趋势直到18岁时才稳定发展，而女少年在14～16岁间的有氧代谢能力可以达到一生中的巅峰水平。但过了16岁之后，如果停止对耐力的训练，那么还会出现负增长的现象。

（二）针对青少年的训练特点

对竞技体育后备人才的耐力素质训练，具有如下几个主要特点：
（1）在10岁左右开始有计划地进行一些有氧耐力训练，有助于提高机体的能量代谢水平，增加青少年的心肺功能，为未来专项耐力的发展奠定基础。
（2）无氧耐力的训练强度不宜过大，心率强度最高控制在170次/分以下，负荷量不宜大。
（3）可采取持续匀速训练法，间或穿插变速训练法和重复训练法。
（4）耐力训练较为枯燥，因此，教练应多选择有趣的练习手段，或者以游戏的形式进行训练，效果更佳。
（5）在15岁之后，无氧耐力的训练可逐渐以间歇训练法为主，心率可控制在160～180次/分。

第六章

竞技体育后备人才的柔韧素质训练与方法

柔韧素质受先天因素影响明显，即一个人的基因基本上决定了身体的柔韧水平。比如，发展柔韧素质的黄金期非常短暂，需要科学地加以利用和把握，才能有效地发展运动员的柔韧素质水平。因此，对于竞技体育后备人才的柔韧素质训练，必须掌握科学的方法和手段。本章将从柔韧素质训练概述、柔韧素质训练手段与方法、竞技体育后备人才柔韧素质训练一点通三个方面进行阐述。

第一节 柔韧素质训练概述

一、柔韧素质的定义

柔韧素质是指人体关节活动幅度的大小，以及髋关节工作的肌肉、肌腱、韧带的伸展能力和弹性、韧性的好坏。关节的活动幅度取决于相连关节面的构造，其中球状关节的活动幅度最大，可以多方向活动，如肩关节和髋关节，而滑车关节的活动幅度范围则不能超过180°，只能做屈伸运动，如指关节。在柔韧素质训练过程中，由于关节面和关节构造是不能改变的，因此，柔韧素质训练主要是针对与髋关节工作的肌肉、肌腱、韧带等弹性组织的改善，包括它们的伸展能力、弹性素质及韧性功能等。

柔韧素质也体现着人体的运动状态的能力，同时具有专项性、个体差异性和可判别性的特点。比如，体操运动员的柔韧性与田径运动员的柔韧性就具有性质上的不同，体操运动员更强调"柔"，而田径运动员更看重"韧"。柔者美也，韧者刚也。因此，在训练方法上也存在差别，体操运动员的柔韧素质训练多采用静力性的柔韧性练习，而田径运动员多采用动力性的柔韧性练习。柔韧素质的专项性也保证了专项技术动作的质量，有利于肌肉力量与速度的充分发挥，而个体差异正是运动员柔韧性优劣的重要依据。良好的柔性和韧性还可以保障肌肉、韧带、关节及其构件在较大负荷下免受伤害。因此，柔韧素质对运动员具有多方面的意义，与促进运动员的技术发展和比赛成绩都有着密切的关系。

二、柔韧素质的分类

（一）专项柔韧与一般柔韧

柔韧素质也分为一般柔韧和专项柔韧。一般柔韧是专项柔韧的基础，一般柔韧是指全面的、普遍的柔韧性。通常情况下，专项柔韧是训练的主要内容。专项柔韧可以保障专项技术动作的质量，以及关节、韧带等软组织免受伤害，因此，对于运动员具有双重意义。

不同的运动项目，由于专项技术动作的动力结构和身体姿势不同，决定了柔韧的性质也各不相同。

比如，武术运动员的踢腿动作是以"屈髋"和"勾足"为主，训练的时候要求能够踢到自己的鼻子位置；同样是踢腿动作，体操运动员是以"引髋"和"绷足"为主，强调的是膝、踝、足趾关节的"绷直"；田径运动员的踢腿是强调髋关节的灵活性，对膝关节的"绷直"和踝关节的"勾"与"绷"没有特殊要求。

由此可见，柔韧素质的训练主要是建立在专项的基础之上，对于竞技体育后备人才而言，他们的身体尚未发育完全，具有很强的可塑性，在此时进行科学的柔韧素质训练显得格外重要。发展一般柔韧素质要坚持不懈，日日练，年年练，并且要从小抓起，对身体各个关节的柔韧素质进行充分的发展。

（二）动力性柔韧与静力性柔韧

（1）一方面，区别动力性柔韧和静力性柔韧是结合其用力方式进行的。具体来说，判断柔韧究竟是动力性柔韧还是静力性柔韧，主要取决于项目技术动作的动力结构特点和动作要求。比如，田径运动中的柔韧多属于动力性柔韧，体操运动中的柔韧多属于静力性柔韧。

动力性柔韧可以概括为肌肉、肌腱、韧带被最大限度拉长后，立即有弹性地收缩的能力；肌肉、肌腱、韧带在被最大限度拉长后，仍保持这一姿势一段时间，然后缓慢地恢复肌肉原来的状态，则属于静力性柔韧。

（2）另一个方面，人体在发展柔韧性时，可以采用动力性与静力性相结合的办法，也可以以动力性为主、以静力性为辅，或者以静力性为主、以动力性为辅。例如，发展柔韧性的关节伸展幅度以静力性手段更为有效，尤其是那些需要控制身体位置和摆造型的技评性项目，多采用静力性手段发展柔韧性，反之亦然。

（三）肩部、腰部、上肢、下肢柔韧

身体各个部位的柔韧性主要指肩关节、肘关节、腕关节、脊柱、髋关节、膝关节、踝关节及其周围的软组织的柔韧性，即这些关节在人体解剖结构上所允许的活动范围，包括运动方向、运动方式和运动幅度。其中，关节周围的软组织的柔性、韧性、弹性和抗拉强度对人体的柔韧素质水平至关重要。需要注意的是，肌腱、韧带的韧性和抗拉强度与肌肉力量的增长基本上保持同步。

三、影响柔韧素质的因素

（一）性别与年龄

人体肌肉和韧带等软组织的性质与性别和年龄高度相关。从性别的角度来看，男性的肌肉组成无论是成分还是弹性方面，都与女性不同。由于女性的关节、肌肉力量较弱，韧带较薄，因此对关节运动的限制性因素相对较少，故而比男性体现出更强的柔韧性。就年龄的角度看，由于儿童青少年的骨骼相对柔软，韧带的可塑性具有较大的空间，因此整体上表现为比成年人具有更好的柔韧性。

第六章 竞技体育后备人才的柔韧素质训练与方法

(二)骨关节结构

对人体柔韧素质影响最大的因素,首先来自骨关节的关节面结构,因为它直接决定了关节的活动范围。以肘关节为例,其中的肱尺关节如果鹰嘴突较长,就会使肘关节不能完全伸直,如果鹰嘴突较短又会使肘关节过分伸展。另外,关节的灵活性还取决于关节的运动轴,一般的,单轴关节只能屈伸,双轴关节不仅可以屈伸,还可以内收、外旋、绕环。

(三)肌肉、肌腱、韧带

除了关节结构之外,接下来影响人体柔韧素质的主要因素就是关节周围的肌肉、肌腱和韧带了。肌腱和韧带对关节有加固作用,肌肉也起到一定的补充加固作用。关节在它的人体解剖范围内进行相应的活动时,主要靠韧带的柔韧性来保护运动的安全,防止关节受伤。比如常见的关节脱臼,关节头实际上并未脱离关节窝,这就是韧带的牵拉力发挥了作用。

(四)神经过程转换的灵活性

神经系统兴奋与抑制过程转换的灵活性,与运动中肌肉的伸缩有关。例如,中枢神经系统调节对抗肌之间的协调性的改善,以及对肌肉紧张和放松的调节能力的提高,对运动员肌肉的放松能力起重要作用。高水平运动员对肌肉的放松能力之所以较强,与中枢神经系统支配骨骼肌的神经细胞的转换深度有关。另外,与中枢神经系统的兴奋性也关系密切。一般的,在中枢神经系统较兴奋的状态下,肌肉神经过程转换更为灵活,具体的表现就是此时运动员的柔韧性更好。

（五）心理因素

运动员的心理状况对运动水平的发挥一直都有着重要的影响作用。同样的，运动员在比赛中的心理紧张程度，可通过中枢神经系统反映到有机体各部位的工作表现上。一定的紧张可以使神经系统兴奋，但是过度的心理紧张，或者过长时间的心理紧张，又会使神经系统由兴奋转为抑制，那样的话将严重影响运动员的运动表现，如协调能力下降，动作显得僵硬，柔韧素质水平也难以发挥出其原有的水平。

（六）温度

身体的柔韧素质受温度的影响也较为明显。这也是为什么要强调在运动前充分热身，一定的准备活动能够提高体温，从而增加各激素的活性，同时还会动员酶蛋白分子，进而唤醒各个器官的活性，为机体的大量耗氧做好准备。有研究发现，当外界温度高于18℃时，最有利于柔韧性的表现；若环境温度低于18℃时，人体的柔韧性将受到一定的抑制。

（七）时间段

由于生物的节律性，在一天中的不同时段，人体的柔韧表现也会不同。比如，清晨的柔韧性普遍较差，而到了中午就会明显好转。因此，早晨醒来不适合立即进行柔韧性项目练习，而是先尽量地做舒展身体的运动，如做充分的拉伸活动、做早操等。在身体充分活动之后，或者完成了一定量的其他素质训练之后，再开展柔韧性训练。

（八）遗传

遗传对柔韧性具有明显的作用，一般情况下，舞蹈演员的孩子都具有较好的柔韧素质。

四、柔韧素质训练的意义

（一）改进技术动作，提高运动水平

柔韧素质能够为运动技术的改进提供必要的基础，也是保证提高运动员运动技术水平的基本因素之一。如果运动员的柔韧素质比较差，掌握动作技能的过程会立即缓慢下来，并变得复杂化，而其中某些对完成比赛动作十分重要的关键技术往往不可能学会。因此，柔韧素质训练对于提高关节的灵活性，加大运动幅度，提高动作速度，使技术动作更加准确和协调，以及增加动作的协调性和优美感，所起到的作用是非常重要的。同时，柔韧素质训练还可以提高动作速度，从而进一步增强肌肉的收缩力，对提高肌肉的初长度有着良好的促进作用，对于运动员的运动水平的提高也有益处。

（二）快速消除疲劳，预防运动损伤

如果运动员的关节柔韧素质差，会对其他身体素质的发展产生影响和限制，使肌肉协调性下降，并影响到其他运动素质的发展，同时，往往还会导致肌肉、韧带损伤。良好的柔韧素质可以减小肌鞘之间的摩擦，从而减小能量的损耗，延长肌肉的工作时间。

目前，柔韧素质训练被国内外的许多体育工作者列为整理活动的重要组成部分，这样做的一个主要目的就是减小肌肉酸痛，加速疲劳物质的代谢，快速消除运动疲劳。另外，柔韧素质训练还能起到有效预防运动损伤的作用。比如，关节柔韧素质的提高，不仅有利于通过改善与提高其周围韧带、肌肉的弹性和活动幅度来预防运动损伤，而且有利于提高运动成绩。

第二节　柔韧素质训练手段与方法

一、柔韧素质的训练方法

发展柔韧素质的目的是提高跨过关节的肌肉、肌腱、韧带等软组织的伸展能力。其伸展能力的提高主要是"力"的拉伸作用的结果。柔韧素质的训练方法主要有3种，即静力拉伸法、动力拉伸法和本体感受神经肌肉伸展法（PNF拉伸法）。这三种训练方法的特点是，在"力"的拉伸作用下，有节奏地多次重复同一动作或逐渐加大动作幅度，使被拉长的刺激逐渐或持续性地作用于软组织。

（一）静力拉伸法

静力拉伸法是指使机体长时间保持某一种姿势，以拉伸肌腹、肌腱、韧带等软组织的训练方法。静力拉伸法又分为被动的静力拉伸法与主动的静力拉伸法。被动的静力拉伸法需要借助外力的帮助下进行，比如在同伴或者器械的协助下进行。主动静力拉伸法是指运动员在动作最大幅度的时候，完全依靠自身肌肉的力

第六章 竞技体育后备人才的柔韧素质训练与方法

量保持该姿势一段时间的训练。

不管是被动的静力拉伸法,还是主动的静力拉伸法,其目的都是拉伸软组织并达到"酸、胀、痛"的程度,然后在该状态下停留10秒钟左右,起到让机体逐渐适应的作用。这种方法容易控制,在拉到可以忍耐的酸疼程度为止时,不会拉伤。静力拉伸法具有如下4个优点:

(1)能量消耗少。
(2)软组织不会发生拉伤。
(3)不会引起肌肉主动收缩。
(4)拉伸效果比较理想。

静力拉伸训练结束后,应当做一些动力性放松活动,以防止因软组织发生永久性变形而丧失弹性,并避免因局部供血不足而影响软组织的新陈代谢。

(二)动力拉伸法

动力拉伸法是指依靠运动员自身动作,原动肌有节奏、较快并多次重复地收缩,使与运动相反一侧的对抗肌反复被拉伸的训练方法。动力拉伸法包括被动性动力拉伸法与主动性动力拉伸法。

被动性动力拉伸法是指在借助外力的作用下,拉长韧带、肌肉的方法。主动性动力拉伸法是指运动员依靠自己的力量,提高肌肉、肌腱、韧带等软组织的伸展性的方法。对于竞技体育后备人才而言,在训练过程中被动性动力拉伸训练与主动性动力拉伸训练必须同时兼顾,不过,对柔韧素质要求极高的运动项目来说,被动性动力拉伸训练更为重要,因此被动性动力拉伸训练在专业运动员中运用更为普遍。

(三)本体感受神经肌肉伸展法

本体感受神经肌肉伸展法,又可称为"PNF拉伸法"。本体感受神经肌肉伸展法最开始用于治疗各种神经肌肉瘫痪的患者。后来有学者发现,该方法对短时间内提升个体的柔韧素质效果明显,于是将其逐渐引入竞技体育的训练中。

该法包含收缩肌与对抗肌收缩放松的交互进行。采用该方法发展柔韧素质时,要注意以下两点:

(1)通过逐渐增大动作幅度,使肌肉、韧带尽量被拉长。

(2)充分利用肌肉的退让工作,使肌肉韧带逐渐被拉长。

二、柔韧素质的训练手段

(一)各关节柔韧素质训练的手段

1.肩关节柔韧素质训练

(1)向内拉肩

训练时,运动员站或坐,抬起一只手臂的肘关节至肩部高度,屈肘与另一只手臂交叉。另一只手臂抬起至肩部高度抓住对侧肘关节,呼气,向后拉。换臂重复练习。注意努力增大向后拉的动作幅度,并在最大幅度时保持10秒。

(2)向后拉肩

训练时,运动员站或坐,双手在背后交叉,手指向下时吸气,然后转动手腕使手指向上,此时呼气,向上移动双手至最大限度,保持10秒。

(3)背向拉肩

训练时,运动员背对墙站立,并向后抬起双臂与肩同高,伸直双臂扶墙站好,手指向上。然后呼气,屈膝慢慢降低肩部高度,感受肩部被拉伸的感觉,并且在动作幅度最大时保持10秒。

(4)助力转肩

训练时,运动员一只手臂屈肘90°侧举,同伴帮助固定肘关节,并向后推手腕,在动作幅度最大时保持10秒。然后换另一只手臂练习。

(5)单臂开门拉肩

训练时,运动员站在一扇打开的门框内,拉伸臂肘关节外展到肩的高度。拉

第六章　竞技体育后备人才的柔韧素质训练与方法

伸臂前臂向上，掌心对墙，呼气，身体向相反方向转动以拉伸肩部，在动作幅度最大时保持10秒（如图6-1）。

图6-1　单臂开门拉肩

（6）握毛巾直臂绕肩

训练时，运动员双腿并拢站立，双手握一长度合适的毛巾于髋前部。吸气，直臂从髋前部经头上绕到髋后部。再经原路线绕回。注意双臂始终保持伸直，且速度不要过快。

2.腕关节柔韧素质训练

（1）压腕

训练时，运动员站立位，双臂于胸前屈肘，用一只手的手掌根部顶在另一只手的四指末端，并逐渐加大力度压向四指末端，在动作幅度最大时保持10秒，然后换手重复练习。

（2）跪撑正压腕

训练时，运动员双膝和双臂撑地，双手间距约与肩同宽，手指向前。呼气，身体重心前移，在动作幅度最大时保持10秒。恢复开始姿势，重复练习（如图6-2）。

图6-2　跪撑正压腕

（3）跪撑反压腕

训练时，运动员双膝和双臂撑地，双手间距约与肩同宽，手指向后。呼气，身体重心缓慢后移，并在动作幅度最大时保持10秒。恢复开始姿势，重复练习。

（4）向内旋腕

训练时，运动员自然站立，双臂伸直，双手合掌。呼气，尽量内旋双手手腕，在动作幅度最大时保持10秒。重复练习。

3.髋关节柔韧素质训练

（1）弓箭步压髋

训练时，运动员弓箭步站立，前侧的腿其膝关节弯曲成90°，后侧腿以脚尖触地。双手放在前侧腿的膝盖上，屈膝并慢慢降低重心，后侧腿以膝触地。呼气，下压后侧腿髋部。在动作幅度最大时保持10秒，换腿重复练习（如图6-3）。

图6-3　弓箭步压髋

（2）仰卧转压腿

训练时，运动员仰卧双腿伸展，右腿屈膝提至胸部，用左手扶住右膝外侧。呼气，用左手横向将右膝压至身体左侧地面。双腿交替练习。在练习的过程中，保持头、肘、双肩接触地面，并在动作幅度最大时停留10秒左右（如图6-4）。

图6-4　仰卧转压腿

（3）身体扭转侧屈

训练时，运动员自然站立，左腿伸展、内收，在右腿前尽量与其交叉。呼气，躯干向右侧屈，双手力图接触左脚跟。身体两侧轮换练习。在动作幅度最大时保持10秒。

（4）台上侧卧拉引

训练时，运动员侧卧于台子边缘，双腿伸展。呼气，上侧的腿直膝分腿后移，悬在空中。在动作幅度最大时保持10秒。换另一条腿练习。

（5）坐立反向转体

训练时，运动员坐在地面上，双腿体前伸展，双手在髋后部地面支撑。右腿屈膝与左腿交叉，使脚跟向臀部方向滑动。呼气，转体，头转向身体后方继续转体，左手手肘辅助拉动右腿，使身体尽量拉伸，对侧的肘关节顶在屈膝腿的外侧，并缓慢推动屈膝腿（如图6-5）。

训练要求：动作幅度尽量大，动作幅度最大时保持10秒。

图6-5 坐立反向转体

（6）垫上前后分腿

训练时，运动员坐于垫上，双腿体前伸展，双手在髋部两侧地面支撑。右腿大腿外展，接触垫子屈膝，使脚接触左腿膝部。吸气，双臂撑起身体。左腿向身后伸展，大腿上部、膝盖、胫前部和脚掌内侧接触垫子。呼气，下压左腿的髋部。在动作幅度最大时保持10秒。换腿重复练习。

（7）坐位髋臀拉伸

训练时，运动员坐在垫子上，使双脚脚掌相对，并尽量向臀部靠近，双手用力压低双腿，并在动作幅度最大时保持10秒（如图6-6）。

图6-6　坐位髋臀拉伸

（8）仰卧交叉腿屈髋

训练时，运动员仰卧，左腿在右腿上交叉，双手交叉在头后部。呼气，右腿屈膝，并提起右脚离地。缓慢向头部方向推动左腿。双腿交替。保持头、双肩和背部接触地面。在动作幅度最大时保持10秒。

4.踝关节柔韧素质训练

（1）跪撑后坐

训练时，运动员跪在地面，双手撑地，双脚并拢以脚掌支撑。呼气，向后下方移动臀部。在动作幅度最大时停留10秒钟。

（2）上拉脚趾

训练时，运动员坐在凳子上，将一条腿的小腿放在另一条腿的大腿上。一只手抓住小腿，另一只手抓住脚趾和脚掌。呼气，并向脚背方向拉引脚趾。在动作幅度最大时保持10秒，双脚轮流练习（如图6-7）。

图6-7　上拉脚趾

（3）踝关节向内拉伸

训练时，运动员将一条腿的小腿放在另一条腿的大腿上。一只手抓住踝关节上部小腿，另一只手抓住脚的外侧。呼气，慢慢用力向足弓方向拉引踝关节外侧。在动作幅度最大时保持10秒。双脚轮流练习。

（4）脚趾下部和小腿后部拉伸

训练时，运动员面对墙壁站立，双脚一前一后相距约50厘米前后开立，前脚脚尖距墙约50厘米。双手扶墙，身体向墙倾斜。后脚正对墙，脚跟贴在地面。呼气，提起后脚脚跟，将体重移到后脚的脚掌上，下压。在动作幅度最大时保持10秒钟。双腿轮流练习（如图6-8）。

图6-8 脚趾下部和小腿后部拉伸

（二）各部位柔韧素质训练的手段

1.颈部柔韧素质训练

（1）前拉头

训练时，运动员站或坐，双手在头后交叉。呼气，向胸部方向拉头部，下颌接触胸部。双肩下压，在动作幅度最大时保持10秒。

（2）侧拉头

同前拉头，运动员向侧面缓慢拉头，并努力过身体中线。尽力将右耳贴到右肩上。呼气，在动作幅度最大时保持10秒。

（3）后拉头

基本姿势同前拉头，向后缓慢拉头，练习时注意拉头的动作务必要轻缓。

（4）仰卧前拉头

训练时，运动员屈膝仰卧，双手在头后交叉。呼气，向胸部方向拉头部，肩胛部位贴在地面上。在动作幅度最大时保持10秒。

（5）团身颈拉伸

训练时，运动员由仰卧姿势开始举腿团身，头后部和肩部支撑体重，双手膝后抱腿。呼气，向胸部拉大腿，双膝和小腿前部接触地面。在动作幅度最大时保持10秒。重复练习。

（6）持哑铃颈拉伸

训练时，运动员双脚并拢站立，右手持哑铃使肩部尽量下沉，左手经过头顶扶在头右侧。呼气，左手向左侧缓慢地拉头部，使头左侧贴在左肩上，在动作幅度最大时停留10秒。改变方向，重复练习。

2.胸部柔韧素质训练

（1）跪拉胸

训练时，运动员跪在地面，身体前倾，双臂前臂交叉高于头部放在台子上。呼气，下沉头部和胸部，一直到接触地面。在动作幅度最大时保持10秒。重复练习。

（2）开门拉胸

训练时，运动员站在一扇打开的门框内，双脚一前一后站立，掌心对墙，双臂肘关节外展到与肩同高并使前臂向上，呼气，身体前倾拉伸胸部，在动作幅度最大时保持10秒。重复练习。

（3）坐椅胸拉伸

训练时，运动员坐在椅子上，双手头后交叉，椅背高度在胸中部。吸气，双臂后移，躯干上部后仰，拉伸胸部。在动作幅度最大时保持10秒。

3.肩部柔韧素质训练

（1）背向压肩

训练时，运动员背对肋木站立，向后抬起双臂与肩同宽扶在肋木上，掌心向上。屈膝缓慢降低重心到最大限度保持10秒钟，多次练习。

（2）向内拉肩

训练时，运动员成站立姿势，抬起一臂并屈肘与另一臂交叉，另一臂抬起至肩部高度抓住异侧手臂的肘关节向后拉，拉到最大限度时保持10秒钟。两臂交换,多次练习。

（3）向后拉肩

训练时,运动员成站立姿势,双手在背后合掌,开始时手指向下,转动手腕使手指向上,同时向上移动双手到最大限度并保持10秒钟。多次练习。

4. 腹部柔韧素质训练

（1）俯卧背弓

训练时,运动员俯卧在垫子上,屈膝,脚后跟向髋部移动。吸气,双手抓住双踝。臀部肌肉收缩,提起胸部,双膝离开垫子。在动作幅度最大时保持10秒。重复练习。

（2）跪立背弓

训练时,运动员跪立在垫子上,脚尖向后。双手扶在臀上部,形成背弓,臀部肌肉收缩送髋。呼气,加大背弓,头后仰、张口,逐渐把双手滑向脚后跟。在动作幅度最大时停留10秒。重复练习。

（3）上体俯卧撑起

训练时,运动员俯卧,双手掌心向下、手指向前放在髋两侧。呼气,用双臂撑起上体,头后仰,形成背弓。在动作幅度最大时保持10秒。重复练习。

5. 背部柔韧素质训练

（1）站立伸背

训练时,运动员双腿伸直站立,双手扶在肋木上,上体前倾至与地面平衡姿势,四肢保持伸直,下压上体使背部下凹成背弓并保持10秒钟。多次练习。

（2）坐姿拉背

训练时,运动员双膝微屈坐立,躯干贴在大腿上,双手抱腿,肘关节在膝关节下面。上体前倾,双臂从大腿上向前拉背,双脚保持与地面接触,拉至最大限度时保持10秒钟。多次练习。

6. 腰部柔韧素质训练

（1）仰卧团身

训练时,运动员仰卧在垫子上,屈膝,双脚滑向臀部,双手扶在膝关节下部。呼气,双手向肩部牵拉双膝,并提起髋部离开垫子。在动作幅度最大时保持10秒。重复练习。

（2）肋木腰部侧屈

训练时，运动员双腿自然左右开站立，一手臂自然下垂，另一手臂在头上屈肘，同伴一只手帮助固定髋部，另一只手抓住上举手臂的肘关节，同伴帮助向下垂臂一侧屈上体，保持10秒钟。两人交换多次练习。

（3）俯卧在桌子上转腰

训练时，运动员俯卧在桌子上，上体伸到桌子边缘处于悬空状态，肩上扛一根木棍，双臂体侧展开固定木棍，尽量大幅度转动躯干，转到最大限度时保持10秒钟。多次练习。

（4）站立体侧屈

训练时，运动员双脚左右开立，双手交叉举过头顶向上伸臂。呼气，一侧耳朵贴在肩上，体侧屈至最大限度。在动作幅度最大处保持10秒。然后另一侧做练习。

（5）助力腰腹侧屈

训练时，运动员双脚左右开立，一只手臂自然下垂，另一只手臂上举在头上部屈肘。同伴帮助固定练习者的髋部，并抓住练习者上举臂的肘部。呼气，同伴帮助向下垂臂一侧屈上体。在动作幅度最大处保持10秒。改变方向，重复练习。

7.臂部柔韧素质训练

（1）上臂颈后拉

训练时，运动员站立或坐立，左臂屈肘上举至头后，左肘关节在头侧，左手下垂至肩胛处。右臂屈肘上举，右手在头后部抓住左臂肘关节。呼气，在头后部向右拉左臂肘关节。在动作幅度最大处保持10秒。换臂继续练习。

（2）背后拉毛巾

训练时，运动员站或坐，一只手臂肘关节在头侧，另一只手臂肘关节在腰背部。吸气，双手握一条毛巾逐渐互相靠近。在动作幅度最大处保持10秒。换臂继续练习。

8.腿部柔韧素质训练

（1）大腿前部

①坐压脚

训练时，运动员跪在地面上，脚趾向后。呼气，臀部坐在双脚的脚后跟上，保持10秒，放松后重复练习（如图6-9）。

图6-9 坐压脚

②分腿拉脚

训练时，运动员前后分腿，右腿在前屈膝约90°支撑，左腿在后以膝关节支撑，右手扶地。上体前倾，左手在身后抓住左脚，向臀部方向拉。在动作幅度最大处停留10秒左右。双腿交替练习。

③扶墙上拉脚

训练时，运动员一只手扶墙站立，一条腿屈膝，使脚后跟靠近臀部。呼气，另一只手抓住屈膝腿提起的脚背，吸气，缓慢向臀部方向提拉，并在动作幅度最大处保持10秒。

④垫上仰卧拉引

训练时，运动员在垫上跪立，后倒身体到躺在垫上，脚后跟在大腿两侧，脚尖向后。在身体后倒的过程中慢慢呼气，直到背部平躺在垫上。重复练习。

⑤台上仰卧拉引

训练时，运动员躺在台子边缘，台子内侧的腿屈膝，脚靠近臀部帮助固定髋关节。台子内侧手抓住台子内侧腿的膝关节下部。呼气，在髋关节处从台子上移下外侧腿。台子外侧手抓住外侧腿踝关节或脚，缓慢向臀部方向拉引。在动作幅度最大处保持10秒。换腿重复练习。

⑥台上平卧拉引

训练时，运动员卧躺在台子边缘，呼气，在髋关节处从台子上移下外侧腿。台子内侧手抓住外侧腿踝关节或脚，缓慢向臀部方向拉引。在动作幅度最大处保持10秒。换腿重复练习。

（2）大腿后部

①压腿

训练时，运动员在一个台子前站立，一条腿伸膝放台子上，另一条腿支撑地面。呼气，双腿膝关节伸直，髋关节正对台子。上体前倾贴近台子上大腿上部。重复练习。注意伸展腿膝部和背部要保持伸直，肘关节上提。在动作幅度最大处保持10秒。

②坐压腿

训练时，运动员双腿分开坐在地面上，一条腿屈膝，脚后跟接触伸展腿的内侧。呼气，上体前倾贴近伸展腿的大腿上部。换腿重复练习。注意练习时伸展腿膝部和背部保持伸直，在动作幅度最大处保持10秒。

③坐拉引

训练时，运动员坐在地面，双腿体前伸展，双手在髋后部地面支撑。一条腿屈膝，用一只手抓住脚后跟内侧。呼气，屈膝腿伸展，直到与地面垂直。注意在动作幅度最大处保持10秒。

④仰卧拉伸

训练时，运动员仰卧抬起一条腿，膝关节伸直，固定骨盆成水平姿势。同伴帮助固定另一条腿保持伸直，同时帮助缓慢提拉腿到最大限度保持10秒钟。两腿交换多次练习。

⑤站立拉伸

训练时，运动员背贴墙（肋木）站立，直膝抬起一条腿，同伴双手抓住踝关节帮助腿上举，抬到最大限度时保持10秒钟。交换腿重复练习。

（3）大腿内侧

①青蛙伏地

训练时，运动员分腿跪地，脚趾指向身体两侧，类似蛙腿的形态，然后前臂向前以肘关节支撑地面。呼气，继续向身体两侧分腿，同时向前伸展双臂，努力使胸和上臂完全贴在地面上。在动作幅度最大处保持10秒。

②分腿坐体侧屈

训练时，运动员直膝、尽量大幅度向体侧分腿坐在地面，左臂贴近髋前部，右臂向头上伸展。呼气，上体尽量从髋部向左侧屈，再向右侧屈，重复练习。同样的，在每一侧的最大幅度处停留10秒。

（4）小腿

①跪拉脚趾

训练时，运动员跪下脚趾向后，坐在脚跟上，用手抓住脚趾前部向上拉引。同样的，在动作幅度最大处保持10秒。双脚轮流练习。

②单脚跪拉

训练时，运动员跪在垫子上，脚趾向后，然后坐在脚后跟上，双手于地面支撑。一只脚平放地面缓慢前移，呼气，膝关节下压并向脚趾前面移动。在动作幅度最大处停留10秒左右。双腿轮流练习。

③扶墙拉小腿

训练时,运动员面对墙站立,双脚内旋约与肩宽,直臂双手扶墙。头、颈、躯干、骨盆、双腿和踝成一条直线,直臂屈肘,人体向墙倾斜。头和肘接触墙面。始终保持脚后跟接触地面,双脚内旋。在动作幅度最大处保持10秒。

④俯撑拉伸

训练时,运动员从俯卧撑预备姿势开始,双手逐渐向双脚靠近,升高髋部与地面形成三角形。努力做到让双臂和背部成一线,缓慢下压脚后跟到地面,在动作幅度最大处停留10秒,双脚轮流练习。

⑤扶柱屈髋

训练时,运动员站在一根柱子前面,双手握住柱子,双脚左右开立并尽量内旋。呼气,屈髋并后移髋关节,努力使双腿与躯干形成约45°夹角。在动作幅度最大时保持10秒。

⑥坐拉脚掌

训练时,运动员双腿分开坐在地面上,然后让一条腿屈膝,脚后跟接触伸展腿的腹股沟。呼气,上体前倾,一只手抓住伸展腿的脚掌向躯干方向牵拉。在动作幅度最大处保持10秒。重复练习。

第三节 竞技体育后备人才柔韧素质训练一点通

一、柔韧素质对竞技体育后备人才的重要性

青少年的身体发育尚未完成,他们的骨骼、韧带和肌肉都还处于相对柔软的

阶段，因此，这时是训练柔韧素质的最佳时期。一名运动员的柔韧素质，对其运动技能的发展具有内在的促进作用，因此，在后备人才的体能训练过程中，务必要重视对柔韧素质的训练工作。

柔韧素质训练是相对艰苦的，需要运动员克服疼痛和各种不适，忍受枯燥单调的训练过程。另外，柔韧素质训练也是一个需要长期坚持不懈的过程，只有不间断、数年如一日地进行训练，才能保持在较好的水平。因此，竞技体育后备人才在进行柔韧素质训练时，应遵循循序渐进的原则，一点一点地将柔韧素质发展起来。尽管后备人才年龄尚小，身体的柔韧条件较好，但是为了挖掘潜力，以及在与专项相结合的训练过程中，一定会出现许多疼痛的现象，这就需要教练选择多样的训练方法和手段进行训练，避免他们的倦怠和抵触心理。另外，教练还要及时对运动员进行心理和情绪疏导，帮助他们慢慢养成坚毅的性格品质，为日后的运动生涯顺利发展打好基础。

二、后备人才柔韧素质训练的要点

（一）因材施教、因势利导

人体的柔韧素质受基因影响较为明显，通过后天训练而进行提升的空间相对有限。这也就意味着，对竞技体育后备人才的柔韧素质训练，最重要的原则是因材施教、因势利导，即在选拔人才方面应该多下功夫，努力挖掘更具柔韧天赋的儿童青少年进行培养，这是培育竞技体育后备人才的先决条件。

柔韧素质的训练要根据专项需要，以及运动员的身体独特情况进行综合考虑。例如，跳跃项目的后备人才更加注重腿部和髋部的柔韧性，而游泳项目的后备人才则强调踝关节和躯干的柔韧性，体操项目的后备人才对肩、髋、腰、腿部的柔韧性都有较高要求。因此，发展柔韧性要以专项要求为训练依据，在全面发展身体各部位柔韧性的基础上，重点练习本专项所需要的几个部位的柔韧性。另外，每一名运动员的身体情况都不一样，在进行柔韧素质训练的过程中必须区别对待，讲究训练的针对性，这样才能使这些儿童青少年运动员积极地参与到柔韧素质的训练中来，并有助于实现较好的训练效果。由于他们在生理和心理上都还很稚嫩，与成年运动员相比，还需要更多的呵护，因此，对他们的训练要注意因势利导，不能过于生硬和严厉，这些都是对他们进行柔韧素质训练时需要注意的问题。

（二）把握柔韧素质的发展黄金期

人体的柔韧素质发展期较早，而且窗口期相对短暂，因此，应及时把握对柔韧素质的训练安排。尤其对于竞技体育后备人才而言，如果能够科学地抓住柔韧素质训练的黄金期，那么运动员的柔韧素质将得到最大程度的开发，这对一些柔韧性运动项目是至关重要的一个环节。

另外，训练的过程中还要注意外界环境条件的影响，如季节、气温等。温度过高，肌肉紧张或无力都会影响运动员的伸展能力。另外，要合理选择训练的时间段和训练时长，一般情况下，早晨不适合做高强度的柔韧素质训练，选择在下午进行，效果会更好。同时，训练时间也不可过长，否则容易造成身体疲劳，这样反而会降低训练效果。

第七章

竞技体育后备人才的灵敏与协调素质训练与方法

除了以上几个重要的运动素质之外,灵敏素质和协调素质也是竞技体育后备人才必须具备的运动素质。灵敏和协调往往是建立在力量、速度、耐力以及专项运动技术的基础之上,它们反映的是优秀的竞技运动员的综合素质水平。本章将从灵敏与协调素质训练概述、灵敏与协调素质训练手段与方法、竞技体育后备人才灵敏与协调素质训练一点通展开详细的分析。

第一节　灵敏与协调素质训练概述

一、灵敏素质训练概述

（一）灵敏素质的概念

灵敏素质是指运动员在突然变换条件的情况下，快速、准确做出反应并完成动作的能力。灵敏素质是运动员运动技能和运动素质的综合表现。灵敏素质是建立在力量、反应速度、动作速度、柔韧、耐力、协调性等多种素质和技能的基础之上的一种综合素质，而较好的灵敏素质又能反过来促进其他素质的顺利发展，因此，人体的各种运动素质之间存在着相互影响的关系。如果运动员的某一项素质得到发展，并熟练掌握了运动技能，那么其灵敏素质也能得到充分的发展。另外，灵敏素质的发展水平还取决于神经系统的灵活性和可塑性，以及已建立的动作的储备数量的多寡。

运动员灵敏素质的发展水平高低主要从以下三方面进行衡量。

（1）运动员是否具有快速反应的能力，包括对出乎意料的情况迅速做出判断、躲闪、转身、翻转、维持平衡和随机应变的能力。

（2）运动员是否能够娴熟、自然地表现出力量、速度、耐力、柔韧、协调等素质和技能。

（3）运动员是否能够在任何条件下都能流畅自如、熟练准确地完成各个技术动作。

不同的运动项目对运动员的灵敏素质有不同的要求，彼此之间的差别较为明

第七章 竞技体育后备人才的灵敏与协调素质训练与方法

显。比如，球类以及其他对抗性项目要求运动员具有优秀的反应、躲闪、判断和随机应变的灵敏素质；跳水、体操等需要运动员有很强的在空中快速翻转、快速改变身体位置等方面的灵敏素质；滑雪、滑冰要求运动员能够迅速调整身体位置以始终保持平衡，以及能够迅速改变运动方向的灵敏素质。

总之，灵敏素质是一种熟练运用技术技能的表现，优秀的灵敏素质也是建立在良好的力量、柔韧、速度、耐力等素质基础之上的综合体现。一名优秀的运动员总是能够准确、优美、熟练地完成各项技术动作，并取得优异成绩，其中一定离不开灵敏素质所发挥的关键作用。

（二）灵敏素质的分类

根据与专项运动的关系，灵敏素质可分为一般灵敏素质和专项灵敏素质。

1. 一般灵敏素质

一般灵敏素质是人体在各种运动活动中迅速、准确地完成各种动作的能力，一般灵敏素质是专项灵敏素质的基础。

2. 专项灵敏素质

专项灵敏素质是指根据各个专项运动的运动特点和技术特点，对运动员进行有针对性的训练，目的是获得完成专项动作所需协调反应的能力。一般的，动作越复杂多变，越需要运动员具有较强的随机应变能力，可以随时根据比赛需要而灵活改变动作的方向、速度以及身体姿势。专项灵敏素质具有明显的项目特点，与专项运动的特征、要求息息相关，是运动员获得优异运动表现和理想比赛成绩的必要因素。

（三）影响灵敏素质训练的因素

影响灵敏素质训练的因素有许多，包括运动员的生理条件（如年龄、性别、体重、体型等），也包括他们的心理状况（如情绪、自信心、自我效能感等），以及他们的运动经验是否丰富、技能是否娴熟，还有天气、环境等客观条件。下面对几种主要的影响因素一一进行介绍。

1. 生理条件
（1）性别

性别对灵敏素质具有决定性的影响。在儿童时期，男、女童的灵敏素质没有明显的差异，但是进入青春期之后，男子的灵敏逐渐表现出越来越优于女子的趋势，而女子的灵敏素质出现明显的生理性下降，这和女子进入青春期后身体发生的一系列变化直接相关。比如，此时女子在雌性激素的影响下皮下脂肪逐渐增厚，体重随之增加。另外，她们的有氧耐力也在下降，从而也会影响速度等素质的发展。因此，对女子竞技体育后备人才的灵敏素质培养，应该在青春期之前进行，以便使她们的灵敏素质得到深度挖掘。

（2）年龄

一般情况下，幼儿在6~7岁时平衡器官已经发展充分，在7~12岁逐渐得到稳定提高，此时，也是发展灵敏素质的最佳时期，尤其是加强发展他们的动作频率、反应速度以及单个动作速度都会得到明显的效果。大概在13~15岁是人们的青春发育期，此时少年的身体在许多方面都在发生着快速的增长和变化，这时会短暂地出现影响灵敏素质发展的情况，青春期之后，随着年龄的增长又稳定提高直至成人。

（3）体型

灵敏素质本身就是由运动员对身体的控制能力、对技术动作的熟练程度等因素所体现，那么运动员的身体形态自然是影响灵敏素质的重要因素。当然，不能武断地认为哪种体型的人必然有较好的灵敏素质，或者哪种体型的人灵敏素质一定很差等。因为灵敏是一个综合素质的体现，因此也需要结合多种因素一起考虑。比如排球运动的特点，要求运动员必须身材高大，但同时又需要具备快速反应、判断、躲闪、移动等能力。但是，有些身体形态确实对发挥灵敏素质不利，比如"O"型腿或"X"型腿的人往往在运动中表现出缺乏灵活性的共性；身高过高、体重过胖或者梨形体型的人，普遍灵敏性欠佳。

（4）体重

人体体重的差别，主要来自脂肪和肌肉，而脂肪和肌细胞的增长最为显著。脂肪的堆积主要是因为摄入的营养和热量远远大于身体所需，而肌细胞的增长是

第七章 竞技体育后备人才的灵敏与协调素质训练与方法

通过锻炼获得。脂肪过多将影响肌肉的收缩效率,增加了不必要的体重也就等于增加了运动时的负荷和阻力,必然会影响身体的灵活性。因此,发展灵敏素质的时候要注意,既要通过合理的训练增加肌肉的比重,同时也要配合低卡进食以及良好的生活习惯以减少身体的脂肪含量。

2.心理条件

(1)情绪

情绪对运动员的运动表现、技术发挥具有非常重要的影响,同样的,对灵敏素质的发挥也具有较强的作用。当人处于情绪高涨的状态时,其各项素质表现都更为活跃,其中也包括较强的灵敏度;当人处于情绪低落的状态时,他们的灵敏性也会相应降低。因此,在训练和比赛中,教练要特别关注并指导运动员的心理,使他们尽量处于积极正向的情绪下,这对训练效果和比赛成绩都会起到促进作用。

由于竞技运动通常强度很高,而且竞争非常激烈,在这种高压环境下,运动员的情绪很容易出现波动。比如,当训练中遇到瓶颈,即使再怎样刻苦训练,始终难以突破,或者是在重要的比赛上,遇到实力相当的对手,都会引起运动员的情绪变化,要么紧张、焦虑,要么因为获得一时的好成绩而过于兴奋,或者由于一时失利而过于自责和难过,这些情绪都会影响运动员灵敏素质的发挥,从而影响运动表现。因此,对于所有的优秀运动员而言,应学会自我情绪的调节,能够应对各种情况,并始终保持稳定、积极的心理状态,以及保持情绪不出现过大的波动。因为只有当运动员情绪稳定、平静,不受到过多的干扰的情况下,才能保持头脑冷静,才能让身体充满力量,且轻快灵活,也才能全神贯注于训练或者比赛当下,对自己的胜任力充满信心。但是,这种能力不是天然具有的,需要在日常的训练中加强练习,并需要教练的及时指导,以及运动员自身有意识地进行管理和调节。

(2)自信心

自信心水平是衡量一名优秀运动员综合能力的重要因素之一。竞技体育竞争异常激烈,而职业运动员注定要频繁地面对比赛和竞争,要不断地经历残酷的优胜劣汰的过程,每一次都是对运动员信心的严峻考验和锤炼,只有久经战场的运动员才会修炼出一颗强大的内心。而拥有足够自信心的运动员,无论是在艰苦的训练中,还是在压力巨大的赛场上,都能十分稳定地发挥他们应有的运动水平。而假如运动员不够自信,那么一旦遇到强劲的对手,就会变得有些自我怀疑，那么带着这样的心理就会影响他们的正常发挥。

3.疲劳程度

在灵敏素质的训练中，要注意避免让运动员过于疲劳，在训练之后要及时休息，让身体得到足够的恢复。当人体处于兴奋度较高、体力较为充沛的状态时，发展灵敏素质的效果最好；当人体感到疲倦、精神不振的时候，无论是中枢神经系统还是机体的活动能力都会降低，会表现为反应迟钝、速度下降、动作不协调等，此时即使进行灵敏素质训练也不会收获很好的效果。

4.技能的熟练程度

运动员对专项技能的熟练程度，也是影响其灵敏素质发挥的重要因素之一。经过大量的练习和长期的训练，运动员对自己的各种技术动作都应该达到非常娴熟的程度，并且能够一直保持在一个稳定的水平之上，这是其灵敏素质发展和提高的必要前提。试想一个对专项技能都还不熟练的运动员，将很难在灵敏素质方面有出色的表现。实践证明，掌握基本技术越多、越熟练，学习新的运动技能就越快，技术运用也更加灵活和富有创造力，那么其灵敏素质也就越高。

5.气温

气温对人体的活动能力有直观影响。如果气温太低，人们的肢体就相应的有些笨拙，做同样的动作就需要花费比平时更大的力气、付出比平时更多的努力。在气候阴冷潮湿的地方，人体关节的灵活性与肌肉、韧带的伸展性都会降低，从而导致灵敏性也随之下降。

6.精确的运动分析

在运动分析的协助下，运动员对自身肌肉活动的用力大小、反应快慢、动作速度等都有了更加直观的认识，这对提高动作的准确性和精确性具有显著帮助。有些运动员即使闭上眼睛也能够完成某些动作，这就是运动分析的作用。人体在每完成一个动作时，神经中枢通过感知身体所处的空间位置、身体姿势以及身体各部位的运动情况，并与视觉、味觉、触觉以及内感受器相互作用，实现空间方位感觉，并对肌肉等运动组织传达相应的运动信息。在肌肉感觉及空间方位感觉的基础上，人的大脑皮层才能随环境的变化进行调节，以保证实现各种协调、精确的动作。

7.运动员的智力水平

良好的灵敏素质除了对身体机能有较高的要求之外,其实还与人的智力水平有关。在运动过程中,运动员在运用各种动作技术和运动技能的同时,还要随时观察对手的情况、判断场上的形式以及对下一步运动战术的实施等都要有所考虑,因此,优秀的灵敏素质不仅仅是运动技术和运动素质的结果,也是运动员具有良好的智力水平和敏捷的思维能力的体现。一个优秀运动员不仅要具有出众的运动素质和优秀的运动技能,而且还要表现出良好的思维能力、解决复杂问题的能力,以及发展潜在的战术、技术等各个方面问题的能力。

8.女性的特殊训练

在灵敏素质训练中,教练还要特别关注女生的生理特点,必要时要进行特殊的训练。比如,女生在进入青春期之后,由于身体发生的一系列生理变化,导致她们体重增加、有氧耐力下降,因此,灵敏素质也会明显下降,但这属于生理性下降。教练应该引导她们正视这一人体的发展规律,适当地调整训练计划,有必要的时候还可以进行有针对性的训练。

二、协调素质训练概述

（一）协调素质的概念

医学领域对协调性的定义是,人体的不同肌肉共同工作完成特定运动的能力。运动训练领域对协调素质的定义和医学领域对协调素质的定义相似,即为完成特定动作或达到一定的运动目的,身体的各个器官、组织和系统与运动部位协同配合工作的能力。

协调素质是人体的综合性运动素质,人体的协调能力实际上是大脑在综合评价各种信息的基础上,根据对自身所处情形、所具备的资源和能力的全面计算,以及对即将发生的情况作出预判并做出的反应。

(二)协调素质训练的层次

协调素质训练的过程,基本上分为以下几个层次或阶段:

1. 粗糙的协调性

在协调素质训练的初级阶段,要求运动员对自身动作要形成一个清晰的认识和正确的理解,这是协调性发展的基础。在此基础之上,制定进一步发展的训练计划和训练任务。在协调素质训练的初级阶段,强调运动员要靠视觉和听觉进行信息的获取和识别,并基于这些感官系统的识别而理解动作。在此阶段,其他感官还不具备高度准确地识别信息的能力,因此,运动员该阶段的水平也被视为粗糙的协调性。

2. 优秀的协调性

当运动员掌握了凭借视觉和听觉对各项信息进行获取和识别的能力之后,开始进入下一个阶段的训练。在这一阶段,运动员逐渐不再依赖视听感觉器官,而本体感受器、接触感受器以及深度感受器被频繁运用,在运用这些感受器的同时,在反馈链机制原理的指导下进行动作技能锻炼,从而提高动作效率,同时对不必要动作的产生起到预防的效果。

3. 高级的协调性

经过不断的练习,运动员的动作程序逐渐向着自动化发展,而且几乎没有了多余的动作,体现为技术动作十分流畅协调,即使外界环境复杂多变,运动员也不会轻易受到干扰,仍然能做到高标准、高质量地完成动作。

第七章　竞技体育后备人才的灵敏与协调素质训练与方法

（三）协调素质训练的基础

1.平衡和底部支撑

（1）平衡能力

协调素质的发展需要建立在一定的平衡能力之上。在有支撑的情况下使身体重心保持稳定的能力就是平衡。平衡是协调素质的重要组成部分，对运动技能的发展具有重要影响。首先，人体在运动时，在各种动作的进行和身体姿势的变化中，身体的平衡点始终能让身体保持平衡的状态。这个平衡点也被称为身体中心，需要指出的是，男性与女性的身体中心不同，但都在身体内部且一般不会发生变化。但身体中心和重心是有区别的，重心是起伏变化的，如在运动过程中，身体的重心也在不停地发生变化，甚至有时重心位于身体的外部。运动的产生就是重心偏离中心或者重心与中心不在同一点的结果。

平衡又分为静态平衡和动态平衡两种类型。一般来说，人们把身体内部区的平衡称为静态平衡，如站立不动就是一种静态平衡状态，维持站立的静态平衡也离不开特定的神经肌肉活动，平衡的保持或失衡主要看平衡阈这个临界点。动态平衡是指人体在运动状态下和有支撑的情况下使身体中心得以保持的能力，动态平衡是运动的本质。在动态平衡状态下，运动员对平衡阈的运用情况影响着运动的流畅性，如果运用有效，则通过对临界点的推动而运动，运动的灵活性与流畅性也会提高。良好的动态平衡能力对提高运动员的协调性、灵敏性以及整体运动表现能力具有非常重要的意义。

（2）底部支撑

运动员完成技术动作时要保持合理的身体角度，这就需要底部支撑十分牢固。要想保持合理的身体角度，运动员需要正确处理身体各部位之间的关系，从而实现对平衡的有效控制。当受到外界的干扰，即底部支撑受到外力的威胁时，此时运动员能保持身体角度的均衡就显得尤其重要。比如，篮球运动员在比赛中有大量的移动和各种对抗姿势，这都需要利用合理的身体角度的配合，来完成高质量的动作。

2.脚与地面的相互作用

在大部分运动中，运动员都是靠脚部支撑身体的重量并完成动作，因此脚与地面的相互作用就显得非常重要。

无论是协调素质的训练活动，还是在正式的比赛中，很多动作都需要通过脚踝背曲或脚趾上翘向胫骨移动才能完成。脚踝背曲是在提膝时自动形成的一个姿势，该姿势有助于使腿部随时准备好重新向后加速，然后在运动链系统中完成前脚掌与地面之间的力量传递。另外，前脚掌发挥着支撑体重的作用，而后脚主要对身体的移动起到推动作用，这样运动员的前脚或者说是脚内侧承受体重重量，从而快速完成移动、切入等动作。运动员前脚提起，后脚被拖动，当转变为动态移动时，同样适合采用这种移动技能。

3. 身体姿势

运动员在运动中的身体姿势也是影响协调性的因素之一。运动员的身体姿势与运动类型以及运动形式高度相关，静态身体姿势的正确启动方法为臀部向后坐，腰部稍前倾，胸、肩在膝上方，身体重心由前脚掌支撑，躯干平行于胫骨。实践证明，这种身体姿势的平衡性和稳定性很强，而且非常有力，能够使身体各部位与地面保持恰当的角度。

4. 反应能力

在动态运动过程中，既能锻炼协调能力，也能提高人体的反应能力。也就是说，协调与反应具有强相关的关系。反应能力主要取决于机体感觉器官获取与处理信息的能力，以及运动员的智力水平和思辨能力。

5. 快速起动

训练协调素质还需要对运动员的快速启动能力有所要求。要快速迈出第一步，首先要保持正确的身体姿势、合理的身体角度以及身体重心的平衡，从而产生预期的推力，使运动员顺利、快速地完成既定动作。一般的，反应快、距离短是快速起动中迈第一步的要点和注意事项。

6. 加速和减速

在运动过程中，伴随着无数个加速和减速的环节，这同样是训练协调素质的重要内容。其中，上、下肢的爆发力是提高加速能力的重要条件，而减速能力对运动员的相对力量提出了较高的要求。

7.变向能力

在做各种移动动作时,变化方向伴随着移动速度的调整,有时要加速,有时要减速,在不同的方向上做相同的移动动作,要注意前后的衔接,在变向中也可以改变移动方式,综合练习不同的移动技术。

第二节　灵敏与协调素质训练手段与方法

一、灵敏素质训练

（一）徒手训练法

徒手训练法是指无需其他工具,仅靠运动员自身各部位的配合运动而进行灵敏素质训练的方法。徒手训练有单人训练,也有双人训练。

1.单人训练

（1）正踢腿转体

一腿支撑站立不动,另一侧腿从下向前上方踢起至最高点时,以支撑腿为轴向后转体180°。两腿交替进行。

注意事项：踢腿时,应两腿伸直,上踢快,下落轻,上踢至距离前额30厘米以内时方可做转体动作。练习3组,每组20次。

（2）腾空飞脚

右脚上步,左脚向前摆踢,右脚蹬地跃起身体腾空,右脚向前上方弹踢,脚面绷直,脚尖向下。

注意事项：右腿在空中弹踢时，腾起高度要高，左腿在击响的一瞬间，收控于右腿侧；在空中上体要直，微向前倾。练习20次。

（3）旋风腿

开步站立，两腿稍微弯曲，两臂向身体右（左）斜下方平行伸出，此时左脚由左侧迅速提起向上高摆，上体左转，两臂上摆，右脚蹬地腾空。上体从左后前方围绕身体的垂直轴旋转一周。右腿上摆后由外侧随旋转大腿内收向里摆动。左手于体前上方拍击右脚底，然后落地。

注意事项：右脚蹬地时要迅速，右腿伸直后腾空。练习5组，每组3次。

（4）后扫腿

左脚向前上步，左腿屈膝半蹲，右腿把膝伸直呈弓步。左脚尖内扣，左腿屈膝全蹲，同时上体右转并前俯，两手随身体右转在右腿内侧撑地，右手在前。随着两手撑地，上体向右后拧转的惯性力量以左脚前脚掌为轴，右脚贴地面向后扫转一周。

注意事项：整个动作过程迅速连贯，左右腿交替练习，共练习4组，每组10次。另外，也可做前扫腿练习。

（5）快速移动跑

运动员双腿站立，两眼注视指挥手势或判断信号。当运动员听到信号或看到手势后，按照指挥方向进行前、后、左、右快速变换跑动。一般发出指令的间隔时间不超过2秒。

注意事项：反应迅速、判断准确，变换起跑快；每组15秒，共练习3组。

（6）越障碍跑

面对跑道站立（在跑道上设立多种障碍）。听到"开始"信号后，运动员通过跑、跳、绕各种动作，越过障碍物体，并跑完全程，可采用计时的方式进行练习。

注意事项：快速、灵巧地通过障碍物体。练习2~3组。

（7）弓箭步转体

由左弓箭步姿势开始，两臂自然位于体侧。听到"开始"信号后，运动员两脚蹬地跳起，身体向左转180°成右弓箭步姿势，有节奏地交替进行。采用计时记数均可。

注意事项：转体动作幅度要大而且快。跳起稍腾空，转体到位；连续跳转10秒/组，共练习3组。

（8）立卧撑跳转体

由站立或蹲立姿势开始。听到"开始"信号后，运动员完成一次立卧撑动

第七章 竞技体育后备人才的灵敏与协调素质训练与方法

作,即刻接原地跳转180°。计30秒内完成动作的次数。

注意事项:动作正确、迅速、衔接连贯;每组练习30秒,共练习3组。

(9)原地团身跳

由站立姿势开始。听到"开始"信号后,运动员原地双脚向上跃起,腾空后两腿迅速团身收紧,接着下落还原站立姿势。连续进行团身跳。采用计时记数均可。

注意事项:跳跃连贯,腾空明显、团身紧;下落后稍蹲,缓冲下落速度。持续练习5次/组,共练习3~5组。

(10)退跑变疾跑

由蹲距式起跑开始。听到"开始"信号后,运动员迅速转体180°快速后退跑5米,接着再转体180°向前疾跑5米。

注意事项:变换动作速度快;计时进行练习,重复3~5次。

(11)前、后滑跳移动

站立姿势,两脚前后开立,上体稍前倾,两腿微屈,两臂垂于体侧。听到"开始"信号后,运动员目视手势而移动身体,前滑跳时,后脚向后蹬地,前脚向前跨出,身体随即向前移动;当前脚落地后迅速蹬地,后脚向后跳,身体随之向后移动。前、后滑跳移动也可以采用左、右滑跳的方式进行练习。

注意事项:前后移动幅度适中,保持水平移动;持续练习30秒/组,共练习2~4组。

2.双人训练

(1)模仿跑

2人一组,前后站立,间隔3米。听到"开始"信号后,前者在跑动中做出变向、急停、转身、跳跃等不同动作变换的练习,后者则模仿前者在跑动中做出相同的动作变换。

注意事项:注意力集中,要时刻随前者的动作变化而变化,动作协调、有节奏;每组练习持续15秒,间隔30秒,共练习4组。

(2)手触膝

2人一组,相对站立。听到"开始"信号后,双方在移动中伺机用手触对方膝盖部位。身体素质良好者可采用一些鱼跃、前扑等动作。在一定时间内触膝次数多者为胜。

注意事项:积极主动进攻对方;每组练习持续20秒,间歇20秒,共练习

4～5组。

（3）躲闪摸肩

2人站在直径为2.5米的圆圈内。听到"开始"信号后，运动员在规定的圈内跑动做一对一巧妙拍摸对方左肩的练习。

注意事项：记录30秒内拍中对方肩的次数，重复2～3组。

（4）过人

画一个直径为3米的圆圈，在圆圈内2人各站半圈。听到"开始"信号后，一人防守，一人设法利用晃动、躲闪等假动作摆脱防守者进入对方的防区。交替进行。

注意事项：练习中，不准拉人、撞人。每组持续练习20秒，共练习4～6组。

（5）障碍追逐

2人一组，前后站立。听到"开始"信号后，运动员利用障碍物进行一对一追逐游戏，追上对方并用手触到身体任何部位，即刻交换进行。

注意事项：充分利用障碍物做出躲闪、转身等动作并快速跑动；每组持续练习20秒，间歇20秒，共练习5～6组。

（二）器械训练法

器械训练法即通过运用一些运动器械来提高灵敏素质的方法，包括单人训练和双人训练两类。

1.单人训练

灵敏素质的单人器械训练，一般常用的有篮球、足球、排球等，还有单双杠、肋木、栏架等。总之，教练应利用现有条件下各种训练器械，灵活安排训练内容，以提高运动员的灵敏素质。

2.双人训练

双人训练包括各种球类训练，以及跳跃障碍、顶球接前滚翻等训练。不同于单人训练的是，它是由两个人合作进行训练。下面介绍几种较为容易的训练动作：

第七章 竞技体育后备人才的灵敏与协调素质训练与方法

（1）扑球

两人一组，相对站立。一人抛球一人接球，抛球人将球抛向对方体侧，对方可利用侧垫步、交叉垫步或交叉步起跳扑向球，并用手接住球。两人交替进行练习。

注意事项：逐渐加快抛球速度，判断准确、主动接球。

（2）跳起踢球

两人相对而立，间隔15米。一人抛球至另一人体前或体侧方，对方快速跳起用脚准确踢球。交替进行练习。

注意事项：抛球到位，踢球准确；持续练习15次／组，重复练习2~3组。

（3）接球滚翻

两人一组，一人坐在垫上（接球），另一人面对站立（传球）。坐在垫上，接不同方向和速度的来球。当接到左、右两侧的球后做接球侧滚动；接到正面的球后做接球后滚翻。交替进行练习。

注意事项：传球到位，接球滚翻动作要协调、迅速；每组持续练习30秒，重复练习2~3组。

（三）组合训练法

组合训练法包括两个动作组合、三个动作组合和多个动作组合法。其基于一定的训练目标，以及运动员当前的素质水平，教练往往会设计和选择不同的组合方式进行训练安排。随着训练的推进，可以随时改变组合类型，以满足运动员的发展需要。

1.两个动作组合法

两个动作组合法主要有：交叉步接后退步、前踢腿跑接后撩腿跑、立卧撑接原地高频跑、前滚翻接挺身跳转180°或360°、侧手翻接前滚翻、后踢腿跑接圆圈跑、俯卧膝触胸接躲闪跑、坐撑举腿接俯撑起跑、转体俯卧接膝触胸、变换跳转髋接交叉步跑、盘腿坐接后滚翻等。

2.三个动作组合法

三个动作组合主要有：立卧撑→原地高频跑→跑圆圈，交叉步→侧跨步→滑步，腾空飞脚→侧手翻→前滚翻，滑跳→交叉步跑→转身滑步跑，转髋→过肋木→前滚翻，旋风脚→侧手翻→前滚翻。

3.多个动作组合法

多个动作组合法主要有：跨栏架→钻栏架→跳栏架→滚翻，后滚翻转体180°→前滚翻→头手倒立前滚翻→挺身跳，分腿跳→后退跑→鱼跃前滚翻→立卧撑，倒立前滚翻→单肩滚翻→侧滚→跪跳起，腾空飞脚→旋子→前滚翻→乌龙绞柱，跨栏→钻栏→跳栏→滚翻，悬垂摆动→双杠跳下→钻山羊→走平衡木，摆腿→后退跑→鱼跃前滚翻→立卧撑等。

（四）游戏训练法

灵敏素质训练中有大量的方法都是游戏训练法，如各种应答性游戏、集体游戏、追逐性游戏等。游戏训练法的优势是可以降低运动员的紧张情绪，可以在愉悦的心情下开展训练，其训练效果也往往比非游戏训练要好很多。

1.形影不离

甲乙两人一组，并肩站立。甲方站在右侧可以自由变换位置和方向，站在左侧的乙方必须紧随其后，跟进并保持站到甲方右侧位置。

注意事项：甲方要求随机应变，乙方必须迅速准确地移动。

2.跳山羊接力

把运动员平均分成甲乙两组，分别站在距山羊5米的起跑线上；听到"开始"信号后，每组第一人助跑分腿跳过山羊，落地后，转体180°，再从山羊底下钻出跑回击第二人的手掌，第二人与第一人动作相同，并以此类推进行。

注意事项：必须以单跳双落的动作起跳、落地，身体钻越山羊时不能碰器械。

3.蛇头吃蛇尾

运动员排成单行，用手抓住前面人的腰部；听到"开始"信号后，排头也就

第七章　竞技体育后备人才的灵敏与协调素质训练与方法

是蛇头，要努力地去捉排尾的人，而后半部分人则要努力地帮助排尾的人，不让蛇头捉到。

注意事项：队伍不能被拉断或拉散；排头触到排尾时，即刻更换排头和排尾，重新开始游戏。

4.照着样子做

两人一组，其中一人做站立或活动中的各种动作，并不断更换花样，另一人必须重复前者的动作。

注意事项：要求领做者随意发挥，照做者必须模仿逼真。

5.互相拍肩

两人一组，相对1米左右站立，脚不能动，要想方设法拍到对方的肩膀，但又要防止对方拍到自己的肩膀。被拍到肩膀者为输。

注意事项：要求伺机而动，身手敏捷。

6.横扫千军

横扫千军可以发展弹跳力和反应能力，提高灵敏素质和协调素质。

将运动员分成若干组，每组画一个圆圈，分别站在圆圈线上，每组选一人，手持绳索站在圆圈中心做好准备。游戏开始，持绳索者抡动绳索做圆周运动，横扫圈上运动员的膝盖以下部位；当绳索经过运动员脚下时，运动员应立即跳起躲避绳索，如被绳索击中为失败，须与抡绳索者交换，游戏继续进行（如图7-1）。

注意事项：绳索被抡动时，头端不应高于运动员膝部；圈上运动员不得用后退、跨越的方法躲避绳索；被绳索触及膝部以下部位即为失败。

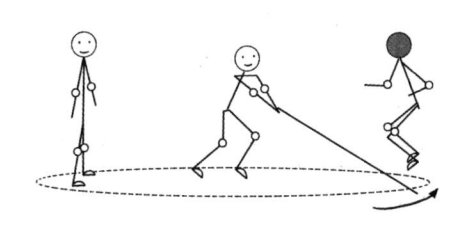

图7-1　横扫千军

7. 点爆竹

点爆竹可以提高运动员的兴奋性，集中注意力，发展灵敏素质和协调素质。

组织运动员站成一个圆圈，一名运动员右臂前平举、食指伸出，站在圆圈中间作"点炮人"。游戏开始，"点炮人"口中发出"呲……"的声音，同时沿顺（逆）时针转动表示爆竹已点燃，然后突然停止在任意一名运动员面前，并以右手指着对方。此时被指点的运动员应马上发出"砰"的声音表示炮已爆炸，而站其右侧的人应立即用左手掩耳发出"叭"的声音表示回声，站其左侧的人应立即用右手掩耳发出"哎哟"的声音表示吓一跳。凡动作和声音发出不及时者为失败，应与"点爆竹"人互换。

注意事项：声音和动作应同时进行，若脱节则为失败。被指人发出"砰"，右侧人发出"叭"，左侧人发出"哎哟"，顺序颠倒判为失败。"点爆竹"人手势应果断、准确。

8. 跳长绳

跳长绳可以发展运动员的灵敏素质、协调素质和跳跃能力，培养同伴间的团结协作精神。

将运动员分成两组，每组先选出两名运动员摇绳，其他运动员陆续全部进入绳中，并连续跳绳，跳绳停摇为一局，每局以进入跳绳人数多或全部进入后跳绳次数多者为本局胜方，得1分，最后以积分多的组为胜。

注意事项：跳绳方法不限；跳绳被绊住时，由绊绳者接替摇绳者继续摇绳。

9. 闯三关

闯三关可以发展灵敏素质，培养运动员果断的精神及目测能力。

运动员每两人一组，成二路纵队站立，选出三对摇绳者，保持一定间隔，按同一节奏摇绳。游戏开始，同组两人手拉手跑过三根摇动的长绳，顺利通过三关者为胜。碰绳者与摇绳人互换。

注意事项：摇绳人不得任意变换摇绳的速度；运动员必须尽快地闯过三关。

训练中，可以增加练习难度，如一人持绳跳绳做边跑边闯关或结合篮球、足球项目做一边运球一边闯关练习，也可以采用多人手拉手闯关跑。

10. 抛球换位

抛球换位可以发展运动员的灵敏素质与耐力素质，提高动作速度。

第七章 竞技体育后备人才的灵敏与协调素质训练与方法

5~8人一组，共三组，分别成纵队面向三角形站在三个圆圈外，排头持球站在顶点上。游戏开始，各组排头听口令同时将球垂直向上用力抛起，随即按逆时针方向跑动换位去接右方一组排头抛起的球，排头接球后交给身后第二人抛球，并站到该组排尾，依此类推，每人抛接数次后结束。

注意事项：抛出的球必须在三角形的顶点上方，尽量垂直，左右摆动幅度不得超过0.5米，且须具有一定高度。

11.叫号垫球

叫号垫球可以发展运动员的灵敏素质，提高反应能力。

6~10人站在圆圈上，按顺序报数，记住自己的号码，另两人在圆圈内。游戏开始，圆圈内两人相互垫球，对垫数次后，其中一垫球者突然叫一个号，并将球垫起，这时与其对垫者迅速离开，被叫到号者立即进圈在球落地前将球垫起，原该位置垫球者代替被叫号者站到圈上，并顶替原位的号码，如此反复进行。

注意事项：叫号应在该次垫球同时，不能垫起球再喊号；叫号后垫球高度不应低于3米；叫到号而没垫起球者罚做俯卧撑5次。

12.运球绕障碍物

运球绕障碍物可以发展运动员的灵敏与耐力素质，提高运球和控球能力。

在场地上摆放好若干呈波浪形排列的障碍物，并且使其两两之间保持5米的距离。练习开始时，将运动员分成两组，各组排头运球前进，沿线绕过每个障碍物，最后运球返回，将球交给本组排二，自己站到排尾。依次轮流进行至全组完成，以最先完成的组为胜（图7-2）。

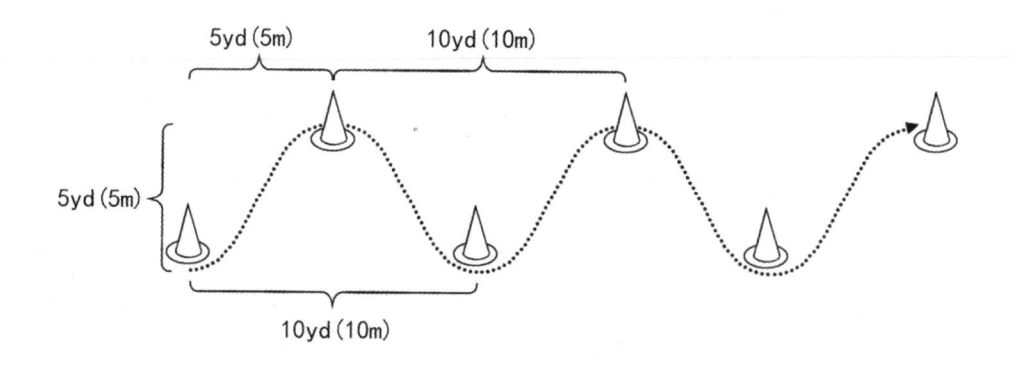

图7-2 运球绕障碍物

注意事项：运球绕障碍物时不得触及和碰倒障碍物，否则重做；交接球时不得踢传，接球者接到球后才能越过起点线，否则应退回重做。

13.依次击球

依次击球可以发展运动员的灵敏素质，提高脚的移动速度和击球技术。

运动员顺序报数，并按奇偶数分站在球台两侧。游戏开始，1号队员发球击第一板，然后迅速站到偶数队队尾；2号队员接1号的发球击出第二板后站到奇数队队尾；3号队员击第三板后站到偶数队队尾……如此循环轮换在两边球台击球进行游戏，10分钟内，以个人失误多少排定名次，失误少者列前。

注意事项：必须轮换击球，按乒乓球比赛规则进行游戏；接球时不能发力攻球，否则算失误。

14.大渔网

发展运动员的灵敏素质和奔跑能力，培养运动员应变能力和合作精神。

根据游戏人数划定一个长方形的"鱼塘"，从运动员中选出4~6人做捕鱼人，其余人做鱼分散在池塘内。游戏开始，捕鱼人手拉手组成网去捕鱼，被围住的鱼就算被捉住了，被捉后，立即变成捕鱼人，手拉手组成更大的渔网。直到把所有的鱼全部捕完，或剩少数鱼时为止。

注意事项：鱼不能跑出池塘，而且被"捕"后不能用力冲破渔网，但可趁机从空隙中钻出去。捕鱼人不能拉人、推人。如果在运动中捕鱼人的手松开，就视为渔网破了，此时鱼可以自由跑出。

15.穿针引线

发展运动员的灵敏素质、协调素质，培养探究精神与团队合作意识。

将运动员按性别分为人数相等的4~6组（每组10人左右），每组运动员面向教练拉手排成直线，相邻两组之间距离5米左右，规定排头运动员为"针"，其余运动员为"线"。游戏开始后，接着带领相邻队员一起从第三位队员腋下穿过，依次进行，哪一个小组最先完成游戏并且"线"不断为胜。

注意事项：在游戏过程中，哪个小组成员的拉手有断开，必须重新开始游戏。做"线"的运动员要注意翻手和转身，并且紧跟着做"针"的运动员跑动。

16. 共闯难关

发展运动员的灵敏素质和合作精神。

将运动员分为人数相等的4个小组，每组运动员手拉手组成圆形，每组领取呼啦圈一个，悬挂于任意一名运动员的右胳膊上，游戏开始，该名运动员右边的队员钻过呼啦圈，依次进行，顺利完成游戏并用时最少的小组为胜。要求运动员必须用身体穿越呼啦圈，不可以借用手完成游戏，而且游戏过程中不可以松手，如果有松手的情况，所在小组必须重新开始游戏。

17. 翻山越岭

发展运动员身体的灵敏素质、协调素质，以及彼此配合合作的能力。

将运动员分为人数相等的4～6个小组（每组人数10人左右），每小组运动员成纵队站立，两个运动员前后距离一臂左右，组与组之间的距离1米左右。游戏开始后，排尾依次穿越（S形穿越）前面队员，最后成排头，后面运动员依次进行，最先完成游戏的小组为胜。要求游戏必须从排尾开始，后面运动员必须等前一名运动员成为排头才可以出发；每名运动员必须"S形"穿越每一个同学。

二、协调素质训练

（一）徒手训练法

1. 各种跑

通过各种跑步的练习可以促进身体各部位之间协调能力的提高。

在教练的口令下，进行不同步伐、不同方向的跑步练习，跑步中还可以随时增加一些额外的动作，如交叉步后退、跑步中旋转180°后做投篮动作后继续原路线跑、跑步中增加踢腿动作等。

注意事项：跑步中注意步伐、方向的变化。随着训练的进行，教练可增加新的环节以提高训练难度。

2. 前滚翻

促进躯干与四肢相互协调素质的提高。

练习时，运动员首先做好蹲撑准备，向前移动身体重心，向后下方蹬腿离地，手臂弯曲、头低下、臀部抬起，头后部着地接着两手撑地，经后脑、背、腰、臀依次滚动，背部在地面上时，腹部收紧，膝盖弯曲，迅速团身抱腿。

注意事项：动作要连贯、流畅，中间不能有卡顿。

3. 后滚翻

促进躯干与四肢的协调素质的提高。

运动员做好蹲撑准备，稍向前移动身体，团身后滚，臀、腰、背向后依次着地，然后快速弯曲手臂，肘部抬起，手腕翻转放在肩上，头部着地时手撑地翻转回到蹲撑的准备姿势。

注意事项：动作要连贯，一气呵成。

4. 单足跳

可提升双腿交替跳跃的协调素质。

还是在原来画好的木梯图形上练习，教练指定新的跳跃路线，要求每次只能单脚落地，行进中两腿交替起跳，为增加难度和训练效果，可规定腿上抬的高度，中间不能停留，否则重新开始游戏。同样计时比赛，用时最短的小组获胜（如图7-3所示）。

注意事项：跳跃时注意呼吸的配合；有时交替跳跃时需要向对侧跳，应注意安全。

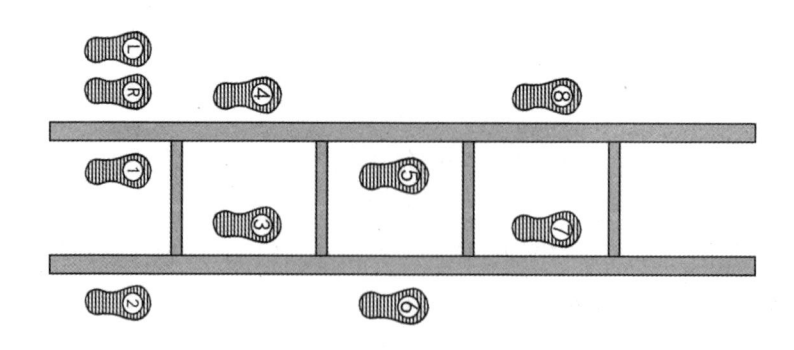

图7-3 单足跳

5. 肩绕环

该练习可发展上肢的协调素质。

两脚左右分开，手臂充分向上伸展，手背向外；两臂分别向不同方向做绕环运动。双臂绕环方向交替练习。

6. 单足跳与前摆

可促进腿部协调素质的发展。

在上述练习的基础上加上前摆动作，单腿抬起后向前摆动，两腿交替进行起跳加上前摆的练习。

注意事项：尽可能将腿抬到自己的最大高度。

7. 弹簧走

促进身体协调素质的提高。

重复做短距离的"弹簧步"练习。

注意事项：练习中以前脚掌着地，注意踝关节要尽量伸展，动作幅度尽可能大一些。

8. 蹬山走

促进身体协调素质的提高。

轻快地蹬山走，距离20米，练习中由脚尖着地过渡到脚跟着地，左、右踝关节连续伸展。反复练习。

注意事项：膝关节稍屈以缓冲冲击力。

9. 交叉跳绳

促进身体整体平衡能力与协调素质的提高。

在正常跳绳的基础上两手交叉摇绳，每摇一两次，单足或双足跳长绳一次。

注意事项：尽量保持自己的最快跳绳速度，逐渐增加每跳摇绳的次数。

10. 双人跳绳

提高运动员之间的相互合作与协调素质。

两人摇绳，两人手拉手在绳子摇到最低点时同时跳起，跳3~5次后快速跑出。熟练后可增加难度，比如摇双绳双人跳等。

注意事项：跳绳的两个人动作要保持同步。

11. 身体不协调动作组合练习
提高全身综合协调素质。
上左步时左手上举，上右步时右手上举，右步后退右手叉腰，左步后退左手叉腰，变换动作节奏。
注意事项：动作要尽量地连贯，并保持节奏感。

（二）游戏训练法

1. 鲤鱼跃龙门
该练习可以有效提高整体的协调素质。
分组进行，在规定的时间内完成跃龙门次数最多的小组获胜。游戏开始时，准备姿势是屈膝半蹲，两臂向后举，做好准备后向前摆动两臂，两脚蹬地跳起，身体腾空，腿和臀在同一水平高度。接着向前伸展两臂着地，手臂弯曲，低头做前滚翻。
注意事项：腿蹬地起跳后腰部肌肉收缩保持适度紧张。

2. 镜像模仿
该游戏可以促进四肢协调能力的提升，以及增强运动员的反应能力。
教练徒手做一套操类运动，或者采用多媒体的方式播放一段视频动作，要求运动员同时做与教练或视频中，动作相同，只是方向相反的一套操。还可以增加难度，男女运动员同时进行。在教练做示范的同时，安排另一名助教在旁边做另一套动作相近但不同的操类运动。要求男性运动员做与教练相反的方向，女性运动员做与助教相反的方向。
注意事项：可增加组合变化来提高练习难度，但是难度不要太大以至于超出运动员的能力水平，这样反而降低了训练效果。

3. 捉跳蚤
该游戏可促进运动员在跳跃运动中协调素质的提高。

第七章　竞技体育后备人才的灵敏与协调素质训练与方法

分组练习。首先教练在场地画一个木梯图案，然后要求运动员双脚并拢站立，然后听口令按照指定的路线跳跃，两臂充分向上摆动同时两脚蹬地起跳，连续练习，做向上跳、左右跳、前后跳、跳起转身等交替练习，中间不能停顿，如果停顿或者摔倒，则该名运动员重新起跳。当第一名运动员跳完最后的步骤之后，第二名运动员立即跟上。最后用时最短的小组获胜（如图7-4所示）。

注意事项：既要保证跳跃的速度，也要注意安全，落地时要有意识地缓冲与保护。

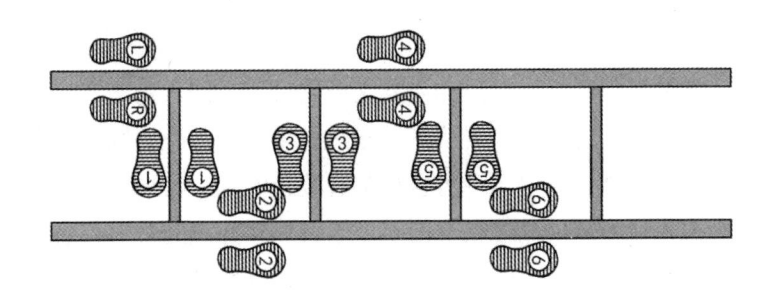

图7-4　捉跳蚤

4.龙头捉龙尾

提高身体灵敏素质和协调能力。

将运动员分成人数相等的两队，纵队站好后，后面的队员抱住前面队员的腰，组成两条"龙"。游戏开始，龙头分别去捉对方的龙尾。每捉到1次得1分，得分多的队为胜。

注意事项：组成龙的人不得松手，且不得阻挡对方的行动。

第三节　竞技体育后备人才灵敏与协调素质训练一点通

一、后备人才灵敏和协调素质训练的重要性

青少年儿童期是发展灵敏素质和协调素质的重要时期。对于竞技体育后备人才而言，他们在这一阶段身体发育快速，是进行全方位体能训练的黄金时期。除了速度素质的训练之外，力量与耐力素质都有较长的发展窗口期，在青少年时期还未达到耐力或力量发展的高峰期，但是由于青少年儿童的骨骼、肌肉等组织此时具有非常好的柔韧性，且身体的脂肪占比较少，这些都是发展灵敏和协调素质的有利条件。因此，在培养竞技体育后备人才的过程中，要重点关注对他们的灵敏素质和协调素质的发展。这些对日后发展专项体能都将具有显著的促进作用。

二、后备人才进行灵敏和协调素质训练的要点

（一）后备人才灵敏素质训练的要点

1.训练手段尽量多样化

发展后备人才的灵敏素质，应同时注意到他们的年龄特征和身体特征，并根据这些特殊性开展训练活动。竞技体育后备人才正处于青少年儿童期，他们在生理和心理上都尚未发育完全，其自律能力和情绪管理能力都有待提高。此时，需要教练及时给出指导，并根据训练的实际进展情况灵活调整。青少年儿童的特点

是对新鲜事物充满好奇，容易分散注意力。如果训练手段过于枯燥乏味，他们很快便会产生倦怠的心理，这显然不利于训练活动的开展。因此，教练应尽量做到训练手段的多样化，以保证后备人才的训练热情和积极性，从而保证训练的有效进行。在具体训练过程中，可以采用以下几种手段进行训练：

（1）可以采用快速变向跑、躲闪、突然起跑等训练，各种快速急停和迅速转体的练习，让运动者在跑跳的过程中迅速、准确、协调地完成各种动作。

（2）采用各种调整身体方位的练习和专门设计的复杂多变的练习，如利用体操器械练习各种较复杂的动作，以及采用穿梭跑、躲闪跑和立卧撑等相互结合进行训练。

（3）采用不同信号反应练习和各种变换方向的追逐性游戏。

2.消除紧张的心理状态

在体能训练中，还要注意观察后备人才的精神和情绪状态。因为人的情绪和心理状态对灵敏素质会产生直接的影响。当人体处于紧张情绪时，会导致神经不敏感，肌肉反应迟缓，动作的灵敏性也随之下降，从而影响训练效果。因此，在进行灵敏素质训练时，教练应尽量营造轻松愉快的训练氛围，强调训练过程，而非训练结果，从而让运动员在没有任何压力的状态下进行训练，这样有助于提高运动员的训练积极性，也有助于训练效果的提高。

（二）后备人才协调素质训练的要点

协调素质是人体运动素质的综合体现，它建立在其他多项运动素质之上。对于竞技体育后备人才而言，协调素质的发展和提高是一个较为长期的过程，因此，最重要的一点就是不能急于求成、揠苗助长。

协调素质的发展分为三个不同的阶段，这些都与身体发育的成熟程度密切相关。对于竞技体育后备人才来说，对他们的协调素质训练主要集中在初级阶段，即只要掌握了粗糙的协调能力就基本达到标准。对于那些在协调能力方面表现得特别突出的年轻运动员，教练应该因材施教，及时给予特殊的关注和训练，使训练难度与他们的实际能力相符，从而让运动员的优势得到更好的发展。这对为国家挑选优异的竞技体育人才具有积极意义。

第八章

竞技体育后备人才专项体能训练探索

体能训练最终都要与专项结合才有实际意义。就目前世界竞技体育的发展趋势看来，有众多的体育项目已经发展得相当成熟，可以说竞技体育呈现出百花齐放的发展态势。本章将根据当前受众最广、影响力最大的一些项目进行专门的体能训练的科学方法的介绍，分别为田径后备人才专项体能训练、游泳后备人才专项体能训练、球类项目后备人才体能训练和其他专项后备人才体能训练。

第一节　田径后备人才专项体能训练

田径运动员素质训练的内容主要是发展与专项有密切关系且能够促进掌握专项技术和提高专项成绩的身体素质，并针对专项要求来发展运动员机体的各器官和系统机能，大力发展以力量、速度及耐力为主的专项素质以满足比赛的直接要求。专项体能训练的手段与专项的动作幅度、用力性质、用力顺序和紧张程序应一致或相似。

本节根据田径各项体能训练的特点分为竞走、短跑、中长跑和投掷四个部分进行说明。

一、竞走运动员的体能训练

竞走运动属于体能主导的周期耐力性运动，它的比赛距离普遍长于其他陆上速度竞赛项目，最常见的有5千米、10千米、20千米、50千米等几类。因此，竞走运动对运动员的专项耐力水平要求较高，由于运动时间长，易导致局部的严重疲劳反应。该项运动通过以髋部为支点的杠杆（双腿和双脚）运动和双臂摆动维持平衡来实现。在竞走比赛中，尤其是比赛的后程，正确的竞走技术动作依托于运动员的体能状况。竞走项目的运动特征为，要求运动员始终与地面保持接触，没有腾空动作，且以最大的速度向前迈进。另外，就是运动员的膝关节不得弯曲。

因此，运动员的腿部越长在比赛中就越具有优势。一般的，竞走运动员的形态特征都体现为身材修长、匀称，肩宽胸厚，骨盆较窄，足弓弯曲较大，跟腱明显，膝关节自然伸直，踝关节屈伸幅度大，小腿比大腿长，肌纤维细长、富有弹性。从竞走运动员的体型特征不难推断，他们的慢肌较为发达，身体的供能系统以有氧代谢供能和有氧-无氧混合供能为主。同时，他们的心肺功能非常强大，

第八章 竞技体育后备人才专项体能训练探索

因此能应对长时间的运动状态。

竞走运动是典型的周期性耐力项目，这一类运动的特点是，要求运动员能在一定强度的运动下保持长时间的持续、稳定的工作，需要运动员具有良好的有氧代谢能力和专项耐力。同时，竞走也是一项竞速运动，对运动员的速度素质要求很高，良好的耐力和速度，是竞走运动员的核心体能特征。该运动的另一特点是，运动员的肌肉力量要在长时间内发挥小量的用力，主要以耐力和力量相结合为特点，既要保证一定的步速，也要保证该步速能够坚持较长的时间，在必要的时候，比如终点冲刺时，可以用全力加速前进。否则的话，会出现随着距离的延长，在比赛后半程运动员的步幅会越来越减小，这显然对比赛是非常不利的。另外，竞走运动员的柔韧性和关节的灵活性也尤为重要，尤其是髋关节的灵活性，是保持步幅和专项技术的重要基础。

（一）力量训练

1. 一般力量

竞走运动员的一般力量训练，基本上是进行包括以腿部、腰部、髋部、腹部、背部为主的主要肌群的力量训练。除此之外，还有对臀部肌群、股二头肌肌群、小腿和足关节屈肌群、肩关节的主要肌群的训练。一般力量训练的主要目的是全面地、协调地训练全身主要肌群的力量素质，并且同时发展它们彼此之间的协调能力。

对竞走项目后备人才的初期训练，主要以慢跑为主，目的是发展他们的腿部力量耐力和核心的稳定能力，同时还会结合一些连续跳跃练习，同样可以达到发展腿部肌群的耐力的作用。比较常用的训练方法有连续单腿交换向上跳、连续跨步跳、连续蛙跳等，但是在训练过程中，应强调青少年的身体发展规律和特点，控制训练的强度和负荷，以免训练强度超过他们的身体承受能力。在训练设计上，应采取在适当负荷的前提下进行多次训练的原则。同时，发展腿部、核心、手臂的力量素质以及各个肌群的协调能力，然后通过综合力量练习来发展整体力量、速度力量耐力及协调能力。

由于儿童早期的发育特点，决定了其肌肉较为纤细，因此，力量素质发展较为滞后，那么在对他们进行力量训练时，应综合进行，切忌盲目大负荷地发展绝对力量。总之，对后备人才的一般力量训练，要把握好训练负荷的强度、训练负荷的密度以及训练的时间，并且在训练后要让运动员有充足的休息和调整时间，同时营养也要跟上，这样才能有效地促进其整体的力量素质有条不紊地得到发展和提高。

2.专项力量

由于竞走运动的特点就是要求运动员要连续地、快速地、长时间地进行以下肢为主的重复动作，因此，竞走运动员的下肢力量是训练的核心，即在全面发展力量素质的前提下，有针对性地加强运动员下肢肌群的力量耐力。同时，对腿和踝关节的支撑训练也是专项力量训练的组成部分。

对竞走运动员的力量训练，本质上要从发展他们的血液循环系统和呼吸系统的机能开始。因为，只有血液循环系统发展良好，并且身体各个组织、主要是肌肉的毛细血管发达且功能健全，那么机体对肌肉的营养输送就会十分顺畅，有利于训练效果的达成，而强大的呼吸系统可以保证机体的氧气供应，从而令运动员在运动过程中始终保持有氧代谢的正常运作。在对竞走项目后备人才发展力量素质的训练过程中，不宜采用过重的杠铃练习，而应在自然条件下发展运动员的力量耐力和支撑器官的功能。

需要强调的是，竞走运动员身体中枢部位（骨盆和躯干）的稳定性、关节稳定性、髋关节前后运动时的平衡能力、克服自身体重的力量等所涉及的练习手段均应加以重视，特别应把腰、背、臀部肌肉的发展和力量的提高作为重点。但是，在后备人才阶段，要以力量和协调能力的结合为训练基础。

竞走运动后备人才的力量训练，常常采取的训练如上坡走、山地起伏地段走、适当的跳跃练习（如两腿交换跳、跳绳）、负重摆臂等。竞走时，向前的动力主要由踝关节、趾关节、髋关节周围肌群收缩产生的水平推力提供，因此可加强支撑踝关节、趾关节、髋关节的伸屈力，这也是增加步频和步长的重要因素之一。

总之，在对竞走后备人才进行力量训练时，应加强腿部肌群的耐力训练，以及结合综合力量练习、协调能力练习的科学安排。其重复次数和组数应以运动员的年龄和机体代谢供能水平为重要的参考，不可揠苗助长，要保证运动员整体力量素质的协调发展。

（二）速度训练

竞走运动是一项竞速运动，因此，对运动员的速度训练也是体能训练的重要组成部分。尽管最终决定比赛成败的速度表现是由运动员最大速度结合战术安排实现的，但是，再好的战术也需要建立在过硬的速度基础之上，因此，要想取得比赛的胜利，运动员的速度素质才是关键因素。不过最大速度不是竞走项目的决定因素，因此，提高竞走运动员的速度必须与影响速度耐力水平提高的其他因素同时协调发展。单一地发展最大速度的训练并不是对竞走运动员提高成绩最有效的手段，因为即使运动员获得了较强的最大速度，但是当速度转化为速度耐力时，对成绩的影响并不显著。除了有氧代谢之外，竞走运动员还需要进行非乳酸无氧代谢供能的训练，以及糖酵解无氧代谢供能的训练。这两项机能的提高，将会明显促进运动员速度耐力水平的提高。

发展非乳酸无氧代谢供能的速度耐力是耐力项目的特殊需要，是在运动员机体处在一定量乳酸堆积的条件下发展运动员的最大速度。在实践中，教练往往会将最大速度的练习，安排在专项训练后运动员体内乳酸含量尚未恢复的时间段进行。如在长跑训练后，再安排200米左右距离的间歇跑。竞走运动员发展速度素质一般采用接近专项、短于专项的大强度的竞走练习，并强调发展运动员的动作速率和节奏感。另外，还可以以高频小步走和原地快速摆臂的形式进行练习，再有，连续做快速仰卧摆腿练习和各种加速走、坡度走练习都能提高非乳酸无氧代谢供能的速度耐力。

（三）耐力训练

肌肉长时间地持续工作是竞走项目的最大特点。耐力素质是竞走运动员的基本素质。耐力素质是基础，可直接反映出一名运动员能源物质贮存量的大小、有氧代谢能力的高低及运动器官抗疲劳能力的强弱。因此，发展耐力素质应放在首位，并贯彻训练始终。

1.一般耐力

一般耐力泛指运动员完成长时间工作的总体能力。在实践中，提高机体的心肺功能，即摄氧能力，以及循环系统，即氧的运输及利用能力，是发展机体一般耐力的关键。保持体内适宜的糖原及脂肪的储存量，提高肌肉、关节、韧带等支撑器官对长时间负荷的承受能力，以及加强心理素质等，都是发展后备人才一般耐力水平的重要途径。

竞走项目对运动员呼吸系统和心肺系统的机能要求较高。一般认为，长时间的单一练习既能发展机体的有氧代谢的能力，又能发展进行该项运动主要工作肌群及关节、韧带的工作耐力，而长时间变换内容的练习则减轻了局部运动装置的工作负荷，着重培养运动员有氧代谢的能力。小强度长时间是发展一般耐力训练的练习特点。

竞走运动员的一般耐力主要训练方法有以下几种：

（1）长时间的单一运动练习。

（2）持续走、跑。

（3）变换的运动练习。

（4）法特莱克、爬山、自行车、游泳等。

总之，发展竞走项目后备人才的一般耐力，可以借鉴中长跑项目的训练方法和手段，因为它们同属于周期耐力性项目，在一般耐力的训练方面，具有很多共性，因此在实践中常常采用相似或相同的训练方法。

2.专项耐力

竞走运动员的专项耐力主要取决于运动员有氧代谢能力、体内能源物质的储存、支撑运动器官承受长时间工作的能力以及运动员对疲劳的耐受程度等综合能力的体现。

（四）柔韧训练

发展竞走运动员的柔韧素质主要是提高运动员的肩、髋、膝、踝等关节的柔韧性和灵活性，适当增加身体围绕垂直轴转动的幅度，提高肌肉紧张和放松能力，以改善动作的协调均衡性，提高协调能力。一般以垫上或肋木的静力拉伸练习为主，训练的核心动作是在最大活动范围姿势下保持5~30秒。由于竞走和中长跑均为周期耐力性项目，体能训练方法手段也可借鉴中长跑训练部分。

二、短跑运动员的体能训练

短跑项目运动员的体能发展，主要是以速度能力为核心。由于比赛的成绩取决于运动员的反应速度、加速度和保持最大速度的能力以及技术的质量，因此在训练中，应集中对以上能力进行训练。在不同距离的项目中，四者的构成比例虽有不同但都是四种表现的完整结合。

和竞走运动员不同的是，短跑项目运动员在体能特征方面存在很大的差异。首先体现在身体形态上，短跑运动员的身高不等，有些修长，有些身高中等，身体匀称结实，肌肉发达且富有弹性，成束形，但是普遍的皮下脂肪较少，体重相对较大，小腿稍长于大腿，大小腿长度比最好小于95%。短跑运动员的踝围较小，跟腱较长，有利于踝关节的蹬伸。短跑运动员的臀部上翘，臀后骨盆的纵轴短，肌肉用力时发力集中，脚趾齐且较短，这有利于运动员在跑步的过程中减少做功，向前性好。但是跨栏运动员则普遍的下肢长与身高比大，大腿长与身高比小，这将有利于进行跨越动作的开展。

（一）力量训练

提高短跑项目运动员速度不仅要重复专项练习，而且要提高运动员的力量。肌肉力量的性质、状态直接影响专项素质。如肌肉最大力量与反应速度及加速跑相关；肌肉爆发力与加速跑和最大速度相关；肌肉力量耐力与后程速度相关。

1.速度力量的训练

速度力量与加速跑、最大速度跑的能力关系最为密切。在发展基本力量的同时，应着重发展速度力量。在力量和速度两个因素中，只要其中一个或两个因素提高，速度力量就会得到提高，实际上，训练中提高力量相对比提高速度容易。因此，提高速度力量的练习方法主要是采用发展力量的练习，在力量练习的同时应注意加快频率。

发展速度力量的练习方法如下：

（1）用最大速度做垂直跳30秒。

（2）单足跳30～50米。

（3）立定跳远、三级跳远、三级跳箱练习。

（4）单足跳下台阶；跳深练习等。

（5）快速小步跑、原地快速交换踏步、原地高抬腿跑等练习。

（6）高频度下坡跑、顺风跑、缩短步长跑练习。

（7）陆上划臂练习。

（8）减阻蹬踏练习等。

2.力量耐力的训练

力量耐力与终点跑保持速度能力关系最为密切，特别是200米、400米跑、400米栏的运动员。力量耐力兼有力量和耐力的双重特点，既要求肌肉具有较大的力量，又要求肌肉能够长时间地坚持工作。短跑项目不仅对运动员力量的大小有较高要求，对有氧代谢能力和能坚持长时间工作的经济实效的运动技术也有很高要求。通过力量耐力训练可提高运动员毛细血管和肌红蛋白的数量，改进运输氧的功能，提高无氧负荷的能力，从而延缓或减少速度下降的程度。

发展力量耐力常用方法有持续训练法、间歇训练法、循环训练法、重复训练法等。具体的训练手段如下：

（1）通过克服自身体重或负小重量的持续跑、跳跃等练习。

（2）不同距离的短距离跑练习。

（3）负重抗阻力练习，如负重弓箭步走、高抬腿弓步换腿跳、托重物跑和跳、沙滩背人走练习，以及各种跳跃练习，包括双脚跳、单脚跳、水平跳、垂直跳等，为了增加训练难度可以适当地增加负重进行跳跃练习，都是很好地发展运动员力量耐力的训练。

（二）速度训练

短跑项目运动员的速度训练主要包括反应速度、动作速度和移动速度。

1. 反应速度

短跑运动员的反应速度主要取决于运动员的感受器（视觉、听觉）、其他分析器的特征以及中枢神经系统与神经肌肉之间的协调关系。反应速度训练常用的方法有信号刺激法（即利用突然发出的信号提高运动员对简单信号的反应能力）和运动感觉法。

2. 动作速度

短跑运动员的动作速度主要受中枢神经系统兴奋与抑制的转换速度和神经-肌肉协调性的影响。提高动作速度常用的方法，基本上以借助外界助力达到控制运动员的动作速度的目的的训练方法。

3. 移动速度

短跑运动员移动速度主要取决于步长和步频，但并不完全取决于步长和步频的对应关系。全程的动作频率和动作幅度状况的改善以及二者之间的合理组合能保证运动员获得更快的移动速度。

（1）提高动作频率的途径有两种：
①提高中枢神经系统兴奋与抑制的转换速度。
②增强肌肉的收缩力量与放松能力。
（2）加大动作幅度的途径有三种：
①提高肌肉质量。
②改进动作技术。
③改善柔韧性。
（3）提高移动速度有两个基本途径：
①提高运动员力量。
②重复专项练习。

重复跑是提高移动速度最主要的手段。负荷强度采用90%~100%以上的大强度的各种形式跑或利用降低条件的重复跑训练使运动员机体动用ATP-CP能源物质，达到发展非乳酸供能的无氧能力。训练强度应是变化的，防止速度障碍。负荷量（持续时间）6~15秒左右。

练习重复次数可以多，但必须以不降低训练强度为原则，如4~5次，练习组数要视运动员的具体情况而定，水平高多些，水平低少些。间歇时间包括次间间歇和组间间歇，次间间歇一般包括短时间歇和长时间歇两种安排方式。短时间歇如跑步距离30~60米，间歇时间60秒左右，目的是发展ATP-CP供能，而长时间歇如跑步距离100~150米，间歇时间120秒以上，目的是保证机体ATP-CP能源物质通过休息得以恢复。一般的，组间间歇时间较长，大约在5分钟，目的是让机体充分休息后再进行下一组练习。

（三）耐力训练

短跑运动项目的特点，是要求运动员具有在缺氧条件下仍然以高速度持续跑完全程的能力，而如果短跑运动员仅仅速度素质较强，耐力素质却不足，那么就容易出现在比赛后程减速、步幅变小、步频减慢以及技术变形等现象，这将会严重影响短距离跑运动员的比赛成绩。因此，对短跑运动员进行耐力训练非常重要。

对短跑运动员进行耐力训练，其训练核心还是针对无氧糖发酵解供能系统的发展为基础。在选择训练方法时，一般采用负荷强度达80%~90%的负荷，训练心率为180~190次/分钟。其训练原则以单次的训练时间控制在1~2分钟，距离不宜过长，一般最常见的是控制在300~400米，但是和长跑项目的耐力训练不同，短跑的耐力训练无需重复太多次数，以3~4次为宜。重复组数的依据是，使运动员在最后一组也基本能保持所规定的负荷强度，一旦出现明显的速度下降，应该停止训练，让运动员进行休息。练习的重复组数应视运动员的训练水平而定，一般为2~5组。间歇时间安排有两种做法：一种是次间间歇时间以恒定不变，如每次练习之间休息4分钟；另一种是逐渐缩短次间间歇时间，采用这种方式可保持每次练习以后使体内乳酸堆积，达到较高值。这个较高值便可以成为下一次练习机体乳酸的起点值，并使下一次练习时乳酸达到更高的含量，从而达到训练的目的。

需要注意的是，由于这种安排方法练习密度大，运动疲劳深刻，训练时要谨慎。次间间歇时间为3~5分钟，以利于恢复。组间间歇时间一般要10~15分钟。

（四）柔韧和灵敏训练

短跑项目运动员的柔韧和灵敏素质对促进动作的准确性和合理性都非常重要，因此需要加强对柔韧和灵敏素质训练。只有具备一定的柔韧储备，才可以有效避免运动员因高速、高强度的奔跑而导致关节和韧带的松弛和变异，从而影响专项力量和技术发挥。

短距离跑运动员的柔韧和灵敏素质训练，一般采用以下几种方法：

（1）徒手体操，主要是针对腿部进行体操动作的训练，比如各种压腿、踢腿、摆腿和劈腿练习。

（2）武术基本功，中国武术中有很多发展身体柔韧和灵敏素质的训练方法。

（3）利用栏架做负重与不负重的向内、向外绕练习。

（4）做跨栏跑的各种练习。

（5）肩负杠铃的弓箭步走和连续弓箭步抓举。

（6）小腿负沙袋连续在栏侧做提拉起跨腿的练习等。

三、中长跑运动员的体能训练

中长跑项目是田径运动的重要组成部分，属于体能主导类的周期耐力项目，它的运动特征是运动距离长、运动时间长、运动强度为次最大强度类，对运动员的耐力水平要求较高，需要运动员进行长时间的、克服自身体重的重复性周期动作。

中长跑运动员的体型特征表现为身体较为健硕且修长，运动员的身高个体差异较大，有个子很高的长跑运动员，也有身高中等的长跑运动员，但是他们的身高普遍低于跳高运动员。中长跑运动员的下肢较长，尤其小腿细长，这样有助于前摆时跑出较大的步幅，对比赛较为有利；踝围较小，跟腱较长，人体肌肉收缩的作用力集中，有利于踝关节的蹬伸。另外，中长跑运动员的慢肌较为发达，因此整体上呈现出较为纤细的体型，且皮下脂肪很薄，这样他们的体重较轻、负重较低，对他们进行长时间的周期运动形成有利条件。

对中长跑后备人才的体能训练，主要强调发展运动员的糖酵解系统、有氧氧化系统、协调能力等。另外，速度耐力也是决定中长跑运动员竞技能力的最重要因素，应着重进行训练。在比赛中，运动员要保持高速奔跑的同时，科学控制自身的体能情况，并合理运用跑步技术和战术，而到了冲刺阶段，还要能调动其最大速度，因为比赛成败将在此一举，所以最大速度也是中长跑运动员要重点训练的内容之一。就目前中长跑项目的发展趋势而言，要求运动员的各项运动素质全面发展，无论是耐力、速度还是力量，都要重点训练。需要运动员在加强耐力素质的基础上，也要兼顾其他素质能力的提高。中长跑属于典型的耐力项目，因此对运动员的意志品质要求高。每一名优秀的中长跑运动员都具有强大的毅力品质，才能战胜比赛中对人体极限的挑战。

对于中长跑后备人才而言，在体能训练中不必过分强调耐力的程度，而是循序渐进地进行训练和发展，因为人体的耐力素质发展较为靠后，在初期不应大负荷地针对耐力进行训练，否则也许会出现事与愿违的情况。

（一）力量训练

中长跑运动员的力量训练包括最大力量、核心力量和力量耐力训练：最大力量的提高，有助于提高肌肉的爆发力，对起跑、尤其是终点冲刺具有重要意义；发展核心力量是保证运动员在长时间的重复运动中，能始终保持机体的稳定性，以及动作技术的稳定发挥；力量耐力是中长跑运动员的核心运动素质，是决定比赛成绩的关键因素。

在训练中，还要根据不同的专项而选择不同的训练手段。比如，马拉松运动员的力量训练只采用双手扶肋木进行自身重量的半蹲或全蹲，但是训练要重复多次，即以低负重、多组数为特点；5 000米、10 000米的中长跑运动员，需要使用杠铃进行半蹲训练；800米、1 500米运动员采用中等力量进行半蹲训练，重复次数适中。

总之，对于中长跑运动员而言，力量素质、尤其是下肢力量素质是训练的重点内容。在任何情况下，尤其是力量耐力是中长跑运动员的重要基础。因此，力量训练主要是力量耐力和支撑器官（肌肉、韧带、软组织、关节等）的训练。

（二）速度训练

一般情况下，发展速度的训练主要取决于让运动员以极限或接近极限的强度进行速度训练，但是该方法对于中长跑运动员却并不适用。因为，最大速度并不是他们的核心诉求，中长跑运动员的速度主要以速度耐力为核心。

在训练实践中，经常采用的方法是用85%~90%的负荷强度的练习交替进行，可以显著地提高运动员的速度表现。这样做的好处在于，一方面，可以避免单一训练方法给运动员带来倦怠感；另一方面，避免采用低强度的速度训练也可预防运动员速度障碍的出现。所以，中长跑运动员的速度训练一般采用极限强度和85%~90%的负荷强度进行训练。

然而，中长跑运动员的速度耐力才是他们的核心素质能力，可是，提高速度耐力仅仅提高速度未必见效，因为最大速度转化为耐力的比率很低，长时间的训练速度没有太大意义。因此，中长跑运动员发展速度耐力的主要途径是，发展机体的非乳酸无氧代谢能力和糖酵解无氧代谢能力。

（三）耐力训练

1.一般耐力

中长跑运动员发展一般耐力的训练手段与其他田径类运动员的训练手段基本一致，都是以提高人体的呼吸系统机能、心肺功能、有氧代谢机能为主要诉求，常用的方法就是持续训练法和法特莱克训练法。

（1）持续训练法

中等速度的跑步或游泳都是很好的训练手段，但是要注意把握两个因素：一个是时间因素,一个是心率情况。

在训练时间上,一次训练要连续进行30分钟以上,中途不能间断。中间休息10分钟左右,然后再次练习,练习强度不宜太强,但是可适当延长训练时间。

在心率的角度,要保证心率指标平均为160次/分钟左右,最高不要超过160次/分钟,当恢复至120次/分钟时,开始下一次的训练。

(2)法特莱克训练法

法特莱克训练法的特点是较长时间的抗小阻力的循环练习,核心是以不同的配速进行快跑、慢跑和走步的交替练习,并且,它的主要依据是时间,而不是距离。每一个单元的距离都不长,以100米、200米甚至最多300米为一个单位,训练时间一般在60~90分钟。

除了跑步和走步之外,还有划船、自行车等训练方式,也能很好地达到训练效果。

2.专项耐力

中长跑运动员的专项耐力训练,主要采用接近专项的运动距离以及运动强度安排练习内容。间歇训练法、重复训练法是最常用的训练方法。

从训练的生物学角度分析,在运动时,乳酸积累导致机体疲劳或机能衰减是影响运动能力的主要因素之一。但大量积累乳酸可刺激机体对酸性物质的缓冲和适应,从而提高糖酵解供能能力。最大强度运动30秒~15分钟属于非乳酸和糖酵解混合供能,其中,糖酵解供能起主导或重要作用,中长跑比赛属于这种情况。因此,中长跑运动员既需要非乳酸无氧代谢供能训练,也需要糖酵解无氧代谢供能训练。

(四)柔韧训练

中长跑运动员的柔韧训练,主要是针对运动员的肩、髋、膝、踝等关节的柔韧性和灵活性展开训练,同时配合协调能力和灵敏能力的训练。练习的强度应接近关节韧带最大运动幅度的拉伸,动作频率适中,运动前要做好充分的热身,以及拉伸肌肉、韧带等软组织,主动拉伸与被动拉伸相结合进行。

无论哪种练习,应注意动作要缓慢,用力要均匀,切忌猛拉猛拽,以免受伤。发展肩部、腿部、臂部、髋部和脚部的柔韧性，主要手段有压、拉、劈、摆、踢、绷及绕环等练习。一般采用垫上的静力拉伸练习，也可以借助肋木、单双杠、桌椅等进行，但是柔韧训练的一个共性是务必在最大动作范围姿势下保持一段时间，可以是5秒、10秒、20秒或者30秒，具体时长根据具体的训练部位和运动员的实际水平而定。每组训练的间歇时间可根据运动员自身感觉而定。但是柔韧训练不能间断，应长期保持一定的训练量，才能很好地发展和维持运动员的柔韧素质水平。

四、投掷运动员的体能训练

投掷运动员一般身材魁梧、高大，四肢修长且有力，这非常有利于将投掷物向更高、更远的目的地投出。就体能特征来说，投掷运动员首先需要具备优秀的爆发力和最大力量，以及双腿和躯干伸肌肌群的速度力量，其次是身体的协调能力，最后还要具备较好的节奏感和平衡能力、定向能力，特别是一些具有旋转动作的投掷项目，运动员的协调性、平衡能力和节奏感都非常重要。

从投掷项目原理分析，决定投掷远近最重要的因素是器械的出手速度。速度是投掷项目的核心，而这个速度的获得是以绝对力量为前提的爆发力，只有瞬时爆发的最大力量才能获得一个最高的出手速度。

（一）力量训练

投掷运动员的力量训练重点是发展其最大力量和速度力量的能力。在设计训练计划和训练内容时，应注重依据肌肉收缩用力性质和运动员特点，以及采用轻重结合、轻重和标准器械相组合的训练方法及手段。但需要注意的是，在选择重器械的时候，标准是不能造成明显的技术变形，否则将失去训练的意义。另外，投掷运动员的小肌肉群力量也非常重要，也要进行足够的训练。

1. 最大力量

最大力量一般采用大重量负重抗阻力练习,如运用杠铃、壶铃、哑铃等训练器械;克服弹性物体的练习,如使用拉力器、拉橡皮带等,依靠弹性物体变形而产生的阻力发展力量素质;利用训练组合器械练习,使身体处在各种不同的姿势(或坐或卧或立)进行练习,可直接发展运动员所需要的肌肉力量,使训练更有针对性。

2. 速度力量

发展速度力量的常用手段如下:

(1)原地拉胶带。

(2)连续转髋。

(3)持球连续滑步。

(4)扶栏杆转髋。

(5)肩负杠铃原地旋转一周。

(6)投掷实心球、铅球或者其他不同重量器械的专门练习。

(二)速度训练

1. 位移速度

发展投掷运动员的位移速度,一般采用短跑练习、跳跃练习以及各种加速跑、冲刺跑、牵引跑、侧向和向后快速移动身体的练习。但是投掷项目彼此的动作技术相差较大,因此,不同项目之间的练习手段会有所不同。

不同的投掷项目中,运动员的身体位移形式存在很大的差距,比如,有直线助跑位移、滑步位移以及旋转位移,因此,发展位移速度的方法和手段也不同。

(1)如果是铅球运动员,常常采用各种滑步练习,可以结合绑沙袋以增加负重。

(2)如果是标枪运动员,主要采用持枪或不持枪的连续交叉步练习,以及2~3步或者5步的助跑掷标枪练习。

(3)如果是铁饼和链球运动员,则采用不同速度的持铁饼或链球的旋转练习等。

2.动作速度

发展投掷运动员的动作速度能力,一般都是通过采用各种轻器械的快速动作进行练习,以及相应的前送髋关节练习。另外,可利用动作加速或利用器械重量变化而获得的后效作用发展动作速度。投掷轻器械练习和快速技术动作练习可以诱发运动员的先天速度能力,如可以采用快速旋转投掷轻器械、快速连续旋转、快速行进间转髋练习、快速出手和鞭打动作的练习等。

(三)耐力训练

1.一般耐力

几乎可以通过全部身体练习,其中包括专项训练的练习,使运动员最大限度地增强各个器官和系统,特别是心脏、血管和呼吸系统的耐力。一般耐力在很大程度上决定着运动员有机体的一般工作能力和健康水平。发展一般耐力的常用手段为长时间专项练习,多种变换的、组合的耐力练习,坚持较长时间的抗小阻力的练习,循环练习等。

2.专项耐力

专项耐力取决于各个器官和系统的专项训练水平及适合投掷项目要求的生理心理能力水平。在疲劳的情况下,运动员发挥意志品质的作用而继续工作的能力具有特别重要的意义。专项耐力也与技术、战术的合理性、经济性、原则性相联系,投掷运动员发展耐力的主要途径是多次重复专项练习和部分专门性的练习。只有大量重复那些以改善技术和身体素质为目的和适应比赛条件的练习,才能达到最佳的耐力水平。在训练过程中,应多采用极限或极限下强度的练习方法。

专项耐力训练一般采用反复完成各种专项技术和专门练习;大量进行投掷不同重量的器械练习;在逐渐增加负荷量的基础上增加强度的练习;连续不断地参加测验和比赛。

（四）柔韧训练

投掷项目运动员基本上采用拉伸法进行柔韧训练，训练部位主要集中于运动员的肩关节、髋关节、膝关节、踝关节和腕关节，以及背部、腿部等。

（1）肩关节的柔韧训练以正面拉门、握棍直臂绕肩、单臂开门拉肩练习等。

（2）俯卧转腰、肋木腰部侧屈等练习。

（3）背部柔韧训练以向后拉背、向内拉背、侧面拉背等练习。

（4）腰部和髋关节的练习采用站立体前屈、俯卧背伸、转体、甩腰、交叉步跑、正面大步转髋、负重弓箭步走等。

（5）腿部柔韧训练以分腿拉脚练习、跪坐压腿练习为主。

第二节 游泳后备人才专项体能训练

游泳运动与陆上运动的最大区别在于，运动员在运动过程中受到水的阻力较大，因此，游泳项目对运动员的身体形态具有较为特殊的要求，如身材高大、四肢修长、手掌大、脚掌宽大、肩宽、髋窄。另外，由于在水中运动，水温会消耗运动员的部分体能，因此，游泳运动员的体脂含量一般要相对高于田径、球类、跳跃类等项目的运动员。

第八章　竞技体育后备人才专项体能训练探索

一、力量训练

（一）拉力凳拉力训练

1.蛙泳划臂

（1）准备姿势

在拉力凳上俯卧，伸展手臂，两手将滑轮拉力的两端抓住。

（2）练习要领

两臂像游蛙泳一样同时"划水"。

（3）练习提示

练习重量和组数可根据训练目标而定，注意合理安排间歇时间。

2.蝶泳、自由泳划臂

（1）准备姿势

在拉力凳上俯卧，伸展手臂，两手将滑轮拉力的两端抓住。

（2）练习要领

两臂像游蝶泳或自由泳一样"划水"，同时划或交替划。

（3）练习提示

练习重量和组数可根据训练目标而定，注意合理安排间歇时间。

3.仰泳划臂

（1）准备姿势

在拉力凳上俯卧，伸展手臂，两手将滑轮拉力的两端抓住。

（2）练习要领

两臂像游仰泳一样同时"划水"。

（3）练习提示

练习重量和组数可根据训练目标而定，注意合理安排间歇时间。

（二）橡胶带拉力训练

利用橡胶带进行拉力练习，橡胶带本身有弹力，这样可以增加练习负荷，很好地锻炼肌肉力量和肌肉耐力。练习时，模拟划水动作，速度和水中划水时一样快，甚至要比水中还快，以促进肌肉力量的增强。

1.蛙泳划臂

（1）准备姿势

在横梁上系好橡胶带，正对橡胶带，向前俯身，双手将橡胶带的两端抓住。

（2）练习要领

两臂像游蛙泳一样同时"划水"。

（3）练习提示

橡胶带拉长的长度可根据器材的弹性和练习者的实际情况而调整，每次练习30次左右，共5组，或每次持续45秒，共5次。

2.蝶泳、自由泳划臂

（1）准备姿势

在横梁上系好橡胶带，正对橡胶带，向前俯身，双手将橡胶带的两端抓住。

（2）练习要领

两臂像游蝶泳或自由泳一样"划水"，同时划或交替划。

（3）练习提示

橡胶带拉长的长度可根据器材的弹性和练习者的实际情况而调整，每次练习30次左右，共5组，或每次持续45秒，共5次。

3.仰泳划臂

（1）准备姿势

在横梁上系好橡胶带，正对橡胶带，向上伸展双臂，双手将橡胶带的两端抓住。

（2）练习要领

两臂像游仰泳一样划水，同时划或在体侧交替划。

（3）练习提示

橡胶带拉长的长度可根据器材的弹性和练习者的实际情况而调整，每次练习

30次左右，共5组，或每次持续45秒，共5次。

4.重点动作环节练习

（1）准备姿势

将橡胶带系在横梁或挂钩上，正对橡胶带，向前俯身，双手将橡胶带的两端抓住。

（2）练习要领

通过拉力练习来模仿划水动作，尤其是抱水、推水等重要动作。

（3）练习提示

每次练习30次左右，共5组，或每次持续45秒，共5次。

（三）等动拉力器训练

在等动拉力器上进行等动练习，特点是动作速度基本稳定，各个动作阶段有相同的阻力，肌肉完成动作的整个过程中始终都要用最大的力量，或者说整个练习过程中肌肉都能产生最大力量。进行等动拉力器训练时，肌肉维持运动过程中肌肉收缩的速度是恒常的，动作幅度很大，而且要用最大的力量或接近最大力量的力去完成动作的各个阶段，肌肉以最大负荷参与运动的始终，这在增强肌肉力量方面所起的作用是其他负荷练习所不能比拟的。

进行等动拉力器训练要注意以下几个要点：

（1）每周2～4次，至少坚持训练6周。

（2）每次做3组练习，每组8～15次（肌肉最大负荷收缩）。

（3）结合游泳运动项目的技术特点进行专项训练，动作速度接近或达到专项比赛速度。

（四）戴划水掌训练

戴划水掌训练具有以下两方面的意义：

第一，能够使运动员以最佳游泳姿势做出高质量的划水动作，促进划水技术水平的提升。

第二，促进练习者划水时爆发力的增强。

采用这一方法进行力量训练，要对游进距离、练习时间等进行合理安排。虽然各种游泳距离都可以戴划水掌进行练习，但长期依赖划水掌会破坏运动员的肌肉感觉，因此，在熟练划水技术和手臂力量增强后要渐渐摆脱划水掌，使运动员的水感渐渐恢复。竞技体育后备人才尤其要谨慎使用这种练习方法，在技术练习中要尽可能避免戴划水掌练习，以免破坏技术。

（五）戴脚蹼训练

在游泳力量训练中使用脚蹼有助于促进运动员腿部肌肉力量和协调能力的提升，在仰泳、蝶泳和自由泳项目中，戴脚蹼训练的意义更加明显。运用于游泳力量训练中的脚蹼有大脚蹼、小脚蹼和蹼泳连体脚蹼等几种类型。

1.大脚蹼练习

在游泳力量训练中戴大脚蹼能够使游速更快，使练习者体会高速游泳时的水感，也可以有效增强运动员的腿部肌肉力量，使其腿部协调能力得到提升。在不同距离的游泳训练、打腿训练或配合技术训练中都可以使用大脚蹼。

2.小脚蹼练习

在游泳力量训练中戴小脚蹼有助于使运动员的打腿更有力，促进运动员腿部肌肉力量的强化。在各种泳式的打腿技术和配合技术练习中都适合戴小脚蹼进行训练。

3.蹼泳连体脚蹼练习

在蝶泳、蛙泳打腿技术训练中适合采用蹼泳连体脚蹼，有助于促进运动员身体核心力量的增强，促进腰部更好发力。但这种脚蹼体积大，容易伤到人，因此，训练时要注意安全，与其他队员保持距离，以免碰到他人。

采用这一练习方法时，可以佩戴呼吸管，在接近水面处进行练习，也可以在水下进行缺氧练习，主要练习打腿，距离以25米左右为宜。

第八章　竞技体育后备人才专项体能训练探索

（六）戴阻力器训练

在游泳力量训练中，运动员可以戴的阻力器主要有阻力裤、阻力圈、非游泳服装等。戴这些阻力器进行练习，有助于促进手臂划水爆发力的提升，使动作频率加快，速度提升。这种练习简单易操作，对运动员的技术动作基本没有影响，而且练习时采用的泳姿和游进的距离不限。在实际训练中，运动员应将这种训练方法与不戴任何东西的训练方法结合起来。

（七）水槽训练

运动员在水槽中的固定位置进行最大速度的游泳练习，保持快速游进节奏。教练员在池边进行观察和指导，用声音或手势向运动员反馈问题，运动员及时对游速进行调整。一次练习时间持续30秒，共练习10~18次，间歇2~3分钟。

（八）滑轮牵引训练

将滑轮牵引训练器材安在池边适宜位置，将绳索拴在运动员腰部，当他们在水中游进时，教练在池边拖拽绳索，增加练习负荷，使运动员在较大的阻力下锻炼肌肉力量。采用滑轮牵引游的训练方法时，不同泳姿的练习距离不同，蝶泳练习距离以100米以下为宜，其他泳姿的练习距离不要超过400米，如果练习距离很长，则运动员可能因为疲劳而导致动作变形。

1.练习一

滑轮牵引重量以4~8千克为宜，可逐渐增加重量。练习时间和次数和游泳项目有关，如果是长距离项目，则练2~3组，每组8~10分钟，若是短距离项目，则练3~5组，每组3分钟。

2.练习二

以最大速度进行练习,先尽全力游25米,如果做不到,则尽全力游20秒,休息片刻再尽力游20秒。

(九)系橡皮软管训练

系橡皮软管训练主要有以下两种方式:

1.正向牵引练习

将橡皮软管运用到游泳力量训练中,橡皮软管具有弹性收缩的特征,利用这一特点对运动员进行正向牵引,可以提高运动员的游进速度,使划水频率加大,运动员能够深刻体会最快游速下的肌肉感觉。采用这一训练方法时,动作速度比竞技比赛还快,可以对运动员的速度感进行培养。

在实际练习中,将橡皮软管的两端分别系在练习者腰间和池壁处,刚开始运动员在橡皮软管的伸缩力拉动下以最快速度向前游进,游一段距离后橡皮软管的伸缩力减弱,此时教练可以在池边拉动软管,运动员继续以最大速度游完剩余距离。练习距离以25米为宜,前12.5米不需要拉动软管,后12.5米需要教练拉动软管,重复6组,也可以缩短练习距离,游15米,重复10组。

需要注意的是,正向牵引练习会给人的中枢神经系统带来很强的刺激,因此,必须慎用这种练习方法。

2.阻力牵引练习

将软管一端系在运动员腰间,另一端系在水池边,运动员可进行不同泳姿的游泳练习,尽可能拉长软管,游进时要克服软管收缩阻力,从而促进肌肉力量与耐力的强化。

采用这一练习方法时,一般游25米即可,也就是说软管拉伸的最大长度是25米,练习者以最快的速度游完25米,休息1分钟,然后继续按同样的方法游相同的距离,重复5次左右。

（十）牵引水桶训练

将一个适宜重量的水桶绑在运动员身上，练习者负荷水桶的重量用最快速度游进，以强化肌肉力量。水桶重量以6千克为宜，练习距离以25米最佳，共练习2次，合理安排间歇。短距离练习能够有效增强运动员的爆发力和无氧耐力。

二、速度训练

（一）游进速度训练

1.牵引训练

牵引训练是提高运动员游进速度的重要训练方法之一，通过牵引力诱导，使运动员的动作速度得到最大程度的提高，从而提升游进速度，在速度感上有新的突破。采用牵引训练方法，要在牵引力和导游速度的设计上多下功夫，确保通过这项训练可以使运动员充分发挥最高速度。

牵引训练最多重复10次，练习距离以30～40米为宜。训练中采用的速度比运动员的最高速度快，但也不能过快，否则会使运动员的速度感下降，产生被动游进的感觉。

2.短冲训练

采用短冲训练法时，磷酸原供能系统是主要供能系统，每组蹬边10～25米，出发15～25米，重复5组，间歇1分钟。通过该训练可提升运动员的无氧代谢能力和游进速度。

此外，提升游进速度还要注重对快速力量素质和动作速度的训练，通过这些相关练习来促进绝对速度的发展，主要方法有快速划臂训练、快速打腿训练、快速分解训练等。

（二）动作速度训练

游泳运动员的动作速度主要体现在出发起跳动作速度、转身动作速度方面。在动作速度训练中要重点从这两个方面进行，这对提高运动员的游泳技能水平具有重要意义。

1. 出发起跳动作速度训练

游泳运动员出发起跳动作速度的快慢主要由反应和起跳速度决定。因此，出发起跳动作速度训练主要是进行反应速度训练和起跳滑行训练，也可以练习完整出发技术，提高速度和熟练度。游泳运动员不仅要出发快，还要产生良好的出发效果。

2. 转身动作速度训练

（1）专门转身动作训练

专门进行转身动作的连贯练习，如在与池壁相距10米的位置练习转身，反复进行多次练习。

（2）综合转身动作训练

进行完整的游泳练习，在整个游进过程中多转身几次，动作要快，要准确，提高转身动作速度和动作质量。

（三）动作频率训练

游泳运动员的速度快慢一定程度上由动作频率决定，所以要特别重视动作频率训练，在保证动作效果的前提下保持适宜动作频率。

在动作频率训练中，应在不影响划水效果的基础上加快频率，否则会得不偿失。下面，简单分析两种动作频率训练法。

1. 频率节奏训练

游泳运动员的动作频率节奏会影响其速度的保持、体力的分配，因此要保持节奏的合理性。典型的频率节奏训练法是在100米泳池中进行4个分段的频率练习，其被我国很多优秀游泳运动员采用。

2.最佳频率训练

强调动作频率训练，并不意味着要使动作频率达到最快。相反，频率过快会对划水效果产生影响，最终影响游进速度和整个动作质量。每个运动员都应该找到适合自己的最佳频率，从而提高速度。确定最佳频率，重点要处理好划频、划距、速度三者的关系，找到它们的最佳组合模式，这也是最佳频率训练的重点。

三、耐力训练

（一）有氧耐力训练

长距离游泳运动员要特别重视有氧耐力训练，中短距离游泳运动员也不能忽视有氧耐力训练。从事不同距离游泳项目的运动员，在游泳耐力训练中采用的负荷量不同，短距离项目、中距离项目和长距离项目的有氧负荷量分别为84.62%、88.04%和88.71%。

下面主要分析两种有氧耐力训练方法：

1.长距离训练

长距离训练法也就是持续训练法。持续游泳训练中，运动员可以匀速游完全程，也可以有节奏地变速游完全程。

长距离游泳训练示例如下：

（1）以爬泳姿势游完3 000米，匀速游或变速游。

（2）方式：爬泳；距离：10×400米；时间：每组5分20秒包干（游泳时间4分50秒+休息30秒）。

（3）方式：爬泳；距离：20×200米；时间：每组2分45秒包干（游泳时间2分30秒+休息15秒）。

（4）方式：爬泳；距离：5×1 000米；时间：每组13分钟包干（游泳时间12分半+休息30秒）。

以上长距离游泳训练也可采用爬泳与仰泳交替的方式来完成，泳姿转换不得影响游泳技术的准确性，这种超量负荷训练对提升游泳运动员的有氧耐力素质具有重要意义。

注意事项：

长距离游泳训练中要注意以下几个要点：

（1）全年各个训练周期都可以采用持续训练法，但该训练在不同阶段安排的比例有差异，一般早期训练中该训练所占的比例较大。

（2）不同年龄组的游泳运动员都可以通过持续训练法来提升自己的专项耐力水平。

（3）持续训练的练习距离、练习强度要依据运动员的训练水平而定，要遵循渐进性的原则来增加训练距离和强度。

（4）在持续训练中，可以匀速游完全程，也可以变速游，还可以加速游，将不同练习方式结合起来，提高练习的趣味性。

（5）采用中等强度进行训练，练习时间可延长。

（6）建议采用多样化练习方式，避免因为练习时间长、刺激单一而造成神经与肌肉疲劳。

（7）在训练中要注意对技术的改进与完善，防止形成错误的动作习惯。

2.间歇训练

间歇训练也是有氧耐力训练中常见的方法之一，要合理安排组或次之间的间歇时间，运动员完成一次或一组练习后，休息一定的时间，然后继续进行下一次或下一组的练习，间歇时间不宜过长，要在运动员还没完全恢复时开始新的练习。在游泳间歇训练中，练习距离、动作速度、练习次数以及间歇时间等都是影响练习负荷的重要因素，调整训练负荷主要就是改变这些影响因素中的一个因素和几个因素。

下面具体分析几种常见的游泳间歇训练方法：

（1）慢速间歇训练

采用和比赛速度相对比较慢的速度完成一组反复游练习，间歇时间比练习时间少，在心率未完全恢复时再重复练习。

例如，运动员200米自由泳成绩为2分04秒，每50米平均成绩是31秒，采用

30×50米反复游练习,每个50米成绩要求34秒,间歇时间10秒,每次练习后心率达到140次/分,恢复到106次/分开始下一次练习。

(2)定时反复游

规定练习距离和游完这段距离的时间,练习者在规定时间内游完规定距离,间歇一定时间后继续练习,反复如此。间歇时间并不是固定不变的,随着练习强度的增加,间歇时间也适当增加。同样,如果练习强度降低,那么间歇时间也会减少。

(3)改变间歇反复游

规定练习距离,以中低强度训练,对间歇时间进行调整,逐步增加或减少。例如,8×200米反复游,要求每个200米游2分20秒,间歇1分30秒,之后每次练习结束后间歇时间变化一次(增/减5秒)。

(4)变换距离反复游

练习距离不固定,间歇时间始终保持不变,示例如下。

①练习距离逐渐增加,50～100～200～400米,间歇时间不变。

②练习距离逐渐减少,400～200～100～50米,间歇时间不变。

③练习距离递增再递减,50～100～200～400～200～100～50米,间歇时间不变。

(5)变换距离和间歇时间反复游

没有固定的练习距离和间歇时间,可以同时变化二者,例如:

①练习距离:100米,间歇:1分钟;

②练习距离:200米,间歇:1分30秒;

③练习距离:400米,间歇:2分钟;

④练习距离:800米,间歇:3分钟;

⑤练习距离:2×400米,间歇:2分钟;

⑥练习距离:4×200米,间歇:1分钟;

⑦练习距离:8×100米,间歇:30秒。

(二)无氧耐力训练

无氧耐力训练是提升游泳运动员无氧代谢能力的重要手段,尽管在游泳运动员全年训练负荷总量中，无氧耐力训练负荷量所占的比例很少，还不到10%，但无氧耐力在运动员综合竞技能力发展方面发挥着重要的作用，要提升游泳运动员的比赛能力，就必然不能忽视对无氧耐力的训练，尤其是短距离游泳运动员更需要进行无氧耐力训练。

采用无氧耐力训练法，要合理安排训练距离和训练强度。如进行短距离和超短距离的无氧训练时，练习强度为95%~120%，时间不超过2分钟，游泳时间与间歇时间之比为1:2~1:8，要将训练强度和训练间歇时间的关系把握好，实现最佳训练效果。

无氧耐力训练常采用的方法如下：

1.短冲训练

短冲训练是以全力、最快速度进行练习的方法，这是典型的无氧供能的训练，有助于发展速度能力，尤其是绝对速度。短冲训练也是超短距离训练，间歇时间较长，心率恢复接近安静时水平，冲刺时间为30~50秒，距离以25~50米为宜，常用的距离有10×12.5米、10×15米、8×25米、（2~4）×50米。在一次全力冲刺中，运动员吸入的氧气量跟不上氧的消耗量，就会负氧债，在短时间内会呼吸困难，亦称"缺氧训练法"。短距离全速冲刺可有效提高运动员肌肉中ATP、CP含量和无氧代谢酶的活性，加快糖酵解，从而提高无氧代谢能力。游泳短冲训练中，运动员要以最大力量和最快速度进行划手和打腿，以提高肌肉的力量和速度。同时，紧张与放松的快速交替也能锻炼神经中枢系统，有利于改进和完善技术。

短冲训练方法示例如下：

12.5米	90%~100%速度	间歇时间12~25秒
	90%~95%速度	间歇时间8~10秒
25米	95%~100%速度	间歇时间30~40秒
	90%~95%速度	间歇时间25~35秒
50米	95%~100%速度	间歇时间60~90秒
	90%~95%速度	间歇时间50~80秒

注意事项：

（1）注意训练强度的重要性，合理安排强度。

（2）以提高绝对速度为目的的短冲重复练习中，在间歇期应在池中进行一些低强度活动，维持血流速度，尽快消除代谢物，维持中枢神经系统的适宜兴奋状态。

（3）根据运动员的技术水平和训练水平决定短冲训练法在训练课中的比例和

重复次数。

（4）按耐乳酸、乳酸峰值、非乳酸能量级别训练表中推荐的距离、强度与间歇时间进行训练。

（5）进行无氧间歇训练，根据训练目的而设计练习强度、间歇时间、游泳距离，如需要减只能减量而不能减强度，降低强度或延长间歇时间将无法实现训练目的。

2.重复训练

重复训练以提高强度为中心，对神经中枢兴奋与抑制的转换能力，对大脑皮层与肌肉的协调能力都有较高要求，能够促进肌肉无氧酵解供能能力的提升。重复训练是以无氧代谢为主的训练，还有助于发展速度耐力。在控制速度的情况下，随着练习次数的增加，疲劳不断积累，可适当延长间歇时间。

在短距离（50~100米）训练中，间歇时间至少要是该练习时间的3倍（1∶3）；较长距离（300~400米）训练中，间歇时间不必太长，心率恢复达到100~110次/分开始下一次练习即可。

重复训练可提高运动员的速度感和动作的节奏感，从而提高其在比赛中分配体力、掌握速度的能力。采用50米以下距离的重复训练，主要发展肌肉力量和速度，是非乳酸供能；采用75~400米距离的重复训练，主要发展速度耐力，对呼吸系统功能和血液循环系统功能的要求较高，能很好地提高耐乳酸的能力。重复训练主要在准备期的后期和赛前减量期采用，以提高训练强度为主。不要过于集中安排重复训练，否则会造成过度疲劳，要间隔安排这类训练，每周1~2次。

重复训练法示例如下：

发展速度：4×50米全速游或逐个加速游。

发展速度耐力：4×100米，3×200米，（2~4）×400米，间歇3~5分钟，强度95%~100%。

注意事项：

（1）训练前做好充分的准备活动，训练后要做放松活动。

（2）明确练习强度，达不到规定强度时可减少练习次数或增加休息时间。

（3）游泳技术正确无误。

3.变速训练

在变速训练中，每次完成规定距离时，后半程的速度要快于前半程的速度。

示例如下：

（1）距离10×400米，以90%的强度完成每个400米，但后面200米的游泳速度要更快一些，如400米自由泳中，前后200米的成绩分别是2分12秒和2分8秒，400米练习成绩共4分20秒。

（2）距离4×200米，游第一个200米时，最后50米的速度比前面150米的速度快；游第二个200米时，后100米的速度比前100米的速度快；游第三个200米时，后150米的速度比前50米的速度快；游第四个200米时，要用最大速度游完全程。

4.乳酸峰训练

在乳酸峰训练中，要按照能足够达到最大产乳酸能力的标准来决定练习强度。例如，练习距离4×（25~100米），训练强度和比赛强度相同或稍大于比赛强度，间歇时间至少为游完这段距离所用时间的2倍，练习距离越长，间歇时间也越长，二者比例之差越大，心率为（最大心率-10）次/分，血乳酸控制在10~18mmol/L范围内，以促进机体耐乳酸和消乳酸能力的提升，最终促进无氧供能能力的提高。

5.耐乳酸训练

采用耐乳酸训练，能够延缓疲劳出现的时间，使运动员以良好的耐力素质运动较长时间，如练习距离50~200米，总量400~600米，练习强度接近比赛强度或稍大于比赛强度，间歇时间与练习时间相同或比练习时间多1倍，心率为（最大心率-10）次/分，血乳酸值为6~12mmol/L。

四、灵敏与协调训练

（一）专项灵敏素质训练

灵敏素质是运动员在运动过程中表现出来的综合运动素质，力量、速度、耐力、柔韧等单项素质是灵敏综合素质的基础，灵敏素质训练应以这些单项素质的训练为基础，在提升单项运动素质后再进行综合性灵敏素质训练，这对提升运动员的整体素质水平和运动技能水平具有重要意义，同时还有助于促进运动员神经系统灵活性的增强。

下面主要分析游泳运动员的专项灵敏素质训练方法。

1.转身技术练习

（1）模仿练习

①原地模仿转身

正对一面墙而立，双手扶墙，抬右脚贴墙，向左转动上体，左臂肘部弯曲置于胸前。身体向左侧倒，同时头向左甩动，右臂经头顶前摆，两臂向前伸展，两臂夹头，上体转为向前俯；右脚轻轻蹬墙，向前迈出。先进行3拍的分解练习，然后连贯进行完整练习。

②走动模仿转身

面对墙而立，与墙保持一定距离，向前走动同时手臂模仿划水动作，接近墙时模仿水中转身技术中游近池壁和触壁的动作环节，然后按原地模仿转身的方法继续进行练习。

（2）水中练习

①走动转身

面对池壁而立，与池壁保持一定距离，走动中两臂做划水动作，触壁后做原地转身练习。

②抓边转身

面对池壁而立，两手放在池边抓牢。屈臂，向上拉身体，膝关节弯曲，团身，腿向上提，两脚贴壁。然后连贯完成转体、侧倒、甩头、摆臂等动作，上体入水后快速蹬离池壁滑行。

③完整蝶泳转身

向池壁游近，完整地做蝶泳转身技术，蹬离池壁后向前滑行，滑行中多次打腿，增加身体浮力，身体全部浮在水面后划水游进。

④完整蛙泳转身

向池壁游近，完整地做蛙泳转身技术，重复多次练习，将转身距离掌握好，使转身动作更流畅、快速。

2.水中游戏练习

（1）水中足球

水中足球游戏所用的是可以沉底的球，如高尔夫球等。将一个硬板竖立在池壁上当作球门，没有守门员，球只要碰到"球门"就表示射门成功。

（2）水中排球

将一个显眼的标志线置于泳池中间当作排球网，所用的球是沙滩排球中的彩球。运动员在水中来回击打排球进行练习。

（3）逆向转圈

在浅水中练习，将运动员分为两组，一组站成内圈，一组站成外圈，各圈队员均手拉手。游戏开始，内圈和外圈各自分别沿顺时针方向和逆时针方向转动，然后教练员吹哨，内外圈变换转动方向，即内圈逆时针转动，外圈顺时针转动。

（4）水中斗牛

两名运动员在水中扶同一块打水板，教练员吹哨后，运动员立即打（蹬）腿，看谁先离开打水板。

（5）鲤鱼跳龙门

将若干藤圈放在水面上，保持一定的距离，运动员双脚蹬地以鱼跃姿势跳过藤圈。

（6）围圈打"鸭子"

若干名运动员站成一个圈，圈子应大一些，圈上的人都是"猎人"，圈内"鸭子"人数为3～5人。"猎人"向"鸭子"掷击软球，被击到的"鸭子"站在圈上扮演"猎人"，直至击中所有"鸭子"。圈外与圈内运动员轮流扮演不同角色。

（7）你追我赶

一人跳入水池向前游泳，离开池壁5米时，第二人跳入池中，依次进行。后面的人尽可能加速将前面的人抓住，最前面的人也要尽量游快一些以免被抓，除第一人和最后一人外，中间的人既要抓别人，也要防止被抓，捉到前面的人即可上岸。

（8）组数字游戏

池中数名运动员听教练的数字口令而在水面上组成相应数字，大家要齐心协力，共同配合，争取快速组成数字，而且数字要清楚。必要的时候，池边的人也可以配合组数字。

（9）正反转动

以俯卧姿势划水一次，然后身体翻成仰泳姿势，再划水一次，又翻转成俯卧姿势。如此反复变换。

第八章　竞技体育后备人才专项体能训练探索

（10）"铁人三项"比赛

围泳池跑若干圈，再在池中游几百米，然后再绕泳池跑若干圈。规定跑的圈数和游泳距离，教练计时，用时短的获胜。

（11）深游接力赛

在泳池底层进行不同泳姿的接力赛，听口令或看手势变换泳姿。

（12）计时游泳比赛

将游泳距离和完成时间确定下来，在规定时间内游完规定距离的获胜，如果都超时完成，那么接近规定时间的获胜。运动员要用相同的泳姿参赛。

（二）专项协调素质训练

游泳运动在水环境中进行，运动环境的特殊性使运动员在水中对动作的控制变得复杂而艰难，要掌握好游泳技术，控制好在水中的动作，就要加强协调性练习，具备良好的协调能力。比如，游泳运动员在水中要从平卧姿势开始完成一系列游泳动作，水中姿势和陆上运动有很大的区别，游泳运动员动作面的保持情况直接影响动作效果，而且手脚必须配合好，水中的手脚配合又不同于陆上，难度更大，加强专项协调素质训练有助于提升游泳运动员的专项运动能力。下面，主要分析游泳运动员的专项协调素质训练方法。

1. 基础训练

在陆上模仿游泳动作，包括手臂动作、腿部动作以及手脚配合动作，甚至要模仿水中呼吸，形成与提高基本协调素质，为在水中训练奠定良好基础。

2. 专门训练

在水中进行专项协调素质训练，主要从以下两个方面进行：

第一，在水中练习游泳技术，包括分解练习、完整练习，通过重复练习来不断熟练动作，达到技能自动化阶段，以更好地控制身体姿势和动作。

第二，通过花样游泳、水中健身操等其他水上项目来提高水上运动能力，同时还可以设计专门的水中协调动作、水中游戏，通过趣味性练习来提升水感和技能。

通过上述练习提升动作控制能力和水中运动技能后，有助于促进协调素质的增强。

第三节　球类项目后备人才体能训练

一、足球运动员的体能训练

足球是一项对身体素质水平要求很高的运动项目，它属于既要求速度、灵敏，又需要力量、爆发力和耐力的少数几个项目之一。高水平运动员在一场比赛中跑动距离超过14千米，同时还要进行频繁的加速、减速、改变方向和跳跃。由此可见，体能是足球选手从事技术与战术训练的基础。英国足球总会前训练组长查尔斯·休斯曾经具体地将足球体能解释为一种完成和实现技术、战术或比赛的身体能力。

（一）力量训练

练习强度为60%~70%，练习时间以15~45秒为宜，间歇为一般心率恢复到120次/分钟左右，重复次数为20~30次，练习组数为3~5组。

1.发展颈部、上肢和肩背力量的练习
（1）两手扶头，在颈部转动时给予抵抗力。
（2）俯卧撑（可以双手撑在健身球上做）。

（3）引体向上。
（4）俯立飞鸟。
（5）卧推（水平、上斜、下斜，宽握、中握、窄握、正握、反握）。
（6）哑铃/杠铃弯举。
（7）俯立杠铃臂屈伸（宽握、中握、窄握、正握、反握）。
（8）杠铃俯立划船（或单臂哑铃划船）。
（9）对坐，两腿分开，互抛实心球（先离心后向心）。
（10）坐在健身球上做杠铃颈后推举（宽握、中握、窄握、正握、反握）。

2.发展腰腹力量的练习
（1）仰卧起坐（加转体）、仰卧举腿（斜板）。
（2）侧卧体侧屈、侧卧双腿上举、俯卧做体后屈（同时抬腿）。
（3）跳起空中转体、收腹头顶球。
（4）展腹跳。
（5）肩负杠铃体前屈、转体。

3.发展腿部力量练习
（1）各种跳跃练习（立定跳、多级跳、蛙跳、助跑跳、肩负杠铃连续上跳、跨步跳、跳深）。
（2）肩负杠铃提踵半蹲。
（3）快速摆动大、小腿。可绑沙袋，也可使用橡皮筋增加阻力。
（4）远距离传球、射门练习。
（5）骑人提踵。
（6）杠铃剪蹲（步子跨大些，主要锻炼股四头肌、股二头肌和臀大肌；步子跨小些，主要集中锻炼股四头肌）。
（7）悬垂举腿。

（二）速度训练

速度训练的运动负荷要求：练习强度为95%～100%；练习时间以3～10秒为

宜；间歇时间视训练目的而定，可完全恢复或不完全恢复；练习重复次数为6～8次；练习组数为3～5组。

速度训练的具体练习方法如下：

（1）各种姿势的起跑（10～30米）。

（2）在快速跑或快速运球中，听、看教练信号，做急停、转身、变向、跳跃、翻滚等动作。

（3）利用快速小步跑、高抬腿跑、顺风跑、下坡跑、牵引跑等练习，突破速度障碍。

（4）全速运球跑、变速变向运球跑。

（5）绕杆跑、运球绕杆。

（6）利用简单的战术配合练习速度。

（7）抢球游戏。全队分为两排，相距20米，面对站立，在中间10米处画一条线，每隔2米放一球，队员依次面对球站好。当教练发出信号后，双方快速跑上抢球。球抢得多的一方为胜。

（三）耐力训练

1. 有氧耐力训练

（1）有氧耐力训练有小强度持续法和小强度间歇法两种：

①小强度持续法要求。练习强度为40%～60%，练习时间为25分钟以上，距离为5 000～10 000米。

②小强度间歇法要求。练习强度以150次/分钟为宜；练习时间为30～40秒；间歇要求不完全恢复，一般脉搏恢复到120次/分钟为宜；练习次数为8～40次；练习组数为1组即可。

（2）有氧耐力训练的具体练习方法如下：

①3 000米、5 000米、8 000米等不同距离跑。

②定时跑（如12分钟跑）。

③穿足球鞋长距离跑。

④100～200米间歇跑，400～800米变速跑。

2.无氧耐力训练

（1）无氧耐力训练常采用次大强度间歇法训练。无氧耐力训练要求：练习强度为80%～90%；脉搏为180～200次/分钟；练习时间为20～120秒；间歇要求不完全恢复，脉搏一般在120次/分钟左右；练习次数为12～40次；练习组数为1～2组。

（2）无氧耐力训练的具体练习方法如下：

①30～60米重复多次冲刺跑。

②100～400米高强度反复跑。

③各种短距追逐跑。

④进行5米、10米、15米、20米、25米折返跑。

⑤往返冲刺传球。

⑥规定时间做不同人数抢传练习。

（四）灵敏训练

（1）运动员迈左腿跨过面前的横杆，然后紧接着侧向钻过较高的横杆。注意在练习过程中尽量保持上体的正直，不要倒小步子（整个练习两步完成）。这样能够有效地发展运动员控制身体平衡和在特殊姿势下完成动作的能力。

（2）运动员双脚左右开立，与肩同宽，先将杠铃提至胸前，然后深蹲，再站起还原至提铃胸前位置，重复进行练习。这种练习能够有效地发展运动员的上下肢和躯干力量以及控制身体的能力。

（五）柔韧训练

柔韧训练的运动负荷组合要求如下：

练习强度开始以中等强度为宜，最后可达80%以上；练习时间每次可控制在10～20秒，时间不宜太长；间歇要求完全恢复，可做积极性放松活动；重复次数以5～10次，练习组数以3～5组为宜。

柔韧训练的具体练习方法如下：

（1）颈前屈、侧屈、后屈并绕环，体前屈、侧屈、后屈并振动。

（2）前弓步和侧弓步压腿，纵劈腿和横劈腿。

（3）前踢腿、后踢腿、侧踢腿和腿绕环。

（4）站立体前屈下压，或靠墙站立体前屈下压。背伸、展腹屈体练习及腿肌伸展练习。

（5）模仿内外颠球动作，单双腿连续做内翻和外翻练习。模仿内扣和外扣动作，单腿连续做内转、外转动作。

（6）两腿交叉的各种跨步、转身动作。

（7）踢球、顶球、抢截球等各种技术动作的模仿练习。

（8）跪压正脚背（上体后仰轻轻振压）及全脚背着地的俯卧撑练习（主要拉长脚背韧带和小腿前肌群）。

（9）模仿和结合球的大幅度振摆腿、铲球、侧身踢凌空球及倒钩射门等练习。

二、篮球运动员的体能训练

运动员的专项体能主要是指与专项训练及特殊的比赛任务紧密联系的、运动员为圆满完成特定的训练、比赛任务而必须具备的特殊体能。因此，篮球运动员的专项体能是运动员经先天遗传与后天训练形成的，运动员在篮球运动中表现出来的机体持续运动的能力，与运动员身体形态结构、系统器官的机能水平、运动素质水平、能量物质贮备、基础代谢水平、心理因素与意志品质以及外界环境等都密切相关。据竞技体育技能类项群理论研究表明，体能在运动员的竞技能力构成中居于重要地位，是运动员能否在专项竞技运动比赛中取得优异运动成绩的关键因素。

第八章　竞技体育后备人才专项体能训练探索

（一）力量训练

1.篮球运动员力量训练的特点和要求

人体要发挥最大力量和最大爆发力，不是某一环节的问题，而是各运动环节、各工作肌群间的协调配合与共同用力的综合结果。篮球运动员的力量素质具有全面的特点，要求上肢、下肢、腹部、背部肌群均衡发展，对主动肌、对抗肌和协同肌都要加强训练。

篮球运动员的力量训练要符合篮球运动的专项特点。例如，下蹲的力量性质与篮球专项的急停起跳力量相差甚远。篮球运动员的膝关节损伤通常不是伸膝力量不足造成的，而是缓冲力量（退让力量）不足造成的。篮球运动员的力量训练要注意选择肌肉收缩方式与篮球专项运动相一致的练习手段。力量训练要力求选择与篮球运动技术结构相一致的动作方法，并力求将运动员的最大力量、快速力量转化为专项力量能力，即专项跑跳能力和对抗能力。

2.篮球运动员力量训练的方法

（1）常用的训练方法

①最大负荷法。主要采用大重量进行训练，即最大负荷量的90%～100%的负荷做1～2次练习，其做8～10组练习可很好地发展最大力量。

②金字塔训练法。使所负重量不断增加，直到极限，这样训练力量可快速增长。

（2）快速力量常用的训练方法

①大负荷训练法。这种训练方法不但能使快速力量得到提高，而且能使中枢神经系统发放的冲动强度大幅度提高，能最大限度地激活运动单位，尽可能达到目的和同步的活动。

②中、小负荷训练法。一般采用这种方法可以使肌肉产生快速收缩，但是这种方法产生的刺激强度还不足以诱发足够的神经冲动发放频率完成全部单位的激活。因此，大负荷优于中、小负荷训练法，但中、小负荷的训练是力量训练很好的补充。

③大幅度训练法。增加运动员练习动作的用力距离，在训练中可通过改进动作技术和发展身体各部位关节柔韧性来实现。

④超常训练法。肌肉先进行快的离心收缩，紧接着爆发性地完成向心收缩，这

对提高运动员的支撑能力、快速力量有着其他训练方法无可比拟的独特训练效果。

（3）腿部力量与弹跳力训练

①减负杠铃做半蹲或全蹲，一般为最大负荷的80%左右，重复3~4次，慢蹲快起，躯干正直，防止塌腰翘臀，注意保护。

②肩负最大负荷量的40%~50%的杠铃在软地或地毯上做半蹲跳8~12次，做4~6组，跳起要快，脚踝要绷直。

③肩负最大负荷量40%~50%的杠铃做箭步交换腿跳。

④徒手或负重，做单腿深蹲起。

⑤徒手或肩负做单足或双足的各种连续跳、多级跳。

此外，前脚掌、脚弓、踝关节和小腿肌群的爆发力对篮球运动员的弹跳力也很重要，可以通过负重（95%）提踵、跳栏架、原地双脚跳起摸篮板来提高。

（4）发展腰腹力量

①仰卧屈膝起坐、仰卧做"元宝"收腹折体、仰卧双手握住同伴的双踝做收腹举腿（同伴双手用力将练习者举起的腿推下）、俯卧"两头起"。

②纵俯卧跳马端，下肢悬于马头，做向上举腿成反弓状。

③单杠上，双臂悬挂，做收腹举腿成90°角并保持4~5秒。

④宽握杠铃，做直臂直举；40~50千克杠铃做高立抓举。

⑤肩负杠铃，做体前屈起（不准弓腰起）；肩负杠铃，做转体，脚平行开立稍宽于肩，直膝转体，脚掌不能动。

⑥向头后抛掷实心球。

（5）发展手指、手腕、手臂肌肉群

①空手用力张握，要求高速率，15"~30"；张开的指，用力下扣手腕高速率，15"~30"。

②两人各紧握接力棒一端，做相对抗的捻转接力棒。

③对传实心球。

④坐地双手传接球。

（二）速度训练

篮球运动员的速度训练要与其他手段相结合进行，如与发展最大力量、速度

第八章 竞技体育后备人才专项体能训练探索

力量和完善动作技术（起动、滑步、急停等）结合；专项（动作）速度必须与专项技能的完善相结合。篮球运动员的速度训练应着力于提高场上的起动和快跑以及无氧供能能力。

速度训练的具体方法如下：

（1）小步跑、后踢腿跑、高抬腿跑、交叉步跑、后退跑或原地快速跑中突然改变为加速跑。

（2）10米、20米、30米、100米加速跑或变速跑。

（3）根据教练手势或信号，做传球或运球的快速起动和急停。

（4）5～8米往返跑或全场四点折回跑。

（5）快速运球上篮或全场运球3～4次上篮。

（6）两人一组站在端线外，前后相距跑2～3米，根据信号，前面的队员快速运球上篮，后面队员全力追赶，尽可能追上，将球抢到手，或干扰他的动作。

（7）传球或运球的接力赛。

（8）两人一组从端线开始，全场三传上篮，往返2～4次为一组。

（9）多种脚步动作的转换练习。

（10）队员站在端线外，教练向前场传高吊球或地滚球，一人迅速起动加速跑，接球上篮。

（三）耐力训练

发展篮球运动员一般耐力的途径是提高运动员的摄氧、输氧及用氧能力，保持体内适宜糖原和脂肪的储存量以及提高肌肉支撑运动员器官对长时间负荷的承受能力。发展一般耐力经常采用持续负荷法、间歇负荷法、重复负荷法，负荷强度一般应控制在接近无氧代谢的强度，心率控制在160次/分钟左右。

1.持续负荷法

发展篮球运动员专项耐力训练要特别注意专项总体代谢特点，一般以发展非乳酸性无氧耐力为主，采用95%左右强度、心率可达180次/分钟的训练方法，重复组数可达5～6组，重复次数宜比组数少些。

2.间歇负荷法

这种训练方法主要提高有氧代谢能力，心率控制在160次/分钟左右，其方法有匀速跑、变速跑、超越跑、折返跑。这种训练方法为有氧和无氧混合代谢，负荷采用50%左右的有氧和50%左右的无氧，心率上限为28次左右/10秒，间歇时间是在没有完全恢复的情况下再进行下一次练习。方法有400米跑，100米快速跑、100米放松跑，反复进行；40秒左右的各种连续跑，重复进行。

3.重复负荷法

这种训练方法主要提高无氧代谢水平，负荷的最大心率达28次/10秒以上，组间休息5分钟，心率下降至15次/10秒左右再进行下一次的练习。方法有5～10组400米计时跑，不同强度的重复练习。

（四）灵敏训练

1.变向移动类

（1）绕"∞"字跑

场地器材：准备一块长宽10米×7米的场地，按规定距离放好6根标杆或6个球，秒表一块。

测试方法：队员站在起跑线外，听到口令立即起跑，绕杆（球）跑完全程，计算跑完全程所用时间，记录以秒为单位，测两次，取最好成绩。

（2）15秒往返跑或10米×4往返跑

可采用记名次或规定多少时间内完成，以提高队员练习的积极性。

（3）侧跨步

画三条线，每条线间隔12～15米，队员两腿立于中间线位置，当听到口令，先向右跨步，到右脚触及右边线外，再收回右腿成开始姿势，然后再向左跨步，到左脚触及左边线外，再收回左腿成开始姿势。以10秒内完成动作的次数作为评分标准。

（4）摆脱防守变向移动练习

两队员一晃一堵。防守队员从端线外进行堵拦，进攻队员在场内设法摆脱防守队员的堵截，从端线逃出场外，以不被摸到为胜。

2.动作转换类

（1）爬、跳、跑转换

手脚着地从端线快速爬到中线，接双足跳10个，然后冲刺跑返回端线，可以计时。

（2）快速后退跑

队员面对端线准备好，看到教练手势转体180°快速后退跑至中线。

（3）运球急起急停

教练先规定抛球为急停，接住球为急起运球。队员从端线运球，行进中注意教练的手势，教练把球抛向空中，立即急停，原地运球，当教练接住球时，急起行进运球。

（4）立卧撑

队员听到开始的信号后，迅速由站立到下蹲，两手在足前撑地，两腿向后伸直成俯撑-下蹲-站立，以10秒内完成动作的次数作为成绩评定标准。

（五）柔韧训练

（1）两手手指交叉相握，手心向前做压指、压腕动作，手臂向下、向前、向上充分伸展。

（2）两手手指交叉相握向上伸直，身体向左或向右充分伸展。

（3）两臂做不对称大绕环转肩动作，在背后一手从上往下，另一手从下往上，两手在背后做拉伸练习。

（4）并腿直立，上体前屈，手摸脚或地面；并腿直立，身体侧转用手摸异侧脚脚跟。

（5）两腿交叉直立，上体前屈，手摸脚或地面。

（6）两腿开立，髋关节向前送，手摸脚跟。

（7）两腿前后开立，两脚跟着地做弓箭步向下压腿。

（8）在地板上做"跨栏步"拉压腿跨。

（9）左右弓箭步练习，手放在脚上，连续左右弓箭步练习。

（10）两人背对背站立转体击掌练习。

（11）利用器材或同伴相互之间做压肩、拉肩、转肩背和各种压腿拉腰、背及全身伸展练习。

三、排球运动员的体能训练

排球运动对运动员的身体素质具有鲜明的专项需求特点。如果没有高度发展的身体素质，排球运动员即便拥有良好的技术和战术，也不可能在高水平的激烈比赛对抗中展现出应有的竞技水平。

排球运动的特点是以体现运动员的力量魅力为主要特点，且对抗性强，竞争激烈，身体的运动幅度较大。以运动特征而言，运动员的大力扣杀需要出色的弹跳力和强大的核心力量及上肢力量；拦网动作要求运动员不仅具有良好的腰腹力量能力，而且还要具有非常好的平衡能力可以控制身体在空中的姿态，以及坚强有力的躯干和手臂力量去对抗对手的重扣。除此之外，排球运动对运动员的力量素质、速度素质也具有较高的要求。比如，男子排球运动员的扣球速度已高达30米/秒的水平。另外，排球运动的对抗性越来越强，比赛的节奏和攻防速度也越来越快，这对运动员的动作速度、移动速度以及攻防转换、攻传配合等方面的要求也越来越高。同样的，对排球运动员的专项耐力的要求也极高，没有强大的耐力水平，运动员无法在长达一个多小时的比赛中始终保持较高的体能状态和技能水平。在一场排球比赛中，运动员要完成上百个攻防对抗回合。这意味着运动员要不断地奔跑、跳跃、拦网、发球、垫球等，如果要想高质量地完成每一个动作，运动员必须具备很高的耐力水平。

（一）力量训练

1.手指、手腕力量练习
（1）手指用力屈伸练习。
（2）手指用力做握网球练习。

（3）单手或双手传足球或篮球。
（4）身体离墙1米左右，用手指做推撑墙的动作。
（5）向下抖手腕做拍球练习。
（6）提抓铅球或沙袋练习。
（7）手持哑铃做腕绕环练习。
（8）用小哑铃或杠铃做腕屈伸练习。
（9）手指或手掌撑地做俯卧撑练习。

2.手臂力量练习

（1）单人各种抛球练习。用前臂和手腕动作将实心球抛起用另一手接住，两手交替进行。

双手背后将球抛起过头并接住。双手上抛，转体360°接住。仰卧，双手胸前向上传球，迅速起立接球。双手持球，弯腰从胯下向后上方抛球，转身接球。

（2）双手或单手持球上举，立姿或跪姿、坐姿，直臂或屈臂做向前、向后抛掷实心球练习。

（3）双人推小车比赛，正反向运动，要求身体要平直，手臂应伸直。
（4）俯撑，脚尖固定，两手交换支撑绕圆圈移动。
（5）手倒立推起（在同伴帮助下）练习。
（6）俯撑，手足同时离地做向侧跳跃移动。
（7）双手持哑铃做前平举、侧平举和臂绕环练习。
（8）双手持哑铃肩后屈肘上举。
（9）徒手挥臂或做掷网球练习。
（10）肩上单手或头上双手掷实心球练习。

3.腰腹肌、背肌力量练习

（1）单人徒手练习

①仰卧起坐、俯卧体后屈、侧卧抱头侧上屈、仰卧举腿、肋木举腿等。可徒手或负重练习仰卧元宝收腹。

②双手置于头上，上体做前后屈、左右屈或大绕环练习。

③仰卧两头起：仰卧，两手臂和两腿伸直，同时向一起靠拢，手指尖触脚背为一次。

（2）双人徒手练习

①俯卧，两手置背后，做体后屈，另一人固定其脚部。

②一人仰卧双手握住另一人踝部，做快速收腹起，另一人推其脚背。

③凳上仰卧，举起两脚放在另一人腰旁，另一人握住其踝部，仰卧者伸直两膝用力坐起来用手拍自己的脚背面，然后双手在头后触地。

④左右侧卧起，另一人固定其脚。

（3）实心球练习

①双手持球或双脚夹球，在垫上做仰卧收腹或俯卧折体起。

②站立或分腿坐地，双手持球做转体和上体大绕环练习。

③两手持球，臂上举，做以腰为轴上体后屈的腹背运动。

④双脚夹球跳起，将球向前、向上或向后抛出。

⑤一人仰卧于垫上，在其脚部稍远处站一同伴。同伴把实心球传给仰卧者，仰卧者接球坐起，同时用双手将球回传给同伴。

⑥坐在垫上，双手持球，从头上向背后掷实心球。

（4）杠铃和壶铃练习

①做抓举杠铃的练习。

②斜板仰卧持壶铃或杠铃片做收腹练习。

③肩负杠铃或手持壶铃做上体屈伸练习。

④肩负杠铃做体前屈、体转、体侧屈练习（小负荷）。

⑤双手举一重物（杠铃片、哑铃等），做腰绕环。

4.下肢力量及弹跳练习

（1）"矮子"步行走，要求双手摸脚后跟，行走距离视能力的提高而逐渐增加。

（2）单双脚跳绳及双摇跳绳练习。

（3）连续蛙跳、跨步跳、多级跳、单足跳练习。

（4）连续跳跃一定高度的橡皮筋或栏架。

（5）跑台阶或双脚连续跳台阶。

（6）两人相向半蹲，连续侧滑步移动并做双手胸前传球练习。

（7）双脚夹球，跳起小腿后屈向上抛球后用手接球。

（8）在海滩、沙地或木屑跑道上及软垫上做各种跳跃练习。

（9）肩负队员半蹲起、全蹲起或左右脚交替做高凳上下练习。

（10）杠铃负重半蹲快速提踵。

①脚挂壶铃，做小腿屈伸练习。

②肩负杠铃坐在凳上，站起，连续做若干次。

③左右脚交替向前做跨跳练习。

④两腿深蹲连续向前做蛙跳练习。

⑤连续垂直跳起在空中做快速收腹练习。

⑥原地向前、向后、向左、向右做直膝连续跳跃练习。

⑦半蹲、全蹲纵跳起。

⑧原地连续做直膝向上跳练习。

（二）速度训练

1.反应速度练习

（1）看手势或其他信号向各个方向起跑。预备姿势可以是站立姿势，也可以是坐姿、跪姿或卧姿。

（2）全队队员分两队面对站立，相距1米左右，看教练手势或其他信号做追逐跑练习。

（3）冲刺钻球。教练员抛垂直球，队员定点起动，力争在球落地前从球下钻过。也可以是教练员将球突然放手，让球下落并反弹起来，队员在第二次球落地前从球下钻过。

（4）冲刺接球。教练员单手将球高举，队员在3米处准备，当教练员突然抽手让球掉下时，队员冲跑在球落地之前将球接住。

（5）一名队员任意抛球，另一队员迅速移动接球后抛回；一名队员抛球，两个队员轮流接球；一名队员抛球，其他队员绕过若干障碍物将抛出的球接住。

2.挥臂速度练习

（1）徒手连续快速挥臂练习。

（2）扣吊球。要求动作放松，并有后振动作，拍打时肩部向上伸展。

（3）快速挥臂以扣球动作鞭打标志物，如树叶，树叶应在扣球手臂上方最高处，鞭打时肩部向上伸展。

（4）手持篮、排、足球或羽毛球、乒乓球掷远。

（5）两人一组，相距10米左右，相互单手肩上掷排球，要求以挥臂扣球动作掷球，并使球出手后与地面近似平行飞行。

（6）以扣球手法，在助跑起跳后挥甩网球、垒球或羽毛球。

（7）做轻杠铃的提、屈、挺等快速练习。

（8）两人一组，相距5～6米，单手掷实心球。

（三）耐力训练

1. 弹跳耐力练习

（1）连续小负荷多次数的力量训练。

（2）规定次数、时间、节奏的跳绳。如5分钟跳绳练习，双脚双摇跳30秒，左脚弹跳1分钟，右脚弹跳1分钟，完成两个循环正好5分钟（可根据训练水平调整负荷）。

（3）连续跳上跳下台阶或高台。

（4）连续原地跳起单或双手摸篮板或篮圈。

（5）连续收腹跳8～10个栏架。

（6）30米冲刺跑10次，每次间歇15～20秒。

（7）用本人弹跳80%的高度连续跳20～30次为一组，跳若干组，组间休息2～3分钟。

（8）个人连续扣抛球，10～20次为一组，扣若干组，组间休息3分钟。

（9）两人轮流连续扣抛球30～50次为一组，组间休息2～3分钟。

2. 移动耐力练习

（1）看教练的手势做连续向右前、正前、左前方的移动练习，2～3分钟为一组。

（2）36米移动。队员站在进攻线后看信号起动，前进时必须用双手摸到中线，后退时双脚必须退过进攻线，前进、后退两个来回后接侧身滑步或交叉步移动（不许转身）两个来回，用单手摸线，然后做钻网跑。单手摸对方场区进攻线，折回时单手摸出发线。

（3）连续地鱼跃救球。
（4）队员连续移动接教练员抛出的不同方向、不同弧度的球。
（5）单人全场防守，要求防住15个好球为一组。
（6）队员连续移动接教练掷出的不同方向、不同距离的地滚球。
（7）个人连续地跑动传球或垫球10～15次。

（四）灵敏训练

（1）两臂同时分别向前、后绕环。按教练口令，两臂分别做不同顺序、不同起始节拍的动作。左手前平举，右手在体侧不动–左手上举，右手前平举–左手侧平举，右手上举–左手下放体侧，右手侧平举–左手不动，右手还原。
（2）两足开立和并拢连续跳跃，双手从体侧平举至头上击掌，最后还原。
（3）分足跳时，双手头上击掌；并足跳时，双手侧平举。
（4）连续交换单足跳跃。前踢腿时，双手触足尖；后踢腿时，双臂上振，反复进行。

第四节　其他专项后备人才体能训练

一、体操运动员的体能训练

现代体操训练一个十分重要的特点是，训练方法与手段以及训练方式越来越多样化。体操教练应该熟悉、掌握这些训练方法和手段，并结合教学训练实际和比赛需要，以及个体差异，设计并采用具有针对性的训练方式。

（一）力量训练

1.等张练习法
（1）上肢推撑力量
①手倒立类练习，包括推倒立、提倒立（利用吊环、双杠、倒立架等器械）。
②负重双杠臂屈伸。
③卧推杠铃。
（2）上肢拉引力量
①负重引体向上。
②引体向上成支撑。
③爬绳（杆）。
（3）上肢直臂内收、外展、前举力量
①压十字（根据情况使用橡胶带）。
②俯卧压十字（环距地高40厘米左右）。
③拉橡胶带。
（4）腰腹力量
①负重的仰卧起坐。
②悬垂举腿（肋木或单杠）。
③腿后举（上体俯卧纵马上，两手抱马身，两腿向后上摆起）。
（5）下肢力量
"跳深"是简洁、有效的方法，缓冲时间要短，跳起速度要快，可根据能力负重。

2.静力性练习法
肌肉张力明显增加而长度基本不变称为等长收缩。体操动作中有很多静止用力动作和用力慢做的动作，完成这些动作时肌肉是以等长收缩为主。在体操力量练习中，等长训练的主要形式是静止用力和用力慢做。

第八章　竞技体育后备人才专项体能训练探索

（1）静力性练习的负荷

等长训练的负重主要是自身的体重。等长训练具有关节角度特征，即在某个关节角度训练中，这个关节角度的静力性力量明显增加，而在其他关节角度时力量增加并不明显。因此，体操运动员进行等长训练时应以自身体重为负荷，以体操中静止用力动作为主，进行专门性练习。采用静止用力动作进行等长训练时，运动员尽最大努力保持静止时间在5~7秒，这时的负荷最有利于增长绝对力量；如果静止时间在20秒以上则主要是增长力量耐力。

负荷强度可以通过在运动员身上负重或给予适当助力来调整。每种练习的次数应在5~10次。

（2）静力性练习的具体方法

各种十字支撑，吊环、双杠、自由体操的水平支撑，高举腿支撑，俯卧静力练习（前臂和脚分别置于山羊上，在腰部负重），仰卧、侧卧静力练习，靠墙斜倒立支撑（面向墙45°的斜倒立）。

3.循环练习法

循环训练是广泛采用的一种练习法，它可以发展力量，也可以增强肺功能。循环训练的效果主要取决于循环训练的内容。用于发展力量的循环训练主要是由负重抗阻练习组成。循环训练要根据运动员的能力分别设计，由5~6种力量练习组成，每个练习循环一遍为一组，一般应安排3~5组。训练实践证明，循环训练在发展力量方面有明显效果。

（二）速度训练

（1）在跳马跑道上进行20~30米的加速跑。

（2）在跳马跑道上助跑20米左右，单脚上板，提高跳马助跑速度和准确上板的能力。

（3）快速完成俯卧撑或引体向上的练习。要求以最快的速度完成8~10次，或在8~10秒的时间内尽可能多做练习。

（4）由屈臂俯卧撑快速推离地面，两手在空中击掌1~3次成屈臂俯卧撑。

（5）靠墙手倒立用力推离地面。臂和腿保持伸直，用肩带和手腕的快速发力来完成。优秀运动员可从倒立位置推离地面5~7厘米。

（6）从双杠一端支撑，快速推手移动至双杠的另一端，速度快者可在2.2~2.5秒内完成。

（7）在地板上俯卧撑，两臂同时推手快速向前或向后移动。

（8）高频率步法移动练习，如短距离冲刺、高频率的小步跑和高抬腿、前滑步、后滑步、往返跑以及高速的单摇跳绳等。

（9）高频率步法转换练习，如各种步法的前进、后退、左右移动的快速转换练习。也可以结合口令或手势练习，不仅练习移动速度，还可练习反应速度。

（10）腿部爆发力练习，如快速的单足跳、蛙跳、纵跳、冲台阶、跳深练习等。

（三）耐力训练

（1）基本动作的多次重复练习，如鞍马各部位的连续全旋、技巧连续原地团身后空翻等。

（2）基本难度动作的多次重复，如高低杠连续向前大回环或向后大回环、技巧蹍子后手翻后空翻（来回做）等。

（3）基本难度动作联合串的多套练习，如高低杠屈伸上摆倒立—腾身回环成倒立，吊环屈伸上直角支撑—慢起倒立—直臂直体慢落下成支撑—十字支撑—连续压起若干次（可助力帮助）等。

（4）半套动作练习。

（5）基本"架子套"练习（不做主要难度动作以及上法或下法）。

（6）成套完整套路练习。

（7）通过改变间歇时间和活动的比例变换训练方法。比如，可逐步缩短休息时间。

二、健美操运动员的体能训练

(一) 力量训练

1. 上肢力量

(1) 双杠臂屈伸

双手握在杠上,先充分伸展手臂,然后屈臂夹肘,身体垂直向上,再还原,反复练习。

此练习有以下几种变化形式:

①脚或腰负重练习。

②借助健身球、吊环等器械练习。

③以不固定的节奏练习。

(2) 俯卧撑组合

双手以同肩宽的距离俯撑在地,手指朝前,两臂、两腿都充分伸直,两脚并拢,脚跟提起;屈肘,身体下沉至躯干比肘关节稍低,然后伸直手臂恢复,重复练习4~8组,每组包含以下四个八拍:

第一八拍:俯卧撑连续做4次。

第二八拍:俯卧撑屈肘控制。

第三八拍:左右移动俯卧撑各1次。

第四八拍:同第二八拍。

2. 下肢力量

(1) 肩负杠铃1/4蹲跳

双手以宽握距举起杠铃放到头后肩上,双脚开立与肩同宽,上身挺直,屈膝1/4,腿部肌肉收缩发力使两脚同时起跳至离地3~5厘米,落地缓冲,反复练习。

(2) 杠铃弓箭步抓举

两手抓握杠铃向上举起,同时两腿做左弓箭步姿势,然后还原,再举起杠铃,同时两腿做右弓箭步姿势。反复练习。

3.躯干力量

（1）俯卧体后屈

在垫子上做好俯卧的准备姿势，髋、腿完全着地，脚保持固定不动，两臂向前举起，上体同时抬起到最大高度，保持片刻，还原，反复练习。

该练习有以下几种变化形式：

①手持轻器械，或将沙袋绑在手臂或腰上进行负重俯卧体后屈练习。

②俯卧，做双手抱头体后屈练习。

③练习时，动作节奏多变。

（2）左右转体

两人一组，背靠背坐在地上，两腿分开，手臂侧平举互相拉住对方的手，两人同时向左转体，力度稍大一些，转到最大程度后保持几秒钟，然后还原，再向右转体，下肢始终保持固定姿势。

（二）耐力训练

1.花式跳绳

进行跳绳练习，如单人跳、双人跳、带人跳，跳绳时身体始终正直，每一组都要连续跳，不能中断。练习负荷要求如下：

练习强度：55%~60%；

练习数量：30~40次/组，共5组；

间歇时间：组间5分钟。

2.跳与跃组合

将健美操竞赛规则中的跳与跃两类动作组合起来循环练习，练习过程中身体姿态始终保持准确、规范，不断增加练习难度。练习负荷要求如下：

练习强度：55%~60%；

练习时间：4~6分钟/组，共5组；

间歇时间：组间10分钟。

3.成套练习

循环练习成套动作,包括难度类动作,练习过程中身体姿态始终保持准确、规范。练习负荷要求如下:

练习强度:55%~60%;

练习数量:1~2套/组,共5组;

间歇时间:组间5分钟。

(三)柔韧训练

1.手撑横叉

两脚左右分开成横叉,上体俯身前屈,双手支撑在地,上身放松,两腿不要屈膝。练习负荷要求如下:

练习强度:100%;

练习时间:15~30秒/组,共3组;

间歇时间:组间2分钟。

2.纵叉

两脚前后开立成纵叉,两腿伸直,上体前屈并保持放松,保持片刻,还原,反复练习。练习负荷要求如下:

练习强度:100%;

练习时间:15~30秒/组,共3组;

间歇时间:组间2分钟。

(四)平衡训练

将健美操竞赛规则中规定的平衡动作单独提出来进行练习,练习时间逐渐增加,练习内容主要包括平衡类动作、转体类动作、高踢腿类动作、劈腿类动作等。

练习负荷要求有以下两种情况：

练习负荷一：

练习强度：90%；

练习时间：12~20秒/组，共5组；

间歇时间：组间3分钟。

练习负荷二：

练习强度：100%；

练习时间：8~12秒/组，共3组；

间歇时间：组间4分钟。

第九章

竞技体育后备人才体能训练的科学保障

竞技体育后备人才的体能训练，是竞技人才培养的关键环节。因为体能决定着运动员的生涯发展，对运动员运动技能水平的高低以及运动生命的长短都起着至关重要的作用。因此，在培养竞技体育后备人才之初，就要从体能训练的科学性与合理性着手。本章将分别从合理的营养补充、运动疲劳的消除、运动伤病的处理以及运动损伤的康复训练进行全面的阐述和分析。

第一节　合理的营养补充

在竞技体育后备人才的体能训练工作中，对儿童青少年的营养管理和补充是其中重要的一个组成部分。儿童青少年正处于身体发育的高峰期，加上日常大量的体育运动和训练，此时必须保证他们能够及时、科学地摄入身体所需的营养物质，从而令后备人才能够保持健康的身体，得到顺利的发展与成长。同时，在进行体能训练的过程中，也应该安排一些恰当的营养课程，帮助青少年运动员逐步建立科学的营养观，具有自我营养监督和管理的能力和习惯。

运动员每天的运动量要超出常人几倍之多，机体会消耗大量的能量，因此，仅仅靠饮食有时候不能完全满足他们的身体需要。因此在必要的时候，除了日常的普通膳食之外，可以给运动员额外补充一些运动营养品，让他们的营养更充分，训练更加有效。运动营养品具有特殊的功效，目的是补充运动人体膳食摄入的不足，或者由于运动员在大量的训练过程中出现的某种生理生化机能失衡的指标，对此需要及时补充足量的营养进行调节恢复，以及预防类似状况的发生。当前，世界各国的运动员在训练期间都普遍使用运动营养品，可见，运动营养品对竞技运动员的日常训练具有重要作用。

一、糖的补充

糖是人体重要的能源物质，此处不再赘述，但是关于糖的补充，一般按照运动前、运动中和运动后三个阶段进行，分别起到不同的作用。

第九章　竞技体育后备人才体能训练的科学保障

（一）运动前补糖

（1）一般的，在参加比赛的前几日，或者是即将进行大负荷训练的时候，需要调整运动员膳食中糖的摄取量，一般会将糖的占比提到总能量的60%~70%，可以按照每千克体重补充10克糖的比例计算。

（2）在运动前及时补充糖分，也将对训练或者比赛起到一定的积极作用。比如，在运动前1~4小时进行补糖，此时按照每千克体重补糖1~5克的标准计算。

（3）对于一些运动负荷较大的项目，运动员也会在运动前的1小时内补充一定的液体糖。

总之，运动前补糖都能够不同程度地起到提升人体能量补给的作用。

（二）运动中补糖

对于一些马拉松或者越野项目，运动员会在运动中每半个小时或一小时就补充一次液体糖，以保障身体的能量充足。

（三）运动后补糖

运动后补糖越早效果越好。一般在运动结束后要即刻补糖，之后每隔一两个小时连续补糖，每小时补糖量为0.75~1克/千克体重。这样能逐步补充上在训练或比赛中大量消耗的能量。

二、脂肪的补充

对脂肪的补充还需要结合运动项目进行综合考虑。一般的，我国成年运动员每天的脂肪摄入量应占总能量的25%～30%，其中，游泳运动员和冰雪项目运动员需要多一些，他们的脂肪摄入量应占总能量的25%～35%，而登山运动员由于他们经常处于缺氧状态，因此脂肪的摄入量应少于一般标准。对于竞技体育后备人才而言，他们的脂肪摄入情况基本与成年运动员一致。

三、蛋白质的补充

我国运动员的蛋白质摄入量一般是占总能量的12%～15%，其中应该有1/3以上是优质蛋白质。未成年的竞技体育后备人才，由于他们的生长发育旺盛，对蛋白质的需求更高，因此要相应地提高占比。

四、维生素的补充

（1）运动员每日对维生素A的推荐摄入量为1 500微克，对于从事射击等对视力有较高要求的项目的运动员，应适当增加，大约在1 800微克。

（2）运动员维生素B_1的日推荐摄入量为3～5毫克，维生素B_2的日推荐摄入量为2.0～2.5毫克。基本上日常的一日三餐就可以满足需要。

（3）对运动员维生素C的日推荐量会根据训练和比赛的强度而有所区别。比如，在训练期一般要求摄入量在140毫克左右，在比赛期为200毫克。如果是超过两小时的长时间、中等强度的训练，一般每消耗1 000千卡能量，维生素C的供给量需达到30毫克。

（4）对运动员维生素E的日推荐摄入量为30毫克，而高原训练期间适当增加，最多为50毫克。

五、矿物质的补充

我国运动员膳食中矿物质的日推荐摄入量如表9-1所示。

表9-1　我国运动员膳食中矿物质的日推荐摄入量（单位：毫克）

矿物质	7～11岁	12～17岁	18岁及以上	
			常温训练环境	高温训练环境
钠	1 000～3 000	2 000～4 000	<5 000	<8 000
钾	2 000～3 000	3 000～4 000	3 000～4 000	3 000～4 000
钙	800～1 200	1 000～1 500	1 000～1 500	1 000～1 500
镁	300～400	400～500	400～500	400～500
铁	—	—	男运动员20	男运动员25
			女运动员25	女运动员30
锌	—	—	20	25
硒	—	—	0.05～0.15	0.05～0.15
碘	—	—	0.15	0.15

六、水的补充

水对人体的重要性常常容易被忽略,但是,对于运动员而言,补充水的时间和量都属于非常重要的营养管理工作内容。一般的,可遵循预防性补充原则和少量多次补充原则进行水分的补充。运动员在训练或者比赛中,由于身体处于剧烈、长时的运动状态中,身体在消耗大量能量的同时,也伴随着水分的大量流失,为避免发生脱水现象,必须进行预防性的补水。一般运动员会选择用运动型饮料补水,因为随着汗液的排除,还会有大量的微量元素的流失。一般来说,运动员的补液总量要比失水总量大,补钠的量尤其应该如此,这样运动能力才能保持较高的水平,体力才能迅速恢复。少量多次补充原则是考虑到人体在运动中,大量饮水会增加肠胃和心脏的负担,因此,每次补水不要太多,而每半小时或一小时补充一次,但每小时补充的水不要超过800毫升。

一般来说,运动前2小时饮用400~600毫升的运动饮料(含电解质和糖),或者运动前15~20分钟补充400~700毫升的水最为常见。运动中排汗多的运动员更应该注意补液,出汗量越大,补液量也就越大,运动后补液以含电解质的饮料为主。

第二节 运动疲劳的消除

一、运动疲劳的诊断

在后备人才的体能训练中,出现运动疲劳是非常正常的现象。只有在疲劳的刺激下,机体才能产生应激,才会得到发展和进步。可以说,没有疲劳的训练,不是真正意义的训练。一般情况下，判断运动疲劳可从三个方面着手：主观感觉诊断、生理学诊断和心理学诊断。

（一）主观感觉诊断法

主观感觉诊断法主要是运用自我感觉进行判定。主观感觉等级表（RPE）最早由瑞典生理学家冈奈尔·鲍格制定。鲍格认为，测试主观判断是判断运动疲劳的重要标志。这种判定方法属于半定量分析，比较精确。后来，鲍格又提出一种新量表，如表9-2所示，这种判定表主要用来判定无氧运动或缺氧时的自觉反应。

表9-2　主观运动强度判定表（RPE）

RPE值	主观运动感觉特征	强度（%）	体力
6	安静	—	—
7	非常轻松	7.1	40
8	非常轻松	14.3	45
9	很轻松	21.4	50
10	很轻松	28.6	55
11	轻松	35.7	60
12	轻松	42.9	65
13	稍费力	50.0	70
14	稍费力	57.2	75
15	费力	64.3	80
16	费力	71.5	85
17	很费力	78.6	90
18	很费力	85.8	95
19	非常费力	93.1	100
20	非常费力	100.0	105

通过上表可帮助教练确定不同运动员运动训练的负荷强度。对于后备人才而言，由于他们的体能水平还没有发展完全，尤其是耐力素质，还相对较差，因此，需要教练灵活降低训练强度，以防出现过度疲劳的现象。

（二）生理学诊断方法

以触二点辨别阈值测定法为例。实验中持触觉计或两脚规，以同样的力度用两端轻轻碰触受试者的皮肤，先从感觉不是两点的距离开始，逐渐将两脚规距离拉大，直至受试者感到是两点的最小距离时，将此作为皮肤空间阈。触二点辨别阈值指的就是这个敏感距离。随着运动员疲劳程度的增加，其感觉机能会逐渐下降，皮肤的敏感距离也会慢慢增加，因此，可以根据两点阈值的变化对运动者的疲劳程度进行判断。身体不同部位的触二点辨别阈值是不同的（表9-3）。

表9-3　身体不同部位的触二点辨别阈值（单位：毫米）

身体不同部位	触二点辨别阈
拇指	3.5
食指	3.0
中指	2.5
无名指	4.0
小指	4.5
第三指背	6.8
手掌	11.5
手背	31.6
鼻部	8.0
面颊	7.0
前额	15.0
上唇	5.5

续表

身体不同部位	触二点辨别阈
脊背中央	67.1
颈背	54.6
胸部	36.0
肩部	41.0
背部	44.0
腹部	34.0
前臂	38.5
上臂	44.5
大腿	45.5
小腿	47.0
脚底	22.5

一般来说，右面颊上部是经常测试的部位，水平方向测试。其他部位的两点阈值可参考实验数据，对比正常数值，比值在1.5和2.0之间，可判定为轻度疲劳；超过2.0可判定为重度疲劳。

（三）心理学诊断方法

对运动疲劳的心理学诊断，经常通过观测运动员的睡眠情况获得。一般的，如果运动员产生运动疲劳情况，那么很容易会带来失眠，而一旦睡眠质量出现问题，必然会对人的身心健康、训练状态和生活质量产生直接的影响。目前，最常用的测评工具是阿森斯失眠量表，它可以较为全面地反映出运动员或任一运动个体的睡眠情况，根据调查结果可对其睡眠质量和疲劳情况进行判断。在使用量表时，需要注意，每一个症状必须在近期内出现3次或3次以上才作为可统计的症状（如图9-4所示）。

表9-4 阿森斯失眠量表

分数＼项目	A（0分）	B（1分）	C（2分）	D（3分）
入睡时间（熄灯后到睡着的时间）	没有问题	轻微延迟	显著延迟	严重延迟或没有睡觉
夜间睡眠中断	没有问题	轻微影响	显著影响	严重影响或没有睡觉
比期望的时间早醒	没有问题	轻微提早	显著提早	严重提早或没有睡觉
总睡眠时间	足够	轻微不足	显著不足	严重不足或没有睡觉
总睡眠质量（无论时间长短）	满意	轻微不满	显著不满	严重不满或没有睡觉
白天情绪	正常	轻微不好	显著不好	严重不好
白天身体功能	正常	轻微影响	显著影响	严重影响
白天思睡	没有思睡	轻微思睡	显著思睡	严重思睡
总分				

评分标准见表9-5。

表9-5 阿森斯失眠量表评分

总分	睡眠情况
4~6分	可能存在失眠
>6分	肯定存在失眠

睡眠对身体的康复具有决定性意义，良好的、充足的睡眠，可以有效地缓解机体的疲劳，在睡眠期间，运动器官和组织会进行快速修复，加速排泄运动代谢物质，从而有效帮助机体消除运动性疲劳。因此，在大量的运动后，运动员必须要能保证时间充足、高质量的睡眠，使身体的各项机能尽快恢复到正常水平，以饱满的体力与精神状态迎接新的训练。

二、运动疲劳的消除

对运动疲劳进行诊断之后,那么接下来要做的是选择合适的康复方法和手段进行干预。一般最为常见的干预方法有物理疗法、药物疗法、营养学疗法、传统康复手段等,当然每一种方法或手段未必是单独使用,可以根据运动员的实际情况综合选择多种手段进行综合性康复,这样的效果更快、更好。本节将主要介绍适用于竞技体育后备人才进行康复治疗和疲劳恢复的传统康复治疗、营养康复疗法两种方法。

(一)传统康复治疗

传统康复治疗技术主要包括针灸、拔罐、按摩、中药熏蒸、桑拿等疗法,这些手段主要是通过有针对性的外力协助,帮助机体迅速调节脏腑功能、疏通经络、调和气血、升降气机,从而达到增强新陈代谢和消除疲劳的作用。传统康复治疗非常安全,没有副作用,对于促进运动员的机体机能修复、损伤疗愈以及增强抗病能力和强壮脏腑等都有显著疗效,因此,是我国竞技体育后备人才的首选康复治疗手段。

对于后备人才来说,基本的思路应该是预防大于治疗,因为儿童青少年正处在长身体的阶段,对他们的体能训练应该强度适中,不能进行负荷过大的训练,以免带来健康隐患,影响未来的身体发育。因此,传统康复治疗就显得格外重要,其通过多种形式的、积极的放松手段,帮助青少年在体能训练之后,及时得到缓解和干预,在很大程度上避免和预防了运动损伤的出现。

下面主要分析传统康复治疗中几种常见的按摩方法:

1.按法
以掌按法为例。
按摩技师用掌根、全掌或鱼际部位在施术部位按压,稍停留片刻,重复按压。

2.摩法

以掌摩法为例。

按摩技师手掌贴在施术部位，掌心和掌根持续环转摩动。注意手法要保持用力和角度的连贯和持续，尤其是用力不能忽大忽小。

3.叩法

按摩技师双手都半握空拳，掌根及指端着力，双手交替对施术部位进行叩击，且保持一定的节奏。

4.击法

（1）拳击法

按摩技师单手或双手握拳，空拳在施术部位一起一落有节奏地击打。也可以反拳击打。

（2）掌击法

按摩技师一手五指分开并微屈，用掌根或小鱼际对施术部位进行击打。对于儿童青少年进行治疗时，注意用力要相对轻柔，切忌用力过猛。

5.搓法

以掌搓法为例。

按摩技师双手合抱在运动员肩部前后，一前一后用力揉搓，逐渐下移到腕部，再从下向上揉搓。此法可以很好地缓解肩膀和手臂的疲劳情况。

6.颤法

按摩技师伸直掌指，平放并贴紧运动员的按摩部位，用腕力、臂力细微地左右摆动，从而放松按摩部位的肌肉组织。

7.点法

（1）拇指端点法

按摩技师握空拳，拇指紧贴食指中节桡侧面，用拇指端点压按摩部位。此法一般用于头部、颈部的穴位按摩。

（2）肘尖点法

按摩技师肘尖用力点按施术部位。肘尖点法一般用于躯干部位的按摩和放松，借助肘部和身体的重量，可以对运动员进行较为有力的穴位按摩，对放松有十分显著的效果。

8.拨法

以拇指拨法为例。

按摩技师拇指伸直，其余四指握拳，用拇指拨动运动员需放松的部位。该技法常用于对手指和脚趾的放松。

9.拿法

以五指拿法为例。

按摩技师双手放在施术部位，拇指与其余四指相对，在运动员需按摩的部位用力拿提，动作要有节奏，持续进行。

10.揉法

以掌揉法为例。

按摩技师一手鱼际部位放在运动员的施术部位，前臂以肘为支点旋转摆动，带动腕部轻缓地旋揉。

11.抖法

（1）上肢抖法

按摩技师双手拇指、食指、中指将运动员肢前臂远端握住，无名指、小指及实际部位将其腕部握住，向体外前方抬肩60°，上下连续抖动，使抖动波传到肩部。

（2）腰部抖法

运动员俯卧，按摩技师双手抓其双踝，先做拔伸牵引，摆动下肢，1分钟后，突然上下抖颤腰部。

12.理法

以理肢法为例。

按摩技师一手握受术者手部，一手循臂三阴经快速向远端捋理滑动。双手可同时操作。

13. 推法

（1）掌平推法

按摩技师整个手掌放在运动员即将进行按摩的部位，重点以掌根发力向一定方向推进。

（2）肘平推法

按摩技师一肘弯曲，鹰嘴突用力于施术部位，顺肌肉纤维的平行方向缓慢而有节奏地推移。

（3）拇指直推法

按摩技师拇指指腹用力于运动员的施术部位，沿经络单向推动。

（4）掌根直推法

按摩技师手腕上跷，五指自然伸直，掌根用力于运动员的施术部位直推。

14. 拍法

以指背拍打法为例。

按摩技师一手五指自然弯曲，用指背连续拍打施术部位。

（二）营养康复疗法

对于竞技体育后备人才而言，营养管理和营养康复是两位一体的议题。一方面，他们的年龄阶段决定了他们的身体需要及时、全面、大量地补充营养物质；另一方面，作为竞技体育后备人才，他们还要面临着专业的体育训练，这就意味着他们对营养的需求要远远大于普通的儿童青少年；再者，对机体进行运动康复的重要途径之一，就是人体通过营养物质的补充而实现修复和缓解疲劳、增强体质的效果。因此，掌握营养康复疗法对青少年运动员是非常重要的内容。

在专业的体能训练过程中，补充营养是机体能力恢复的物质基础，其中，补糖、补蛋白质、补水都是补充营养的重点。通过补糖可恢复机体的血糖水平，增加肝糖原的储存，从而快速消除血乳酸，可快速减轻机体的疲劳感。此外，在膳食安排中补充适量的优质蛋白质和脂肪也有利于更快、更好地消除运动性疲劳。

但是在进行营养康复时还需要注意,任何一种能量物质的补充既不能过多,也不能过少,以免影响运动疲劳的消除效果和运动员的身体健康。

除此之外,也要注意对维生素的适量补充。尤其是在大负荷的训练之后,维生素B族和维生素C、维生素E的需要量将提高一倍,特别是在糖大量消耗后,维生素B的补充量要适当增加。

对于运动员来说,运动训练后合理、及时地补充营养对消除运动性疲劳有着积极意义。青少年运动员由于机体的代谢旺盛,可以采取多餐制或者加餐制,即在正餐之间,可以适当地补充一些高蛋白食品,以促进身体的恢复和疲劳的缓解。另外,在机体出现疲劳现象后,饮食方面要注意选择那些易于消化的食品,以免增加肠胃的负担,影响营养摄取。

第三节 运动伤病的处理

一、常见运动损伤的处理原则

(一)闭合性软组织损伤

闭合性软组织损伤在田径、体操类运动中较为常见,对于竞技体育后备人才而言,他们在进行耐力训练、力量训练以及速度训练的过程中,也时有发生闭合性软组织损伤。一般可分为早、中、晚三期。

1. 早期

早期的闭合性软组织损伤是指伤后24～48小时内这段时间。在这一期间，其病理特征主要表现为组织撕裂或断裂后出现血肿和水肿，且伴有反应性炎症。比如，损伤局部的红、肿、热、痛和功能障碍。早期创伤的处理原则为制动、止血、镇痛、防肿及减轻炎症。

2. 中期

中期是指运动员在受伤24～48小时以后。该时期表现出的主要病理特征是肉芽组织已经形成，凝块正在被吸收，坏死组织逐渐被清除，组织正在修复。临床上，急性炎症已逐渐消退，但仍有瘀血和肿胀。对于中期创伤的处理原则是改善局部的血液循环和淋巴循环，促进组织的新陈代谢，加速瘀血和渗出液的吸收及坏死组织的清除，促进再生修复，防止粘连形成。

3. 晚期

晚期的闭合性软组织损伤，是指损伤组织已基本修复，但可能有瘢痕和粘连形成。此时肿胀和压痛已经消失，但功能尚未完全恢复，锻炼时仍感到微痛、酸胀和无力，个别严重者出现伤部僵硬或运动功能受限等。因此，这一时期的处理原则为恢复和增强肌肉、关节的功能，同时设法软化瘢痕和分离粘连，以促进功能的恢复。

（二）开放性损伤

开放性损伤的处理原则主要是根据受伤的情况进行伤口的清洗、杀菌、止血、包扎，必要时要进行手术缝合。

二、常见的运动伤病及其处理方法

（一）闭合性软组织损伤

1. 肌肉肌腱拉伤

肌肉肌腱的拉伤主要是由于肌肉主动猛烈收缩，且收缩力超出肌肉本身所能承担的能力，或肌肉受力牵伸时，超过了肌肉本身特有的伸展程度，都是造成肌肉拉伤的原因。由于致伤力的大小和作用性质不同，可引起肌肉、肌腱部分纤维断裂、完全断裂或微细损伤的积累。除肌肉本身的拉伤外，常可同时合并肌肉周围的辅助结构如筋膜、腱鞘和滑囊的损伤。处理肌肉肌腱拉伤的主要方式，首先应使用镇痛喷雾立即帮助运动员止痛，必要时应尽快送医处理。

2. 关节韧带扭伤

关节韧带扭伤是由间接外力所致，即在突发的外力作用下，使关节发生超常范围的活动而造成。轻者发生韧带部分纤维的断裂，重者则韧带纤维完全断裂，引起关节半脱位或完全脱位，同时可合并关节囊滑膜和软骨损伤。处理方式是首先要保护受伤部位的稳定性，不要发生二次损伤，并尽快止痛，然后送至医务室或医院处理。

（二）开放性损伤

1. 擦伤

擦伤属于最轻的开放性损伤，是由于皮肤受到外力摩擦所致，一般的擦伤有擦破出血或有组织液渗出等情况。但是因为擦伤一般都创口浅、面积小，一般情况下都不用过多处理就可以自愈，或者用生理盐水或凉开水洗净创口即可，或者用75%的酒精进行伤口的杀菌处理，然后贴上创可贴即可，无需包扎。但是如果擦伤面积较大，在对伤口进行清洁和杀菌处理后，还要做止血处理。如果伤口是在关节附近,那么也要避免暴露疗法,以免皮肤干裂而影响关节运动,应及时用凡士林纱布覆盖创面或撒上消炎粉,再用消毒敷料覆盖并包扎。

2.撕裂伤

皮肤撕裂伤多发生于头部,尤以额部和面部较多见。如篮球运动员在激烈的防守进攻中,运动员的眉弓部被他人肘部碰撞,引起眉际皮肤撕裂。若撕裂伤口小,进行及时的止血、消毒处理即可,或者用粘膏黏合;如果伤口较大,那需要在杀菌后进行缝合,避免伤口恶化。

3.刺伤和切伤

在田径运动中,运动员被钉鞋或标枪刺伤,或者在冰雪项目中,运动员不慎被冰刀割伤等,其处理方法基本上与撕裂伤相同。凡被不洁物致伤且创口小而深时,应注射破伤风抗毒素。

(三)低血糖

血糖是葡萄糖在体内的运输形式,亦是细胞、尤其是脑细胞能量的主要来源。当体内血糖低于正常生理需求时,会出现一系列症状,这些症状统称为低血糖症。低血糖症是一个综合征,有多种病因导致,但是在临床上具有共同的症状和表征。由于脑细胞是直接从血糖中获得营养和能量的,因此大脑对低血糖极为敏感。一旦体内的血糖低于生理需求,人体就会出现头晕、眼花、心慌、乏力、面色苍白、盗汗等症状。如果不及时进食或者补充能量,严重者会出现神志不清,思维迟缓、步态不稳,视物模糊以致昏迷等症状。常见的处理方法是尽快给运动员补充适当的含糖流质饮食,或者吃两块巧克力,症状短时间便可消除。如果症状较严重,要运动员保持平卧休息,并静脉注射50%葡萄糖40毫升～100毫升,同时点掐人中、涌泉、合谷等穴,配合双下肢按摩,并迅速请医生前来处理。

（四）运动中腹痛

运动中腹痛是运动员运动中非常常见的现象，它的成因较复杂，一般只要停止运动、稍作休息，过一会儿症状就会自行消失。

1.病因与发病机理

常见的发病机理包括肝脾瘀血、运动准备活动不充足、心肌能力低下以及运动中呼吸动作的协调性较差等。比如，当运动员在剧烈运动前准备活动不充分时，会影响全身各系统器官的机能活动，尤其是循环系统功能的低下，心肌收缩力较弱，使静脉回心血量减少。如果运动中呼吸不协调，如呼吸急促且表浅，导致胸内压上升，影响腔静脉回流，同样可造成肝脾瘀血。或者是由于胃肠道痉挛或胃肠功能紊乱等，使胃肠壁及肠系膜上的神经受到牵扯而产生腹痛。

2.处理方法

出现腹痛时应适当减慢速度，首先使用深呼吸调整呼吸的节奏，同时用手按压疼痛的部位或弯腰跑一段，做几次深呼吸，疼痛可得到缓解。如效果不理想应立即停止运动，点掐内关穴、足三里或请医生处理。

（五）肌肉痉挛

肌肉痉挛是肌肉不自主的强直性收缩，俗称抽筋。最常发生抽筋的肌肉是小腿的腓肠肌和足底的屈趾肌。一般的处理方法是用手辅助牵引痉挛的肌肉，就可立即缓解症状。需要注意的是牵引过程中用力要轻缓，循序渐进地用力，切忌使用暴力、蛮力，以防肌肉拉伤。

如果是在游泳训练的过程中发生肌肉痉挛，首先应镇定精神，不要惊慌。然后深吸一口气后仰浮于水面上，然后采用上述方法对痉挛的肌肉进行牵引。待肌肉的痉挛得以缓解后，应立即上岸休息。

对于多次出现肌肉痉挛的运动员，应注意对患处保暖，并适当地补充钙和镁，可起到缓解症状的作用。

（六）冻伤

运动中的冻伤多见于冰雪项目，以局部冻伤为常见，多发生在手、脚、耳廓、鼻尖等处。由于环境温度过低，而肢体末端的血液循环较弱，长时间的寒冷刺激会对机体的脆弱部位造成损害，加之局部体温调节功能障碍等因素，于是会出现冻伤的情况。冻伤最初表现为局部红斑或青紫色肿块，触之冰冷、压之褪色，但并无其他不适的感觉。此时如及时发现并加强保暖，或者暂停训练，回到室内或者让机体充分休息，损害可慢慢消退。出现冻伤后，应及时对受伤部位保暖，一般采用温水湿敷，并伴随轻柔的按摩。同时，也可以在患处涂抹冻疮软膏，有溃疡处用5%硼酸水洗。

第四节 运动损伤的康复训练

一般的，运动员在训练和比赛中总难免会出现运动损伤。运动损伤最常见的是对肌肉和关节的破坏性拉伸或扭伤为主。本节将对肌力康复和关节康复两个方面进行讲解。

第九章 竞技体育后备人才体能训练的科学保障

一、肌力的康复训练

(一)开链运动

开链运动是指肢体远端不固定且不承受身体重量所进行的运动,原动肌和协同肌兴奋,但拮抗肌不同时收缩。

开链运动最为常见的是肩关节侧卧外旋训练。该方法主要锻炼冈下肌和小圆肌。要求侧卧,腋窝下放一个卷起的毛巾或枕头,肘关节屈90°置于腹侧,慢慢地外旋肩关节,直到前臂与地面垂直位,再慢慢地回到起始位,重复数次。

(二)闭链运动

闭链运动是指肢体远端固定并承受身体重量所进行的运动,原动肌、协同肌和拮抗肌同时兴奋。

最为大家熟知的闭链运动是静蹲。它主要锻炼股四头肌和臀大肌。训练时,运动员选择背对墙面,双脚开立并与肩同宽,缓慢屈髋屈膝下蹲臀部向后坐,至大腿与地面平行,双腿下蹲时,脚尖与膝盖保持同一方向,且膝盖不要超过脚尖,躯干保持直立,腰部收紧,膝关节屈曲至大腿平行时,保持至力竭,休息30秒后再继续下一组。根据训练者的身体情况选择练习的组数。

(三)脊柱康复训练

脊柱康复训练最为常见的方法是侧桥。该方法主要对肩关节周围肌群、竖脊肌、阔筋膜张肌、臀中肌这些肌肉进行康复干预和锻炼。训练时,运动员用前臂和脚做侧面支撑,让身体离开地面,保持躯体伸直至力竭。根据训练者的身体情况选择训练的组数。

二、关节的康复训练

由于各种原因引起的软组织挛缩和关节功能障碍而导致关节活动度减小，甚至出现关节僵硬较为多见，通过主动或被动的练习方法，维持关节正常的活动度，恢复关节的功能，这种功能锻炼方法被称为关节活动度练习（range of motion exercise），简称为ROM练习。常见的ROM练习方法有被动练习、主动练习和器械练习等。

（一）被动练习

在关节的康复训练阶段，最常见的是被动练习，且在康复的初期阶段，也是从被动练习开始的。在技师或者教练的指导下，运动员进行被动练习可以有效减轻肌肉痉挛、松解轻度粘连、消除肿胀等。

（二）主动练习

主动练习法是ROM练习的主要练习方法。主动练习法可以借助一些简单的器具，或者徒手练习也可以，但是要在教练或者医师的指导下进行，且运用简单器械效果会更好。一般长采用的器械有体操棒、肋木、悬挂装置、滑轮装置等。主动练习应包括关节所有轴位上的运动，如髋关节的屈、伸、内收、外展、内旋、外旋等运动。

（三）器械练习

ROM的器械练习是指利用各种专门的练习器械进行练习，如踝关节练习器、腕关节屈伸练习器、划船器、重力摆动机等。

在进行ROM的器械练习时，需要注意以下两点：

（1）为维持关节正常的活动度而进行的ROM的器械练习每天要进行1~2次。每次练习要保证让关节进行3次以上的"全范围练习"（full range of motion exercise，即在关节活动全范围上进行的练习）。练习时，注意动作要保持轻柔缓慢，活动范围从小到大，逐渐增加范围或角度，以能忍受为宜。练习的间歇要有充足的休息时间。

（2）为改善已出现功能障碍的关节活动度，每天应练习多次。在进行ROM的器械练习时，应努力使动作达到现有的最大可能范围，并在此基础上再稍加用力，从而才能达到使其稍微增强和康复的目的。练习时应注意，当达到最大可能位置时，稍稍停留几秒钟，然后再还原，重复动作3~5次。有条件的话，可以在正式练习前对练习部位做适当的热疗，以提高治疗效果。

三、常用的运动康复手段

常用的运动康复手段有很多，按类别可分为医疗体操、医疗运动、中国传统体疗手段等。

（一）医疗体操

1.医疗体操的概念

医疗体操是以运动体操为基础设计的一套专门用于运动康复的医疗性体操，

即根据运动员或者患者的伤病情况,以及想要预防、治疗及康复等不同目的而专门编排的体操运动及功能练习。医疗对运动损伤、术后恢复等都有良好的效果,尤其是帮助运动器官的功能恢复具有明显疗效。此外,医疗体操也可用于某些内科疾病的防治。

2.医疗体操的特点

医疗体操作为运动康复的主要手段之一,具有许多优势和特点。其无论是在功能性还是在操作性方面,都具有很强的实用价值。

(1)针对性强

医疗体操充分地体现了区别对待和因人而异的特点。医疗体操可以根据伤病的具体情况而编排具有针对性的体操动作及功能练习,故可根据各种伤病的性质、伤情的程度、康复目标、患者的身体基础条件以及可接受的程度等情况选择相应的运动内容。医疗体操既有作用于全身的体操动作,也有仅作用于局部关节、肌肉的练习动作。医疗体操的准备姿势、活动部位、运动幅度、运动速度、动作的复杂性及肌肉收缩程度等,都可以根据需要来选择,能针对伤病区别对待。

(2)可控性高

由于医疗体操的动作幅度和难度具有较大的跨度,因此,伤者可以根据伤病的情况,对运动量、动作幅度、运动时间、重复次数等进行高度的控制,从而掌控适宜的运动内容和运动量,对康复目标和康复效果具有较高的掌控感。同时,随着康复运动的进行,还可以根据每个人的恢复情况和接受能力随时进行调整,由此可以控制运动量、运动内容、动作幅度等始终处于最合适的状态,从而为科学的运动康复创造条件。

(3)目的性强

医疗体操可以充分尊重伤者的具体情况以及个人的康复意愿进行康复训练,并编排相应的医疗体操内容。比如,有的伤者是腿部受伤,那么在恢复腿部相关功能的同时,还希望能够保持其上肢的力量素质,那么通过专门的设计,医疗体操是可以同时满足伤者的康复目标的。即为上肢设计一套保持力量素质训练的内容,为下肢设计一套恢复基本运动功能的训练内容,两部分训练可以同时进行。同时,随着训练的进行以及伤者的身体恢复情况可以做及时的调整。

(4)艺术性高

受伤后不仅仅影响了伤者的身体状况,同时对他们的情绪和心理也造成一定的创伤。医疗体操的艺术性特征可以帮助伤者舒缓负面情绪，缓解伤者的心理创伤。医疗体操保留了体操的艺术性和优美性，在训练的时候往往会伴有相应的背景音乐，这些都对提高伤者的情绪有积极作用，对提升训练效果也有明显的促进作用。

3.医疗体操的分类

医疗体操根据运动方式及训练目标的不同可分为下列几种：

（1）被动运动

被动运动是指依靠外力协助才能完成的一种运动形式。训练时，伤者保持肌肉放松，并固定好近端关节，由协助者帮助伤者进行远端肢体的轻缓活动，活动的幅度和力度需要根据伤者的具体情况而定。被动运动是依靠帮助者完成的运动，一般以保证伤者没有疼痛为前提，且帮助者要随时与伤者进行沟通，确保其运动内容和程度是合适的、恰当的。运动中应采取循序渐进的方式逐渐加大运动幅度和力度，且避免以冲击性过强的方式进行活动。它适用于治疗因多种原因引起的肢体运动功能障碍，起到解除肌肉痉挛，牵伸挛缩的肌肉和韧带，恢复或维持关节活动幅度的作用。

（2）助力运动

助力运动是指当受伤运动员的患肢没有足够的力量完成主动练习时，需要借助医师或者相应的器械提供一定的支持和辅助才可以进行的运动。但是，需要注意的是，尽管医护人员或者器械会提供一定的助力，但是助力运动的过程中仍然要以伤者的主动用力为主、助力为辅进行练习，否则将失去练习的意义。助力起到辅助和引导的作用，做练习的伤者应该在主观意识上要求自己全力进行，只是在自身力量达不到训练要求时，适当地借力完成训练，为下一步可自主完成训练做铺垫。另外，助力运动不仅适用于肌肉力量的恢复和训练，同时可用于关节活动幅度存在障碍时，用助力帮助加大关节活动幅度。

（3）主动运动

主动运动是指由伤者主动进行单关节或多关节、单方向或不同方向的运动，运动速度和动作幅度由运动者自主掌控，并可根据需要和身体的恢复及发展情况随时进行调整。主动运动又分等张收缩和等长收缩两种类型。等张收缩，即日常体育活动中引起关节活动的肌肉收缩运动，又称动力性运动；等长收缩，即静止性肌肉收缩，并无关节活动，又称静力性运动，它能有效地增长肌力但不会扩大肌肉的体积，特别适用于对被固定的肢体进行肌肉力量训练。无论哪种形式的主动运动,都必须注意掌握正确的姿势和适宜的活动范围。

(4) 抗阻运动

抗阻运动是指肢体在主动运动中克服外部阻力并完成动作的训练过程。抗阻运动常常用于发展肌力。根据抗阻运动中阻力的来源,可分为他人协助、自身重力以及器械的阻力几种情况。最常见的抗阻运动一般都采用哑铃、沙袋、实心球、弹簧和弹力带等工具的辅助进行。阻力的大小根据伤者的身体条件以及恢复目标而定,阻力的选择应该循序渐进、由小至大,过大或者过小都不利于伤者的恢复。抗阻运动被广泛用于各种肌肉萎缩状况。

(5) 平衡运动

平衡运动是用于帮助恢复身体平衡能力的一种运动形式。锻炼时,伤者随着平衡能力的适应和提高而逐渐缩小身体的支持面,并且使身体的重心逐渐由低到高。当伤者的平衡能力逐渐增强,可以由关闭视觉监督进行练习,即闭上眼睛且不借助任何维持平衡的辅助力量进行练习。平衡运动主要与前庭器官相关,加强它的稳定性可以改善身体的平衡能力。在临床应用上,平衡运动的康复训练常用于因神经系统或前庭器官病变而引起的平衡功能失调。

(二) 医疗运动

1. 医疗运动的概念

医疗运动是指将一般体育手段用于疾病的预防、治疗及康复的运动形式。

2. 医疗运动的特点

医疗运动最为常用的手段是以有氧训练为主的耐力性项目,运动量比医疗体操的运动量稍大,对增强伤者的体质和功能恢复较快。医疗运动对于发展心肺功能具有较好的效果,可用于对一些伤情并不严重的运动员,或者是恢复后期的运动员进行训练。

3. 医疗运动的分类

(1) 慢跑、骑车等周期性运动

这一类运动可以达到最大摄氧量的50%~60%,在运动过程中体内的物质代谢主要以有氧的形式进行。同时,这一类运动比较容易控制运动强度和运动量,可以随时调节运动速度、距离、时间、坡度等,因此,不会让伤者过度训练或者超过可接受的运动负荷。但是在锻炼过程中要做到使吸氧达到最大摄氧量的40%~70%,这样才可以很好地发展伤者的心肺功能和新陈代谢能力。

(2)游泳和划船

这一类运动主要是针对上半身的肌肉进行训练,包括上肢、胸肌和肩胛带的肌群,运动时下肢肌肉部分参与活动。这一类运动对于发展和加强四肢肌肉力量并改善关节的运动功能有一定的积极作用。同时,对改善呼吸系统也具有良好的效果,对于神经衰弱和慢性支气管炎的恢复期患者也有显著疗效。

(3)球类运动

医疗运动范畴内的球类运动是一种动员全身肌群参与运动的综合性运动方式。比较常用的有羽毛球、乒乓球、高尔夫球、保龄球以及篮、排球中一些较为简单的动作,比如投篮、传接球等。球类运动对神经、心血管和呼吸系统的改善具有较好的效果,适合于体力恢复到一定水平的伤者进行训练。

(三)中国传统运动康复手段

1. 太极拳

太极拳是我国流传最为广泛的传统健身手段,在治疗和保健方面具有以下几个特点:

(1)动作柔和、稳定、缓慢,适用于康复初期且可以全身性运动的伤者进行练习。

(2)对帮助恢复和发展伤者的协调性和平衡性有明显作用。

(3)动作涉及全身主要关节和肌群,运动量可大可小,对于全身性的肌肉和关节的恢复具有较高的使用价值。

2. 五禽戏

五禽戏是东汉名医华佗参照包括虎、鹿、熊、猿、鸟五种禽兽的动作编成的一套导引术。五禽戏运动量较太极拳大,常用于外伤关节功能障碍、慢性关节疾病、慢性腰痛等。练习时,伤者可针对具体的康复部位进行灵活的动作选择。例如，发展腰、髋关节可练习虎戏；发展灵敏可练习猿戏；发展平衡能力可选用鸟戏；训练步行能力可练习鹿戏；增强肌力可练习熊戏。总之，五禽戏是一种较为放松的辅助式训练手段，作为对医疗体操和医疗运动的一种补充康复手段具有良好的效果。

五禽戏流传至今已演化成很多派别，可酌情选用。

3.八段锦

八段锦是我国民间流传的一套健身防病导引法。动作简单且容易习练，因此广泛流传至今。八段锦由八个动作组成，而且还有一套帮助记忆的口诀，因此，在民间具有较高的流传度。它的口诀是"两手托天理三焦，左右开弓似射雕，调理脾胃单举手，五劳七伤向后瞧，摇头摆臂去心火，两手攀足固肾腰，攒拳怒目增气力，背后七颠诸病消"。和太极拳、五禽戏一样，八段锦也是一种较好的辅助康复训练手段，因为具有一些民族文化的基因，在训练时还可以起到一定的调节情绪、放松心情的作用。八段锦比较适用于发展肌肉力量、维持腰背功能。

参考文献

[1]曾理,曾洪林,李治.高校体能训练理论与训练教学指南[M].北京:新华出版社,2018.

[2]王向宏.体能训练理论与方法2版[M].北京:北京航空航天大学出版社,2014.

[3]赵琦.体能训练理论与方法[M].南京:东南大学出版社,2017.

[4](美)托马斯·R.贝希勒(Thomas R. Baechle),(美)罗杰·W.厄尔(Roger W.Earle)著,任满迎译.抗阻训练从入门到精通全彩图解(4版)[M].北京:人民邮电出版社,2018.

[5]李建臣,周建梅,谭正则.抗阻组合训练[M].北京:人民体育出版社,2016.

[6](澳)保罗·柯林斯(Paul Collins)著,朱禹丞译.男性力量训练:体能、核心稳定性、爆发力训练指南[M].北京:人民邮电出版社,2017.

[7]尹承昊.体能增长与健身训练[M].济南:山东科学技术出版社,2013.

[8]沈建敏.体育教学创新与运动训练研究[M].北京:新华出版社,2018.

[9]顾长海.现代运动训练理论与实践研究[M].上海:同济大学出版社,2018.

[10]曹青军.运动训练理论与实践[M].北京:北京理工大学出版社,2010.

[11]周梅芳.大学体育运动与康复训练研究[M].西安:西安交通大学出版社,2017.5(2017.9重印)

[12]胡亦海.竞技运动训练理论与方法[M].武汉:湖北人民出版社,2005.

[13]龙春生.体能训练法[M].沈阳:辽宁大学出版社,2009.

[14]邱军.运动损伤的预防与康复[M].北京:人民体育出版社,2006.

[15]牛映雪,鹿国晖,刘杨.体育保健与运动康复技术[M].北京:化学工业出版社,2016.

[16]牟少华,万京.体能学[M].北京:人民体育出版社,2007.

[17]全国体育院校教材委员会审定.运动训练学[M].北京:人民体育出版社，2000.

[18]王琳，薛锋.运动训练理论研究[M].北京:中国社会科学出版社，2014.

[19] 国家体育总局干部培训中心编.高水平竞技运动体能训练研究[M].北京:北京体育大学出版社，2009.

[20] 杨再淮.竞技体育后备人才培养[M].北京:人民体育出版社，2006.

[21] 唐炎，朱维娜.体育人才学[M].重庆:西南师范大学出版社，2006.

[22] 彭亦兵.优秀运动员素质教育导论[M].哈尔滨:哈尔滨工程大学出版社，2008.

[23] 季建成.体育与生命安全教育[M].北京:北京体育大学出版社，2012.

[24] 沈洪.学生体育运动安全手册教师用书[M].上海:华东师范大学出版社，2019.

[25] 李英丽，胡元斌.学校运动安全与教育活动[M].合肥:安徽人民出版社，2012.

[26] 程燕，许琦.游泳运动训练科学化理论及方法的研究[M].北京:北京体育大学出版社，2006.

[27] 许琦.现代游泳训练方法[M].北京:北京体育大学出版社，2007.

[28] 赵子建，谢国臣.排球[M].重庆:重庆大学出版社，2017.

[29] 于泉海，斯力格.青少年足球训练及教育指导[M].沈阳:辽宁大学出版社，2009.

[30] 李志强，芦军志.篮球[M].广州：华南理工大学出版社，2009.

[31] 朱波涌，周家金.田径运动教学与训练实践研究[M].成都：西南交通大学出版社，2016.

[32]阚立新.中长跑运动员力量的训练方法[J].田径，2018（05）:15.